余剰分析の経済学

水野勝之・土居拓務・宮下春樹――著

中央経済社

はじめに

本書は，一言で言うと，「“かゆいところに手が届く”教科書」である．ミクロ経済学の学習においては，無味乾燥な数式が何の役に立つのかわからないという疑問を持ちながら学んでいる初学者も多い．そこで，ミクロ経済学において特に重要な余剰分析のエッセンスを読者に提供する方法を検討した結果，本書が誕生した．

本書の特長は次の点である．

- 余剰分析を扱う経済学の解説書・専門書は多く存在するが，余剰分析の応用事例を包括的に紹介した書籍はあまり存在しなかった．それを実現した．
- 余剰分析に関係する内容にテーマを絞り，理論的な説明と応用問題の導入のバランスを重視した．例えば，現実の政策や消費者の意思決定など，身近な例を多く取り上げることにした．
- 従来のミクロ経済学の教科書は，数学的な厳密性・理論の普遍性を重視するため，数学的事項に多くのページを割く傾向があった．一方，計算問題が豊富に用意されているものには，数学と経済学の理論的なつながりが見えにくくなる傾向があった．本書は，それらの課題を乗り越えるように構成した．
- 本書では，専門用語は用いるものの，説明上必要な用語と知識に絞り込み，豊富な図による説明を心がけた．
- 中級のミクロ経済学を学ぶためには，線形代数や確率・統計の計算に関する知識も必要になる．しかし本書は，経済学の初心者が，理論的にものごとを考える力や論理を使って問題を解く力を素早く吸収するという立場に立ち，初歩的な解析学の知識を導入するに留めた．
- 各章の巻末には，公務員試験を意識した練習問題を用意した．各章で学んだことをより深く理解するためにも，これらの問題に積極的に当たっていただきたい.

・本書を読むために必要な数学的事項を導入した付録では，抽象的な理論を具体的な数値事例で説明するようにした.

本書の執筆に際しては，筑波大学大学院教育研究科の高柳元さん，同大学院人文社会科学研究科の高橋舞子さん，横浜国立大学大学院国際社会科学府の安達優太さん，そして明治大学商学部の廣瀬佑さんにご協力をいただいた．安達さんには，経済学を専門的に研究されている立場から，図表や記号の標記方法についてご意見をいただいた．また高橋さんには，記号や語彙のチェックを入念に行っていただいた．この場をお借りして，お礼を申し上げたい.

また，本書の出版にご尽力いただいた株式会社中央経済社の杉原茂樹氏には謝意を表したい.

読者におかれては，本書をきっかけに経済学により一層の関心を持っていただくことを期待する.

2018 年 9 月

水野勝之
土居拓務
宮下春樹

目　　次

はじめに　i

第 1 章　余剰分析の方法 ………………………………………… **1**

1.1　価格の調整メカニズムと市場均衡…1
1.2　余剰分析…4
1.3　消費者余剰…4
1.4　生産者余剰…7
1.5　総余剰…10
1.6　死荷重…12

第 2 章　生産者理論と課税政策の余剰分析 ………………… **19**

2.1　企業の利潤最大化行動…19
2.2　平均費用，限界費用と損益分岐点…23
2.3　需要と供給の価格弾力性…29
2.4　課税の基本三原則…35
2.5　公平性の原則…35
2.6　簡素性の原則…36
2.7　中立性の原則…37
2.8　中立的な課税と非中立的な課税…37
2.9　中立的な課税（定額税）の余剰分析…38
2.10　非中立的な課税（従量税）政策の余剰分析…42
2.11　税負担の転嫁…48

第 3 章　労働供給モデルと余剰分析 ……………………… **53**

3.1　消費者の効用最大化問題…53
3.2　効用最大化条件と個別的需要関数の導出方法…55
3.3　市場全体の需要関数…62
3.4　労働供給モデル…64
3.5　労働者の効用関数と無差別曲線…68
3.6　労働者の効用最大化条件…70
3.7　賃金の変化と労働供給量…72
3.8　労働市場の余剰分析…75
3.9　外国人労働者受け入れ政策の余剰分析…80

第 4 章　独占による市場の失敗 ……… 87

4.1　不完全競争市場…87
4.2　独占企業の利潤最大化条件…88
4.3　独占市場の需要と供給…89
4.4　独占市場の余剰分析…93

第 5 章　費用逓減産業による市場の失敗 ……… 99

5.1　費用逓減産業…99
5.2　費用逓減産業の平均費用と限界費用…101
5.3　*MC* 形成原理…103
5.4　*MC* 形成原理に基づく価格規制の余剰分析…105
5.5　フル・コスト原理…106
5.6　*AC* 形成原理に基づく価格規制…107
5.7　*AC* 形成原理の余剰分析…108
5.8　二部料金制…109
5.9　二部料金制の余剰分析…110
5.10　*X* 非効率性…112

第6章 外部性による市場の失敗 ………………………… 115

6.1 外部経済と外部不経済…115
6.2 金銭的外部性…116
6.3 技術的外部性の解決方法…116
6.4 コースの定理と余剰分析…116
6.5 「社会的限界費用と私的限界費用」の余剰分析…124
6.6 ピグー課税政策と余剰分析…128
6.7 ピグー補助金政策と余剰分析…130

第7章 公共財の最適供給 ………………………… 135

7.1 排除性と競合性に基づく財の区分…135
7.2 地方公共財の市場取引…136
7.3 非排除性とフリーライダー問題…137
7.4 リンダール・メカニズム…138
7.5 サミュエルソン条件…140
7.6 サミュエルソン条件での便益分析…142
7.7 リンダール均衡…144
7.8 公共財の供給と囚人のジレンマゲーム…147

第8章 国際貿易モデルと余剰分析 ………………………… 157

8.1 国際貿易の経済モデル化…157
8.2 自由貿易（輸入のケース）…158
8.3 自由貿易の余剰分析（輸入のケース）…160
8.4 自由貿易（輸出のケース）…161
8.5 自由貿易の余剰分析（輸出のケース）…163
8.6 関税政策が導入された場合の市場均衡…164

8.7　関税政策の余剰分析…166
8.8　セカンド・ベストの視点に立った場合の余剰分析…168

付録1　解析学の基礎 ······ 173

A.1　論理と命題…173
A.2　論理演算…174
A.3　否定…175
A.4　条件命題…176
A.5　命題関数および「すべて」と「ある」…178
A.6　背理法…180
A.7　集合…181
A.8　部分集合…182
A.9　集合の演算…184
A.10　写像と関数…186
A.11　関数…189
A.12　数列の極限…191
A.13　数学的帰納法…196
A.14　関数の微分可能性と導関数の定義…197
A.15　微分の演算…204
A.16　関数の極大・極小値とグラフの描写方法…208
A.17　二階導関数…217
A.18　二変数関数の偏微分…219
A.19　総合問題…224

付録2　練習問題の解答 ······ 227

A2.1　練習問題１－１の解答…227
A2.2　練習問題１－２の解答…228

A2.3 練習問題２－１の解答…229
A2.4 練習問題２－２の解答…231
A2.5 練習問題３－１の解答…232
A2.6 練習問題３－２の解答…233
A2.7 練習問題３－３の解答…235
A2.8 練習問題３－４の解答…236
A2.9 練習問題４－１の解答…237
A2.10 練習問題４－２の解答…239
A2.11 練習問題４－３の解答…239
A2.12 練習問題５－１の解答…241
A2.13 練習問題５－２の解答…243
A2.14 練習問題６－１の解答…244
A2.15 練習問題６－２の解答…246
A2.16 練習問題７－１の解答…247
A2.17 練習問題７－２の解答…249
A2.18 練習問題７－３の解答…249
A2.19 練習問題８－１の解答…251
A2.20 練習問題８－２の解答…253
A2.21 付録１の総合問題の解答…254

参考文献 …… **264**

索引 …… **266**

第 1 章

余剰分析の方法

1.1 価格の調整メカニズムと市場均衡

我々の周りには，財を欲する（**需要**する）**消費者**や財を生産（**供給**）する企業（**生産者**）で満ちあふれている．彼らは**経済主体**とよばれている．課税により，所得再分配などの政策を実施する政府も経済主体である．経済学は，それらの経済主体の**市場**における交換活動に注目し，彼らが自分自身の欲求を高められるどうかを分析する学問だと言える．経済主体が財の売買などの行動を通じて，自分の欲求を高めることができるのであれば，彼らはその行動を実行する**インセンティブ**（誘因）をもつという．インセンティブは，経済学のキーワードの１つであり，本書でも多用する．

現実の市場は一見すると様々な情報で溢れかえっている．そこで，経済主体の行動を分析をするには，本質的に重要な要素だけを取り出し，経済法則を発見することになる．これを**モデル化**するという．これから紹介する市場取引モデルでは，消費者と生産者は市場に自由に参入・退出可能であり，同質的な財の取引を行うとする．言い換えるならば，ブランドによる違いのない財が取引されている市場のみが分析対象となる．また，それぞれの経済主体は他の経済主体の行動，例えば需要量や供給量の選択を熟知しているとする．つまり，特定の消費者や生産者が財の需要量を知らないなどの，**情報の非対称性**が存在しないのである．そして市場には，消費者と供給者が多数存在し，いずれの主体も個人では財の価格を決定できず，市場で定まった価格にしたがって取引すると仮定する．以上の仮定を満たす経済主体を**プライステイカー**（価格受容者）であるといい，プライステイカーが財を取引する市場を**完全競争市場**と呼ぶ．

図1－1　価格の調整メカニズム（ワルラス的調整過程）

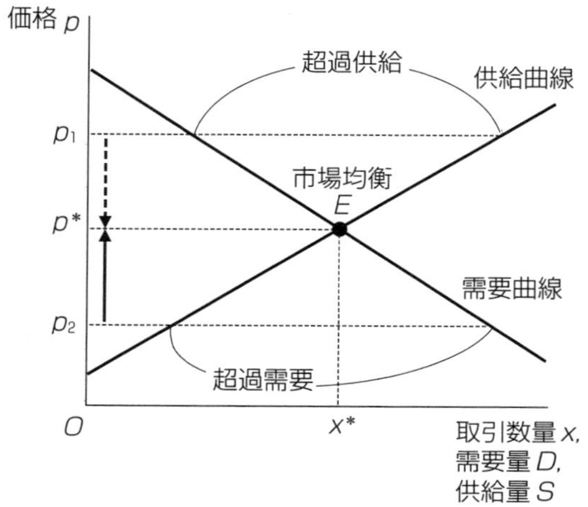

市場には財を購入（需要）し，物質的な欲求を満たそうとする消費者が多数存在する．この欲求は**効用**と呼ばれる．我々は財の価格が低いほど，それを需要する消費者数が多く，したがって需要量も多いと考える．反対に財の価格が高いほど，それを需要する消費者数が少なく，需要量も少ないと考える．2つの店舗で同じノートパソコンが別々の値段で売られていた場合，より安い店舗の方に客足が集まるといえば分かりやすい．すると，財の需要量と価格との対応関係を示す**需要関数**のグラフは，**図1－1**のように（需要量，価格）平面上における右下がりの曲線として表すことができる．これを**需要曲線**と呼ぶ．ここまでは，**図1－1**の縦軸（価格）から横軸（需要）を眺めて説明したが，反対に横軸から縦軸を眺めてみよう．すると，それぞれの需要量に対する価格は，消費者たちがその財を買ってもよいと考える値段を表していることが分かる．そこで，この価格を消費者の**支払意思額**と呼ぶことにする．

市場には財を販売（供給）することで利益（**利潤**）を追求する生産者が多数存在する．生産者はしばしば企業とも呼ばれる．財の価格が高いほど，それを供給する生産者数が多く，供給量も多いと考える．古本屋が2店舗あるとすると，より高く購入する方に客足（売り手）が集まることをイメージしていただきたい．すると，財の供給量と価格の対応関係を示す**供給関数**のグラフは，**図１－１**に見られるように右上がりの曲線として表すことができる．これを**供給曲線**と呼ぶ．

需要量と供給量は，同じ市場で取引されている財の数量に換算されるため，需要曲線と供給曲線は同一の平面上に描くことができる．これらの曲線を表示する上で次の点に注意したい．市場参加者は無数に存在するため，各取引数量の間の間隔は無限に小さく，需要曲線と供給曲線は連続的な直線として近似的に表示されるとする．それゆえ，需要曲線と供給曲線は，直線で描かれていても「曲線」と呼ばれる．

財の価格と財の取引数量はどのようにして定まるのであろうか．生産者の行動に注目してみよう．**図１－１**の取引価格 P_1 を参照されたい．P_1 では，供給量が需要量を上回っており，**超過供給**の状態にある．供給量が需要量を上回るため，生産者は売れ残りが生じないように供給量を減少させる．供給量が減少すると，価格は点 E に向かって下降する．今度は P_2 に注目しよう．P_2 では，消費者の需要量を満たすための供給量が不足しており，生産者は供給量を増やして，利潤を高めようとする．このような状態を**超過需要**と呼ぶ．供給量が増加すると，価格は点 E に向かって上昇する．すると，市場は超過需要状態であったとしても，超過供給状態であったとしても，結果的に点 E の取引水準に到達することが分かる．点 E を**市場均衡**と言い，市場均衡における取引数量を**均衡取引数量**，市場均衡における取引価格を**均衡価格**と言う．上記のように，完全競争市場の下で価格を媒介にして数量が調整され，市場均衡に到達するするプロセスを**価格の調整メカニズム**という（正確には，このメカニズムを証明したワルラスの名にちなんで，ワルラス的調整過程と言う）．本書では，財の取引数量と取引価格は正の実数であるとし，それぞれ χ，P と書く．また均衡取引数量，均衡価格をそれぞれ χ^*，P^* と書く．上付け文字「*」は「アスターリスク」と呼び，経済学では通例，この記号を均衡の意味として用いる．

なお需要関数は，取引価格 P に関する需要量 χ の関数 $\chi = D(P)$ として与えられる．また供給関数は，取引価格 P に関する供給量 χ の関数 $\chi = S(P)$ として与えられる．

1.2　余剰分析

ここからは，市場参加者が個人的な満足感を高めることついて，**効率**性というキーコンセプトを導入して考えてみよう．市場が効率的な状態にあるとは，効率的な資源配分が実現している状態のことを言う．それはつまり，消費者と生産者が「得をした」と思うような財の取引が実現している状態である．この経済主体が「得をした」と思う気持ちを数値的に表したものを**余剰**と呼ぶ．我々は，経済主体の余剰がより大きいほど，彼らにとって望ましい状態が実現していると考える．ただし資源配分とは，市場参加者の取引を通じて実現した取引価格と取引数量の組み合わせのことである．例えば，市場均衡点における均衡取引数量と均衡価格の組み合わせ（X^*, P^*）は資源配分の一つである．経済主体の余剰の大きさを分析し，彼らにとって望ましい資源配分を実現する方法について検討することを**余剰分析**と呼ぶことにしよう．

1.3　消費者余剰

ここからは，ジュース市場を例に取りながら説明しよう．ジュースを販売するに当たり，消費者たちの購買意欲をもとに販売価格を決めるスーパーマーケットがいくつかあるとしよう．これらのスーパーマーケットには非常に多くの消費者が来店し，彼らのジュースに対する支払意思額も多用であるとする．すると，咽が渇いている少数の消費者は，250円のような高額であったとしても購入を検討するだろう．**図１－２**を参照すると，ジュースの価格が上昇しても，購入意欲を持つ人たちが少数存在するため，需要があることが分かる．

今，ジュースの均衡価格が100円に定まったとする．すると，250円の購入意欲をもっていた消費者たちは，想定以上に安い価格でジュースを購入できる．彼らは，250円支払ってでも購入したいと考えていた財を100円で購入できるため，150円の得をしている．我々は，この得をした分を余剰であるとし，消費者には150円に相当する余剰が生じたと考える．つまり，余剰とは，消費者

図1－2　ジュース市場の需要曲線と供給曲線

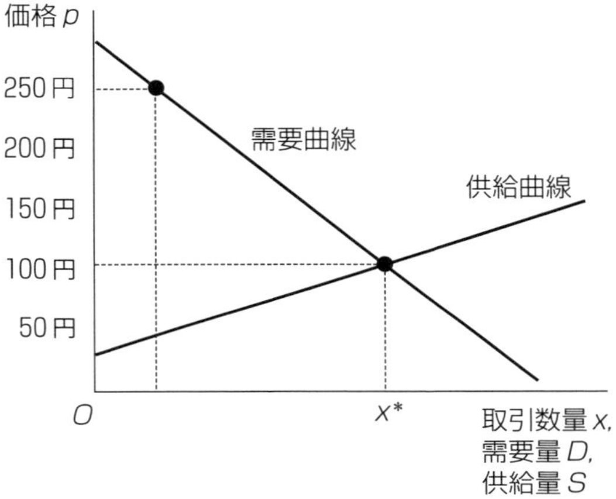

が取引をする上でどの程度無駄無く，効率的に財を購入できるかを示した指標とも言える．各消費者の余剰は，消費者の支払意思額から，実際に支払った金額（市場価格）を引くことで計算できる．この計算により，200円分の支払意思をもつ消費者には100円の余剰が生じる．同じようにして，150円の支払意思をもつ消費者には50円分の余剰が生じる．

各消費者の余剰を合計してみよう．**図1－3**において，①は250円の支払意思をもつ消費者に生じる余剰，②は200円の支払意思をもつ消費者に生じる余剰，そして③は150円の支払意思をもつ消費者の余剰を表す．このように隙間なく並んでいる余剰を足し合わせることで，全消費者の余剰，つまり**消費者余剰**が求められる．**図1－3**において消費者余剰は三角形P_1P_2Eである．

消費者余剰を求めるには，個々の消費者の余剰を集計するよりも三角形P_1P_2Eの面積を求めた方が早いことがお分かりいただけるだろう．そこで消費者余剰の求め方を定式化する．以下では三角形を△，四角形を□の記号でそれぞれ表す．**図1－4**において，消費者の支払意思額の合計は□$A0\chi^*E$である。一方，消費者が市場で支払った金額（P^*円×χ^*単位）は□$P^*0\chi^*E$である．消費者余剰は，その差をとった△AP^*Eである．

図１－３　消費者余剰

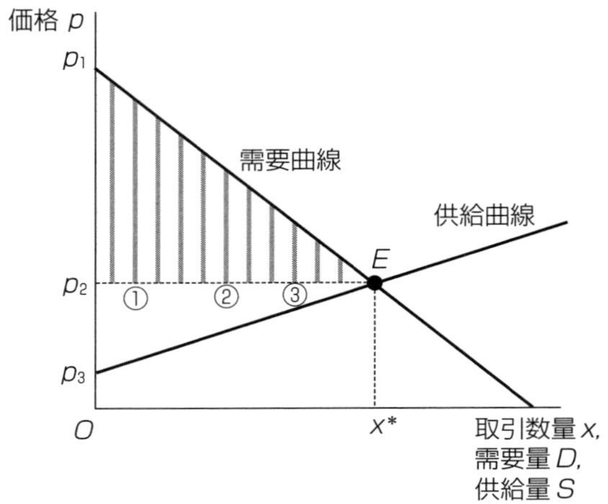

図１－４　消費者余剰は△ *AP*E* として与えられる

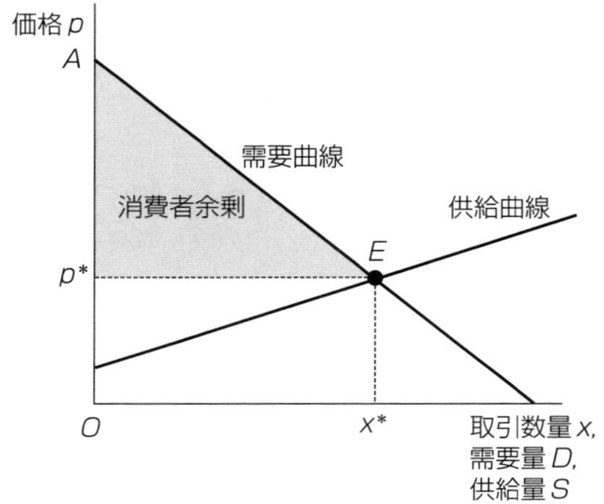

消費者余剰 ＝ 各消費者の支払意思額の合計 － 支払った金額の合計 △ $AP^{*}E$ ＝ □ $A0\chi^{*}E$ － □ $P^{*}0\chi^{*}E$

より分かりやすく説明するため，**図１－５**に消費者余剰の計算ステップを

図 1 − 5　消費者余剰の幾何学的な求め方

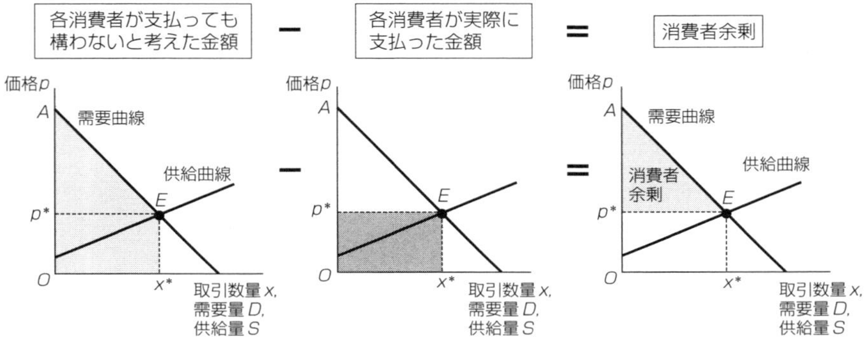

示す.

1.4　生産者余剰

消費者と同じように，生産者も市場取引を通じて得をした部分がある．この部分を**生産者余剰**と呼ぶ．以下では，生産者を企業と呼ぶことにして生産者余剰の計算方法を説明しよう．企業の**収入**は，供給量（＝生産量）χ × 販売価格 P として与えられる．例えば，あるワイナリーが 1,200 円のワインを 10 本販売した場合，1,200 × 10 ＝ 12,000 円の収入を得る．しかしながら，企業の利益を計算するためには，収入から精算に費やした費用を引かなければならない．このワイナリーがワインを 1 本生産するごとに，ブドウ畑や醸造樽のメンテナンスをするための労働者を 1 人雇用する必要があるとしよう．彼ら 1 人当たりに支払う賃金が 800 円であるとすると，企業は 12,000 − 800 × 10 ＝ 4,000 の利益を得る．この利益は**利潤**と呼ばれている．

ところで企業の生産費用は，人件費など供給量に応じて負担額が変化する費用と工場設備や減価償却費など供給量の大きさと関わりなく，一定の大きさをもつ費用とに分類される．前者を**可変費用**（variable cost：VC），後者を**固定費用**（fixed cost：FC）と呼ぶ．企業は財を生産するために，これらの費用の合計金額，つまり**総費用**（total cost：TC）を負担する．上で説明したワイナリーの例では，生産費用は生産量に応じて変化するため，可変費用である．ワイナリーがワインをより多く供給するためには，生産量に応じて可変費用を増やさなくてはならない．供給曲線の下側に位置する図形の面積は供給量，つまり財の数量に応じて増加することがお分かりいただけるだろう．つまり，この面積の大きさは可変費用を表している．

企業の収入から可変費用の合計を除くことにより生産者余剰が求められる．

生産者余剰 ＝ 収入 － 総可変費用

供給曲線は右上がりの傾きをもつことを思い出したい．今，ある生産者（企業）がジュースを１本50円で販売しようとしているとしよう．ジュースは100円で取引されているため，（**図１－６**の数量χにおいて，財１個当たりの生産費用が50円であるため[1] 企業は取引を通じて50円分の得をしており，生産者余剰は50円に相当する．

図１－６の数量χに対応する生産者余剰は，市場価格の100円から50円の費用を除いた50円である．市場には，さらに安価な30円でジュースを販売し

図１－６　ジュース市場で生産者に生じる余剰

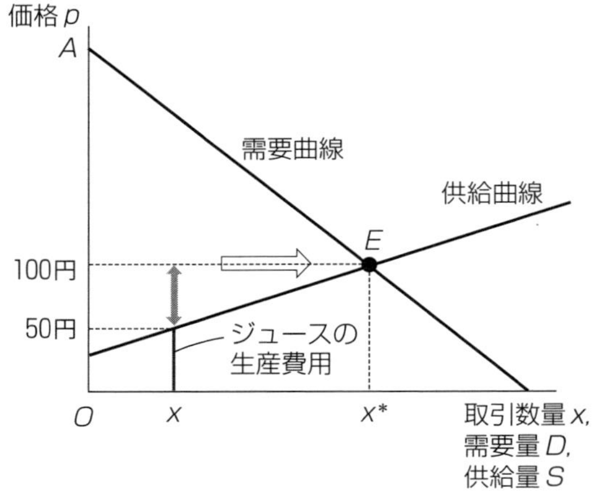

1　詳しくは第４章で説明するが，供給曲線は限界費用曲線と一致するため，供給曲線の高さは財の生産費用を表す．

ようとしている企業も存在するであろう．その企業の余剰は，市場価格の 100 円から 30 円の費用を除いた 70 円である．同様にして，ジュース１本を 40 円，70 円，… と様々な価格で販売しようとする企業が多数存在する．生産者余剰は，それら各企業の余剰を合計することにより求められる（**図１－７**を参照のこと）．**図１－７**に描かれている縦線は，各価格（10 円，50 円，100 円など）に対し，企業がジュースを 100 円で販売することで生じる余剰を表す．

生産者余剰の求め方を幾何学的に説明しよう．**図１－８**の左端の陰影部分は，企業の収入の合計金額を表す．企業の収入の合計□ $P^*0\chi^*E$ からジュースの生産費用の合計□ $B0\chi^*E$ を差し引いた△ P^*BE が生産者余剰である．

生産者余剰 ＝ 収入 － 総可変費用
△ P^*BE ＝ □ $P^*0\chi^*E$ － □ $B0\chi^*E$

図１－７　生産者余剰

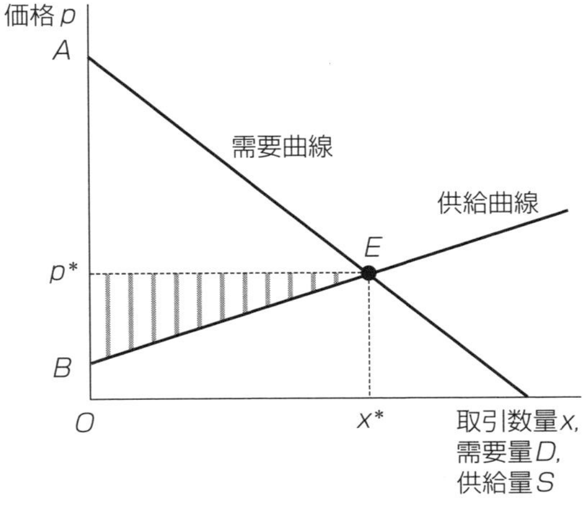

図1－8　生産者余剰の幾何学的な求め方

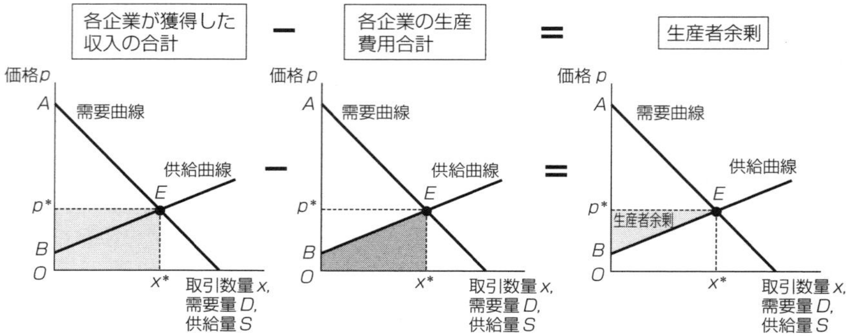

1.5　総余剰

消費者と生産者は，いずれも自分の欲求を満たすために財の交換を行う．その取引の中で無駄が少なければ少ないほど，つまり**効率的**であるほど大きな余剰が生じる．これらの余剰は，**経済厚生**とも呼ばれている．資源配分が社会的にみて効率的な状態にあるとは，市場均衡が実現している場合に消費者と生産者の経済厚生が最大限高められている状態のことである．そこで，本書において「効率的な資源配分が実現している」と言う場合，社会全体の余剰が大きいことだと思っていただきたい．

さて，社会全体の余剰とは，消費者余剰と生産者余剰を足し合わせたものであり，**総余剰**と呼ばれる．**図1－9**において，消費者余剰と生産者余剰を加えた△ *ABE* の面積が総余剰に相当する．その面積が大きいほど，効率的な資源配分が実現しており，各経済主体はより得をしている．

図1－9　総余剰

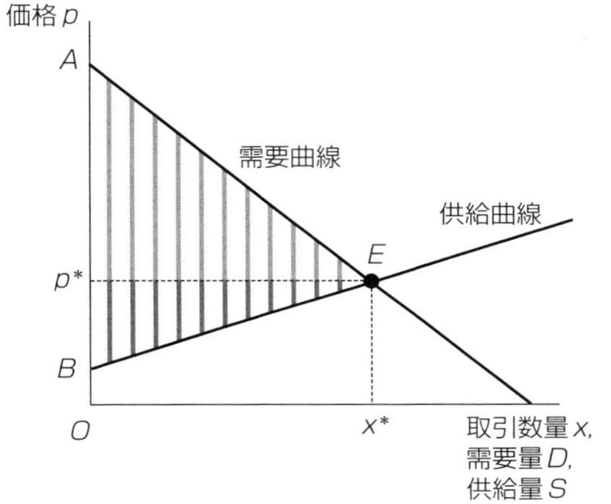

事例①　林業政策による総余剰の増加

林野庁は林業を成長産業にするために木材需要の創出と木材の安定供給体制の確立を車両の両輪に例えて同時に推し進めている．需要の創出政策として，木材住宅の増加を見込んで，新技術の開拓やセルロースナノファイバーなどの新素材の開発を進めている．安定供給体制の確立の面では，ドイツやオーストリアなどの“林業先進国”の施業政策を参考にしている．この政策を余剰分析してみよう．

木材市場における需要曲線と供給曲線を**図1－10**に描く．政策が実施される以前の需要曲線と供給曲線をそれぞれ D^b，S^b で表す．需要が創出され，供給体制が確立された後の需要曲線・供給曲線をそれぞれ D^a，S^a と書く．b と a は，それぞれ前（before），後（after）を意味する．ただし，政策の実施前後で均衡価格 P^* は変化しないと仮定する．

政策実施後，木材需要が増加することにより，需要曲線の傾きは緩やかになる．なお，木材供給については，初期に高性能林業機械を導入し，効率的な森林作業道（森林を整備するための道路）を作設すると仮定したため，初期の固定費用を高く見積もる．ただし，初期に林業の施業基盤を固めたことで，その後の追加的な生産費用は抑制されるため，緩やかな供給曲線が描かれている．

図1－10　政策実施前後の木材市場

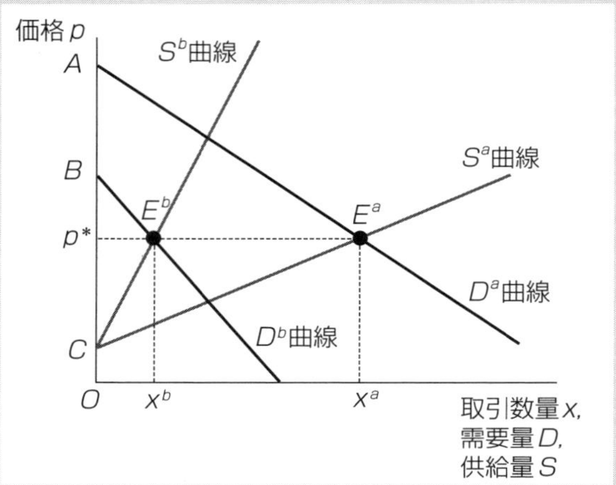

政策の実施前後において価格は P^* で変化しないが，市場で取引される木材の均衡取引数量は χ_b から χ_a へシフトする．それに伴い，消費者余剰も△ BP^*E^b から△ AP^*E^a へ増加する．また生産者余剰も△ P^*CE^b から△ P^*CE^a へ増加する．結果的に，総余剰は△ BCE^b から△ ACE^a に増加する．つまり木材の需要が創出され，安定的な供給体制が確立されることは生産者と消費者のいずれにとっても望ましく，社会全体にとっても望ましいと言える．

参考ホームページ：平成27年度森林・林業白書　第Ⅰ章　国産材の安定供給体制の構築に向けて http://www.rinya.maff.go.jp/j/kikaku/hakusyo/27hakusyo_h/Summary/s02.html（2017年7月23日閲覧）．

1.6　死荷重

経済学が導出した重要な命題の１つは，完全競争市場においては，効率的な資源配分が達成されることである．この命題について理解するため，完全競争市場（**図1－11**の点 E）の総余剰が不完全競争市場の総余剰と比べて大きいことを説明しよう．不完全競争市場とは，前節で紹介した完全競争市場の条件（仮定）を１つでも満たさない市場のことである．完全競争市場下における均衡価格以外の価格に注目しよう．このような価格で取引が行われている状況と

図１−11　政府が数量規制政策を導入した場合の市場均衡

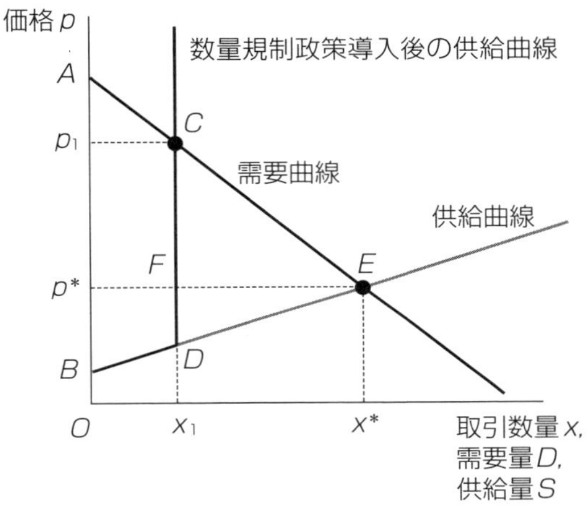

しては，政府が生産量や価格に規制を課している場合が挙げられる．例えば，政府は以前，市場で流通する米の値段と数量を独自に決定していた．政府の認可が必要なタクシー料金もその例の１つである．

政府が数量規制政策を導入し，供給量が制限されているとしよう．**図１−11** を参照されたい．政府の規制がなければ，価格の調整メカニズムによって均衡価格 P^* と均衡取引量 χ^* が実現する．一方，規制政策によって生産量が χ_1 に固定されると，供給曲線が χ_1 の水準で垂直化し，χ^* の場合よりも過少供給となる．

完全競争市場下で政府が生産量を χ_1 に規制した場合，市場価格は P^* の水準まで減少せず，数量規制によって P_1 で静止している．したがって，消費者と生産者は生産量 χ_1 と需要曲線との交点 C における価格 P_1 で取引する．一般に消費者の需要量を基準にして価格が決定され，その価格に基づいて供給量が決定される．そのため，取引価格は P_1 なのである．

ここで数量規制政策が導入された場合と照らし合わせて余剰分析を行う．完全競争市場均衡における総余剰をもう一度表示しよう．

〈図1－11で完全競争市場均衡が実現している場合の総余剰〉

消費者余剰 ＝ 消費者の支払意思額 − 実際に支払った金額
＝ □ $A0\chi^*E$ − □ $P^*0\chi^*E$ ＝ △ AP^*E
生産者余剰 ＝ 収入 − 可変費用
＝ □ $P^*0\chi^*E$ − □ $B0\chi^*E$ ＝ △ P^*BE
総余剰 ＝ 消費者余剰 ＋ 生産者余剰
＝ △ AP^*E ＋ △ P^*BE ＝ △ ABE

次に数量規制政策によって生産量がχ_1に制限された場合の総余剰を求める．生産量がχ_1に制限されるため，均衡価格はP_1である．消費者余剰は，「消費者の支払意思額―実際に支払った金額」であるため，□ $A0\chi_1C$から□ $P_10\chi_1C$を除いた大きさに相当する．一方，生産者余剰は生産者の収入 − 可変費用として与えられるため，□ $P_10\chi_1C$から□ $B0\chi_1D$を除いた大きさに相当する．総余剰は，それらの余剰の和である．

〈図1－11で数量規制が導入された場合の総余剰〉

消費者余剰 ＝ □ $A0\chi_1C$ − □ $P_10\chi_1C$ ＝ △ AP_1C
生産者余剰 ＝ □ $P_10\chi_1C$ − □ $B0\chi_1D$ ＝ □ P_1BDC
総余剰 ＝ 消費者余剰△ AP_1C ＋ 生産者余剰□ P_1BDC ＝ □ $ABDC$

それでは，完全競争市場均衡における総余剰と数量規制が実施された場合の総余剰を比較してみよう．総余剰が大きいほど社会的に望ましい，つまり効率的な状態が実現していることを思い出してほしい．この基準にしたがって総余剰の大きさを比較すると，完全競争市場均衡における総余剰△ ABEの方が，数量規制が導入された場合の総余剰□ $ABDC$より大きく，完全競争市場の方が効率的な資源配分が達成されている．

完全競争市場均衡における総余剰 ＞ 数量規制政策が導入された場合の総余剰
△ ABE ＞ □ $ABDC$

取引数量規制が導入された場合の均衡点 C における総余剰は，完全競争市場均衡における総余剰を△ CDE だけ下回る．

この△ CDE は，資源配分が不効率なために生じる経済的な損失であり，**死荷重**（または厚生損失）と呼ばれている．**図1－12**を参照されたい．消費者は，完全競争市場下では P^* の価格で取引できるものの，数量規制が実施されることで，より高額な P_1 の水準で取引しなければならない．また生産者は完全競争市場下では χ^* の水準で財を供給できるものの，数量規制によって χ_1 の水準での供給をせまられる．このように，需要量や供給量に歪みがある場合に死荷重が発生する．

〈図1－12における死荷重の求め方〉

完全競争市場均衡での総余剰 － 生産量規制が実施された場合の総余剰 ＝△ ABE －□ $ABDC$ ＝△ CDE（＝死荷重）

これは見方を変えると，点 E から少しでも離れると死荷重が発生し，総余剰が下がってしまうため，点 E の水準以上には資源配分を改善できないとい

図1－12　数量規制は死荷重を発生させる

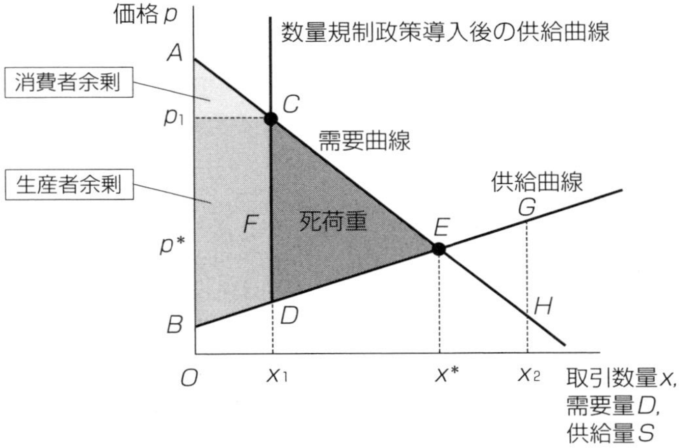

える．均衡取引数量x^*を上回る水準で規制政策が実施された場合にも資源配分が悪化することを確認しよう．再度，**図1－12**を参照されたい．x^2の水準で規制が実施されたとすると，$x^2 - x^*$に相当する売れ残りが生じ，生産者は必要以上に財を生産していることになる．このケースの死荷重の大きさは，△EHGで表される．つまり，まったく無駄のない資源配分を実現しようとするならば，政府はEの水準で固定するしかないのである．このように点Eは総余剰を最大化している状態であり，**パレート最適**な状態であるという．

以上で述べたように，数量規制政策が死荷重を発生させる場合がある．完全競争市場均衡の総余剰は，数量規制政策下での総余剰を上回り，消費者と生産者が最大限満足するような状態を実現する．

これまでの説明を踏まえるならば，次の厚生経済学の第一命題が成立することがおわかりいただけるだろう．

厚生経済学の第一命題

完全競争市場における市場均衡では，パレート最適な資源配分が実現する．

社会的な望ましさの基準としてパレート最適性を重視する場合，総余剰の大きさだけに注目すればよい．この視点を**ファースト・ベスト**（最善）の視点という．この視点は消費者余剰と生産者余剰の大きさのバランスについては言及していないことに注意したい．極端なケースとしては，一方の大きさがゼロに近く，もう一方のみが大きくてもよいのである．つまり，パレート最適な資源配分は効率的な状態であるが，公平な状態であるとは限らないのである．そこで，経済主体の余剰のバランスを重視する視点も存在する．それはしばしば，**セカンド・ベスト（次善）**なアプローチと呼ばれる．

事例②　漁獲量の数量規制

本文の説明からすれば，政府の数量規制政策は資源配分の効率性を損なうと思われる．しかし，生産者がオープンアクセス可能な，つまり誰でも自由に利用できる資源を供給する場合，効率性を保つこともある．

「漁獲量が多く，国民生活上重要である，資源状況が悪く緊急に管理を行う必要がある，我が国周辺水域で外国漁船による操業が行われているなどの観点から指定されたサンマ，マアジ，サバ類，マイワシ，スルメイカ，スケトウダラ，ズワイガニの7魚種については，『海洋生物資源の保存及び管理に関する法律』に基づく産出量規制として，年間の採捕量の上限を定める漁獲可能量（*TAC*）制度が導入されている．また，同法に基づき投入量規制として，漁獲努力量の総量規制（*TAE*）制度も導入されている」．

出典：水産庁ホームページ：http://www.jfa.maff.go.jp/j/suisin/（2017年7月23日閲覧）を引用．

漁業資源は，あらゆる漁業者がアクセス可能であり，乱獲によって枯渇する恐れがある．魚介類の捕獲には，政府，または漁業組合の適切な管理が必要であり，捕獲量の制限・規制がなければ収穫高が減少し，結果的にどの漁業者にとっても望ましくない状態になる．これを**コモンズ（共有地）の悲劇**という．**図1－11**で示されている市場が，政府の数量規制のない漁業市場である場合，漁獲量をχ_1に規制すれば，$\triangle CDE$の死荷重が発生するものの，漁業資源は維持される．つまり余剰分析をする場合には，財の性質（経済主体の排除性・非競合性）も含めた，多面的な分析が必要になる．

練習問題1－1

完全競争市場において，需要関数Dと供給関数Sが次のように与えられているとする．

$$D = 220 - 2P$$

$$S = -20 + 2P$$

市場均衡（χ^*, P^*）における生産者余剰，消費者余剰と総余剰を求めよ．

［国家Ⅱ種・平成16年度出題問題を改変］

練習問題１－２

問題１－１において，生産者が均衡取引量よりも20単位だけ少ない財の取引を余儀なくされたとする．この場合の生産者余剰，消費者余剰，総余剰と死荷重をそれぞれ求めよ．

［国家Ⅱ種・平成16年度出題問題を改変］

第 2 章

生産者理論と課税政策の余剰分析

本章では，企業の生産活動に着目し，課税政策が資源配分の効率性に与える影響について説明する．そこで，はじめに供給関数の導出方法を学び，続いて税金が消費者余剰と生産者余剰に与える効果について説明する．税金は，生産量に依存して負担額が増える従量税と，価格に応じて納税金額が定められる従価税とに分けられる．特に政府によって従量税が導入された場合，消費者と生産者はいずれも税金を負担することになる．本章の最終的な目的は，彼らの納税金額から，より負担の大きな経済主体を特定化する方法を学ぶことである．これは**税負担の帰着問題**と呼ばれる．税負担の帰着問題を理解するには，需要量が 1 単位増えた場合の価格の変化を表す指標，すなわち**需要の価格弾力性**と，供給量が 1 単位増えた場合の価格の変化を表す指標，すなわち**供給の価格弾力性**を理解する必要がある．そこで 2.3 節では，弾力性の概念について導入し，その後課税政策の理論を説明する．

2.1 企業の利潤最大化行動

完全競争市場では，無数の企業が財を生産しているが，個々の企業は生産量をどのように決定しているのだろうか．企業の生産量の選択は，**長期**と**短期**によって異なる．長期とは，企業が機械設備や生産工場などの生産に必要な**資本ストック**を導入するのに十分な長い期間のことである（＝長期では資本ストックが可変）．短期とは，企業が直ちに資本ストックを導入できないような短い期間である（＝短期では資本ストックが固定）．長期と短期は具体的な期間ではないことに注意したい．例えば，新規にワイン市場に参入したワイナリーについて考えてみよう．ワイナリーは生産を開始して 1 年目には，ブドウ畑を肥沃な土地に改良しなければならない．しかし，2年目以降は，過去に改良した肥沃化な土地により，同じブドウ畑でより多くのワインの生産が見込まれる．これは，肥沃な土地という資本ストックが導入されたことに他ならない．説明を簡単にするため，本書では企業の短期的な生産活動のみに着目することとする．

企業が財を生産すると，生産量χに応じて生産費用Cが発生する．この生産量χと生産費用Cの対応関係$C(\chi)$を**費用関数**という．企業は，短期に資本ストックを導入できない一方で，生産量とは無関係に減価償却費や設備維持費など，過去の集積ストックの支払いにせまられる．つまり，一定の固定費用FCを負担する．例えば，ワイナリーは醸造樽が毎年劣化するため，維持管理をしなければならない．一方，ワイナリーの雇用主が従業員に対して支払う賃金は，彼らの労働量（時間）に依存する．それを可変費用VCと呼ぶ．固定費用FCと可変費用$VC(\chi)$の和を総費用（total cost：TC）という．以下では，短期の総費用であることを断らず，単に総費用と呼ぶことにする．企業の**総費用関数**は固定費用関数と可変費用関数の和として与えられるため

$$TC(\chi) = VC(\chi) + FC \tag{2.1}$$

とかける．企業は，生産をすればするほど労働量を確保する必要があり，より多くの生産費用を負担しなければならない．そのため，可変費用関数は$VC(\chi) = \chi^2$などの**増加関数**として表すことができる[2]．

例2－1

総費用関数を$TC(\chi) = \chi^2 + 2\chi + 1$で特定化する．このとき，右辺の定数部分に注目すれば固定費用は$FC = 1$であり，可変費用関数は$VC(\chi) = \chi^2 + 2\chi$である．**図2－1**にこれらの関数を二次元平面上の曲線として図示した[3]．総費用は，固定費用分だけ可変費用よりも大きいことが分かる．総費用関数が増加関数であることを確かめてみよう．適当な2点（χ_1, $TC(\chi_1)$），（χ_2, $TC(\chi_2)$）をとる．ただし，$\chi_1 \leq \chi_2$を仮定する．具体的に考えてみれば，$\chi_1 = 1$に対しては$TC(1) = 4$, $\chi_2 =$

2　増加関数の定義に関しては，付録1のA.15を参照されたい．
3　Functionview：*http://hp.vector.co.jp/authors/*VA017172/ を用いて描いた．

図２－１　具体例２－１の総費用曲線，可変費用曲線と固定費用曲線

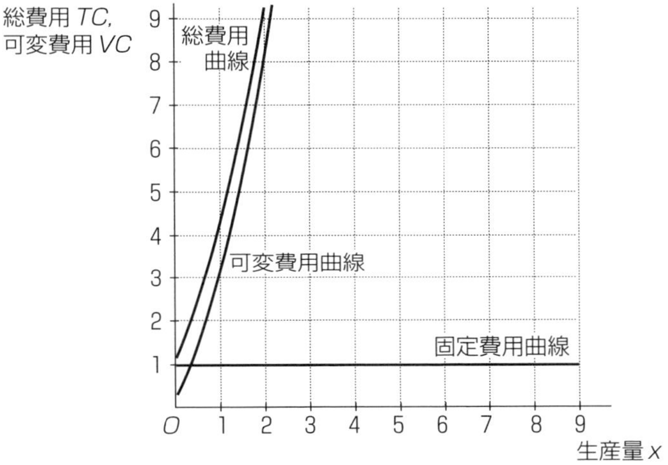

2に対しては，$TC(2)=9$ であるから，$TC(1) \leq TC(2)$ であることを確認できる．しかし，もっと一般的に考えてみると，増加関数の定義より

$$TC(\chi_1) = \chi_1^2 + 2\chi_1 + 1 \leq \chi_2^2 + 2\chi_2 + 1 = TC(\chi_2)$$

これを整理すれば

$$(\chi_1 + 1)^2 \leq (\chi_2 + 1)^2 \qquad (2.2)$$

$\chi_1 = \chi_2$ である場合，式（2.2）の等号が成立することは明らかである．証明の練習も兼ねて，すべての $\chi_1 < \chi_2$ に対し，式（2.2）の不等号（＜）が成立することを示してみよう．

【証明】

$\chi_1 < \chi_2$ の仮定より，$\chi_1 + 1 < \chi_2 + 1$ であることがお分かりいただけるだろう．そこで，$\chi_1 + 1 < \chi_2 + 1$ であるにも関わらず，$(\chi_1 + 1)^2 > (\chi_2 + 1)^2$ が成立するとしよう．$\chi_1 + 1 < \chi_2 + 1$ の両辺を $\chi_1 + 1$ 倍すると，

$$(\chi_1 + 1)^2 < (\chi_1 + 1)(\chi_2 + 1)$$

であり，同じように両辺を $\chi_2 + 1$ 倍すると，

$$(\chi_1 + 1)(\chi_2 + 1) < (\chi_2 + 1)^2$$

以上２つの不等式より，$(\chi_1 + 1)^2 < (\chi_2 + 1)^2$ の関係が成立し，これは $(\chi_1 + 1)^2 > (\chi_2 + 1)^2$ に矛盾する．つまり，すべての $\chi_1 < \chi_2$ に対し，式（2.2）の不等号

が成立する． □

したがって，$\chi_1 \leq \chi_2$ であれば式（2.2）が成立し，$TC(\chi_1) \leq TC(\chi_2)$ である．可変費用が増加関数であることも同様にして確認できる．

第 1 章で説明したように，企業が財を供給することで得る収入 R は，財の価格 P × 生産量 χ で与えられるため，生産量 χ と収入 R の対応関係を表した**収入関数** $R(\chi)$ は

$$R(\chi) = P \cdot \chi \tag{2.2}$$

である．

例 2 － 2

ワイン市場の需要関数が $P = 10$ で特定化されているとしよう．この場合，ワイナリーの収入関数は $R(\chi) = 10\chi$ である．

企業の利潤は，収入から財の生産費用を差し引いたものと定義される．財の生産量と利潤の対応関係を表す**利潤関数** $\pi(\chi)$ は,「収入関数 － 総費用関数」として与えられるため，$\pi(\chi) = R(\chi) - TC(\chi)$ であるが，$R(\chi) = P \cdot \chi$ であることに注意して[4]

$$\pi(\chi) = P \cdot \chi - TC(\chi) \tag{2.3}$$

である．収入と利潤は異なることに注意しよう．

企業が利潤を最大化する生産量 χ^* を求めるには，付録 1 で説明しているように $\pi'(\chi^*) = 0$ をみたすような生産量 χ^* を決定すればよい．式（2.3）をこの条件にあてはめると

$$\pi'(\chi) = P - TC'(\chi) = 0$$

によって求めることができる．この式をもう少し整理すると，

$$P = TC'(\chi) \tag{2.4}$$

ここで導関数 $TC'(\chi)$ は，企業が生産量を追加的に 1 単位増加させるのに必要な費用であり，**限界費用**（marginal cost：MC）という．限界費用は市場価

4　π はギリシア文字の「パイ」．英語表記で利潤は *profit* であるが，経済学では価格 P との混同を避けるため，ギリシア文字の P に対応する π を用いている

格と企業の生産量との関係も表しており，供給関数と一致する．つまり，限界費用関数 = 供給関数である．数学的には $TC'(\chi) = MC(\chi)$ であるため，式 (2.4) は式 (2.5) に置き換えられる．

$$P = MC(\chi) \tag{2.5}$$

式 (2.5) は，価格 = 限界費用を意味しており，**利潤最大化条件**と呼ばれる．つまり，完全競争市場のプライステイカー企業は $P = MC(\chi^*)$ をみたすような生産量 χ^* で利潤を最大化する．

例２－３

例２－２に続き，ワインの価格が $P = 10$ で特定化されているとしよう．また，あるワイナリーの総費用関数が $TC(\chi) = \chi^2 + 2\chi + 1$，需要関数が $P(\chi) = 10 - \chi$ で与えられているとする．ワイナリーの利潤を最大化する生産量 χ^* と，そのときの $\pi(\chi^*)$ を求めよ．

$P = 10$ であり，一方，$TC'(\chi) = MC(\chi) = 2\chi + 2$．式 (2.5) を適用すれば，

$$10 = 2\chi + 2$$

よって $\chi^* = 4$．また利潤関数は

$$\pi(\chi) = R(\chi) - TC(\chi) = -\chi^2 + 8\chi - 1$$

である．よって $\chi^* = 4$ に対応するワイナリーの利潤は $\pi(4) = 15$ である．

図２－２（次頁）には，利潤曲線の概形が描かれている．$\chi^* = 4$ で利潤が最大化されることが分かる．なお，利潤関数 $\pi(\chi) = -\chi^2 + 8\chi - 1$ を導出した後に $\pi'(\chi) = 0$ を適用して χ^* を導出してもよい．これを $\pi(\chi)$ の一階条件という．読者はこれを確かめられたい．

2.2　平均費用，限界費用と損益分岐点

企業が財を生産するとき，生産量１単位当たりにかかる総費用の大きさを**平均費用**（average cost : AC）という．平均費用は，総費用をそれぞれの生産量で割ったものと定義される．したがって，平均費用関数は次式として与えられる．

$$AC(\chi) = \frac{TC(\chi)}{\chi} \tag{2.6}$$

図２－２　例２－２の収入曲線と利潤曲線

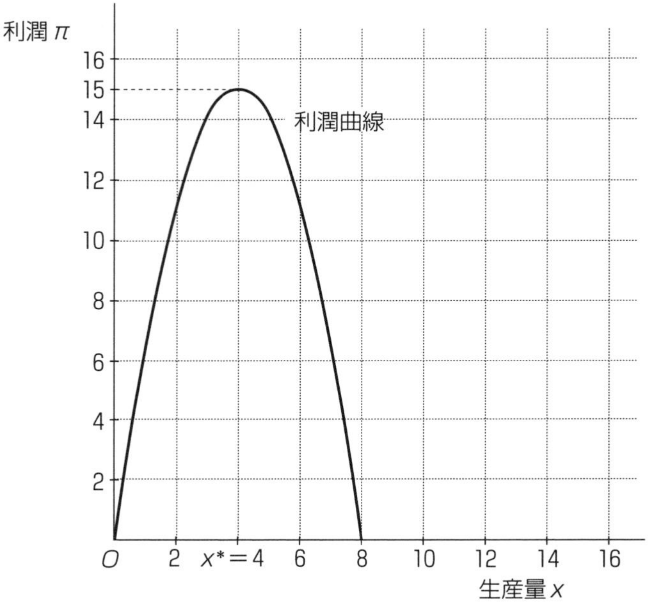

ただし，$\chi \neq 0$ である．例えば，あるワイナリーが１本のワインを出荷するのに総費用として 120 万円を費やしたとする．また，農薬やブドウ栽培設備，畑などの固定費用は 100 万円であるとする．この場合，ワイナリーの平均費用は，1,200,000 ／ 1 ＝ 1,200,000 円である．２本目以降の生産総費用は**図２－３**内の表に示している．なお，このワイナリーの生産費用は，説明のための便宜的なデータであり，現実のデータではないことにだけ気を付けよう．

ワイナリーがワインを５本以上生産するには，ブドウの手入れをする従業員を雇う必要があるとする．つまり，５本以上の生産量に対して必要な可変費用は，生産量が増加するにつれて高まっていく．**図２－３**内の２本のヒストグラムを参照されたい．可変費用が増加するにつれ，総費用も同時に増加することが分かる．

次に各生産量に対応する平均費用を計算し，折れ線グラフとして**図２－３**に描く．これがワイナリーの**平均費用曲線**である．平均費用は，ワイン５本目

図２－３　ワイナリーの平均費用曲線と平均可変費用曲線

ワインの生産量 x	1	2	3	4	5	6	7	8	9	10
総費用 $TC(x)$	1,200,000	1,210,000	1,260,000	1,300,000	1,450,000	1,800,000	2,800,000	4,200,000	5,400,000	6,800,000
固定費用 FC					1,00,000					
可変費用 $VC(x)$	200,000	210,000	260,000	300,000	450,000	800,000	1,800,000	3,200,000	4,400,000	5,800,000
平均費用 $AC(x)$	1200000	605000	420000	325000	290000	300000	400000	525000	600000	680000
平均可変費用 $AVC(x)$	200000	105000	86666.67	75000	90000	133333.3	257142.9	400000	488888.9	580000

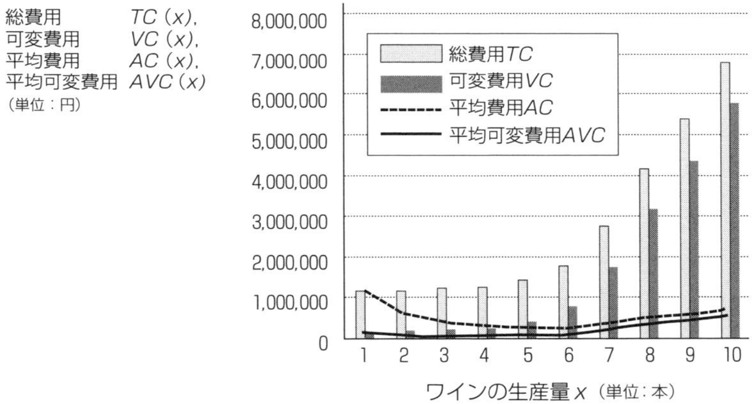

までは生産量の増加とともに減少するが，５本目以降は，可変費用が高まることから，再び増加しはじめる．生産を開始するための固定費用がそれほど大きくない企業の場合，平均費用の増減が切り替わる生産量があることを覚えておきたい．今後，平均費用関数の性質を分析する際には，各生産量の間の間隔は非常に小さいとし，連続的な平均費用関数を用いることにする．

企業が財を生産する場合，生産量１単位当たりにかかる可変費用の大きさを**平均可変費用**（average variable cost：AVC）という．平均可変費用関数は式(2.7)で与えられる．

$$AVC(\chi) = \frac{VC(\chi)}{\chi} \tag{2.7}$$

ただし，$\chi \neq 0$である．再び**図２－３**を参照されたい．平均可変費用は，可変費用の増加にリンクして増加することが分かる．

さて，企業はどのようにして生産開始を決心するのだろうか．短期において企業は固定費用を支払いつつ，利潤を得られないことを覚悟して営業する．つまり，利潤が0であったとしても，供給を続けるのである．例えば，コンビニエンスストアは，設備などの固定費用は高いものの，人件費などの可変費用が大きく変動しないため，来店者がほとんどいなくても24時間営業をする．もちろん，利潤が負の値をもつ場合には，赤字が発生していると考えられる．つまり，企業は利潤（収入 − 総費用）が0を下回る場合には供給するインセンティブを持たなくなる．数式を用いて表現するならば，

$$\pi(\chi) = P \cdot \chi - TC(\chi) < 0 \tag{2.8}$$

である．企業の供給関数は限界費用関数と等しく，$P = MC(\chi)$ であることに注意すれば，式（2.8）は以下のように置き換えられる．

$$MC(\chi) \cdot \chi < TC(\chi)$$

両辺をχで割ることにより，次式を得る．

$$MC(\chi) < \frac{TC(\chi)}{\chi} = AC(\chi)$$

したがって条件式（2.8）は（2.9）に簡単化される．

$$MC(\chi) < AC(\chi) \tag{2.9}$$

$MC(\chi) = AC(\chi)$ を満たす点を**損益分岐点**と呼ぶ．損益分岐点において企業の利潤が0であることを示そう．損益分岐点に対応する生産量を$\tilde{\chi}$と書くことにする．損益分岐点では，$P(\tilde{\chi}) = MC(\tilde{\chi}) = AC(\tilde{\chi}) = TC(\tilde{\chi}) / \tilde{\chi}$ が成立することから，次の展開となる．

$$\pi(\tilde{\chi}) = P \cdot \tilde{\chi} - TC(\tilde{\chi})$$

$$= \frac{TC(\tilde{\chi})}{\tilde{\chi}} \cdot \tilde{\chi} - TC(\tilde{\chi}) = 0$$

注：上付き文字「∼」は「チルダー」とよむ．

したがって，式（2.9）を満たす生産量に対し，企業は供給するインセンティブをもたない．それゆえ，この場合の供給関数は$S : P(\chi) = 0$である．以下では具体例を使い，平均費用と限界費用，平均可変費用と損益分岐点を求めてみよう．

例２－４

あるワイナリーの総費用関数が $TC(x) = x^2 + 2x + 1$ で与えられているとする．ただし x は正の実数である．このとき，平均費用関数と平均可変費用関数，損益分岐点の生産量 $\tilde{x}$ を求めてみよう．また供給関数も求めよう．

（解答）式（2.8）より，総費用関数 $TC(x)$ を x で割ることにより，平均費用関数 $AC(x)$ が導出される．

$$AC(x) = x + 2 + \frac{1}{x}$$

前章の具体例１で求めたとおり，可変費用関数は $VC(x) = x^2 + 2x$ である．よって式（2.8）を適用することにより，平均可変費用関数が導出される．

$$AVC(x) = x + 2$$

最後に損益分岐点を求めてみよう．ワイナリーに損失が生じるのは，$0 < x < \tilde{x}$ を満たす生産量 x である．これを求めるには条件 $MC(x) = AC(x)$ を用いて $\tilde{x}$ を特定すればよい．$MC(x) = 2x + 2$ であるため，

$$2x + 2 = x + 2 + \frac{1}{x}$$

であり，両辺に x を掛け合わせ，

$$2x^2 + 2x = x^2 + 2x + 1$$

を得る．これを整理すると

$$(x - 1)(x + 1) = 0$$

となる．よって $x = 1,\ -1$ であるが，$x > 0$ より，損益分岐点における生産量は $\tilde{x} = 1$ である．さらに供給関数 $P(x)$ は次のようになる．

$$P(x) = \begin{cases} 0 & x < 1 \text{の場合} \\ 2x + 2 & x \geq 1 \text{の場合} \end{cases}$$

図２－４に，以上で求めた関数のグラフを表示する（図中の●は，供給関数が連続な点を表し，○は不連続な点を表す）[5]．企業の利潤は $x < 1$ において負になることも確かめてみよう．例えば $x = 1/2$ に対しては，$P(1/2) = 0$ より，$\pi(1/2) = P(1/2) \cdot 1/2 - VC(1/2) = 0 - \{(1/2)^2 + 2(1/2)\} = -5/4 < 0$ である．

5　図２－４を描くにあたっては，*Functionview*：*http://hp.vector.co.jp/authors/*VA017172/ を用いた．

図２－４　限界費用曲線，平均費用曲線と損益分岐点の位置関係

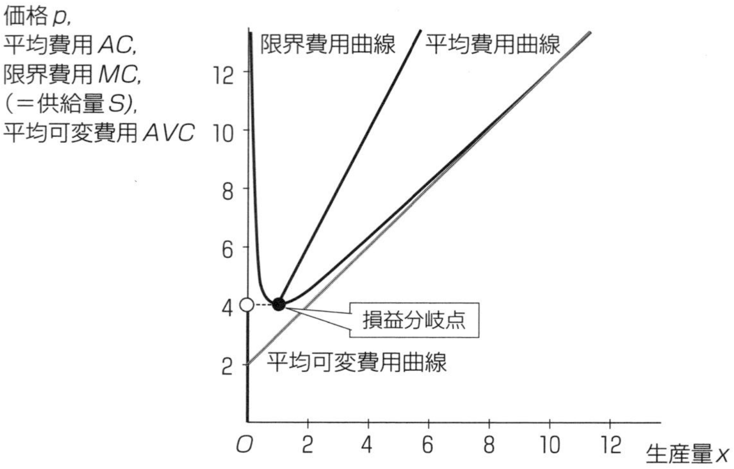

図２－４を眺めると，限界費用曲線が平均費用曲線の最小点を通過していることがお分かりだろう．これを証明してみよう．

命題２－１

限界費用曲線は平均費用曲線の最小点を通過する．

【証明】

平均費用関数の最小値を与える生産量をχ_mで表す．すると，$AC'(\chi_m)=0$が満たされる（なお，mは最少（minimum）の頭文字である）．$AC(\chi)=TC(\chi)/\chi$（$\chi \neq 0$）であり，商関数の微分公式により

$$AC'(\chi)=\frac{TC'(\chi)\chi-TC(\chi)}{\chi^2}$$

となる．したがって，$AC'(\chi_m)=0$であることから

$$\frac{TC'(\chi_m)\chi_m-TC(\chi_m)}{(\chi_m)^2}=0$$

となる．両辺を$(\chi_m)^2$で掛け合わせると，次式となる．

$$TC'(\chi_m)\chi_m-TC(\chi_m)=0$$

さらに整理して

$$TC'(\chi_m) = \frac{TC(\chi_m)}{\chi_m}.$$

ここで，$TC'(\chi_m) = MC(\chi_m)$ および，$TC(\chi_m)/\chi_m = AC(\chi_m)$ であるため，

$$MC(\chi_m) = AC(\chi_m)$$

となる．したがって，限界費用曲線は平均費用曲線の最小点を通過する．□

2.3　需要と供給の価格弾力性

これまで例に取り上げてきたワイナリーは，消費者のワイン需要が価格の変化に対して，どの程度敏感に影響を受けるのかを予測できれば，生産をする上で有利になる．そのために役立つ指標が**価格弾力性**である．まず，需要の価格弾力性について定義する．完全競争市場下での需要関数が $\chi_D = D(P)$，供給関数が $\chi_S = S(P)$ でそれぞれ与えられているとする．ただし，需要量 $\chi_D > 0$，供給量 $\chi_S > 0$ および価格 $P_D > 0$ であると仮定する．需要量の変化の大きさを $\Delta\chi_D$，価格量の変化の大きさを ΔP_D と表示する．例えば，ワインの需要量が１から４に増えた場合，需要量の変化の大きさは $\Delta\chi_D = 4 - 1 = 3$ である．**需要の価格弾力性**（price ealisticity of demand：e_D）は，需要量の変化率 $|\Delta\chi_D/\chi|$ を価格の変化率 $|\Delta P_D/P_D|$ で割ったものと定義される．この変化率に絶対値記号が付けられているのは，マイナスの記号のままでは変化率の相対的な大きさを評価しにくく，$e_D < 0$ となるのを避けるためである．需要の弾力性 e_D は $\chi > 0$，$P > 0$ であることに注意すると，

$$e_D = \left|\frac{\Delta\chi_D}{\chi}\right| \Big/ \left|\frac{\Delta P_D}{P}\right| = \frac{P}{\chi}\cdot\left|\frac{\Delta\chi_D}{\Delta P_D}\right|. \tag{2.10}$$

式（2.10）内の $\Delta\chi_D/\Delta P_D$ は，$\Delta\chi_D/\Delta P_D = 1/(\Delta P_D/\Delta\chi_D)$ であるから，一次関数で表わされた需要関数の傾き $\Delta P/\Delta\chi_D$ の逆数に相当する．なお，$\Delta P_D/\Delta\chi_D$ は変化の割合とも呼ばれる．

図２－５は (χ_D, P) 平面上の需要曲線を示している．需要曲線上に２点 $D_1 = (\chi_1, P_1)$, $D_2 = (\chi_2, P_2)$ を $\chi_1 < \chi_2$ が満たされるよう**適当にとる**．「適

図2－5　需要の価格弾力性

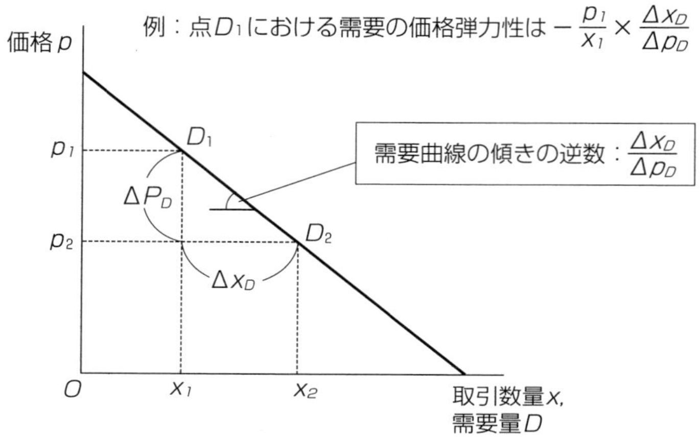

当にとる」とは，数量の大きさに関する不等号（つまり$\chi_1 < \chi_2$）が成立していれば，どのようなD_1とD_2のとり方をしても構わない，という意味である．このとり方をすると，常に$P_2 < P_1$であることが分かる．2点間における需要量の変化の大きさは$\Delta\chi_D = \chi_2 - \chi_1 > 0$であり，価格の変化の大きさは$\Delta P_D = P_2 - P_1 < 0$である．需要の変化の大きさ$\Delta\chi_D$と価格の変化の大きさ$\Delta P_D$は反対の符号をもつ．そのため，式（2.10）の絶対値記号を外すには，比率$\Delta\chi_D / \Delta P_D$に$-1$を掛け合わせればよい．最終的に式（2.11）を得る．

$$e_D = -\frac{P}{\chi}\cdot\frac{\Delta\chi_D}{\Delta P_D} \tag{2.11}$$

需要の価格弾力性e_Dが1より大きければ，価格がわずかに上昇・（下落）した場合に，需要量が大きく減少（増加）するため，需要は価格弾力的である．反対にe_Dが1より小さければ，非弾力的である．一点だけ注意していただきたいのが，式（2.11）は，価格Pとχ_Dの組み合わせ（χ_D, P）のそれぞれに対して定義されることである．言い換えるならば，需要関数のグラフの各要素$(\chi_D, P) \in \{(\chi_D, P) \mid \chi_D = D(P)\}$に対して定義される[6]．例えば，**図2－5**

6　集合記号とグラフの定義に関しては，巻末の付録1で紹介している．

内で求めているのは，点 D_1 における価格弾力性である．少し具体的な例をみてみよう．

例２－５

ワイン市場の需要関数が $P = 10 - \chi_D / 2$ で与えられているとする．価格 $P = 2$ に対応する需要の価格弾力性 e_D を求めてみよう．$\Delta \chi_D / \Delta P$ は変化の割合の逆数であるから，$\Delta \chi_D / \Delta P = 1 / \Delta P / \Delta \chi_D = 1 / (-1/2) = -2$. また $P = 2$ に対応する需要量は $\chi_D = -2 \cdot (2 - 10) = 16$ であるから，式（2.12）を適用する．

$$e_D = -\frac{2}{16} \cdot (-2) = \frac{1}{4}$$

したがって，本例題では e_D が１より小さく，需要は非価格弾力的である．

例２－６

次に需要が価格弾力的なケースを見てみよう．例２－６と同じく，需要関数が $P = 10 - \chi_D / 2$ で与えられているとする．価格 $P = 8$ に対応する需要の価格弾力性 e_D を求めてみよう．$\Delta \chi_D / \Delta P = -2$．また，$P = 8$ に対応する需要量は $\chi_D = -2 \cdot (8 - 10) = 4$ であるから，次のように計算される．

$$e_D = -\frac{8}{4} \cdot (-2) = 4$$

本例題における需要は，e_D が１を上回ることから価格弾力的である．

ある（χ_D，P）に対し，需要が価格弾力的であるか，非弾力的であるかを判別するためには，需要曲線の中点を基準にすればよい．例２－５，および本例題の場合，需要曲線の中点は点（10, 5）であり，価格弾力性は

$$e_D = -\frac{5}{10} \cdot (-2) = 1$$

である．この場合には，需要は弾力的であるとも，非弾力的であるとも言えない．このことから，$\chi < 10$ の場合，需要は弾力的であり，$\chi > 10$ の場合，非弾力的だと判定できる．

需要の価格弾力性の値は，需要曲線上の点によって異なる．しかし，需要曲線を眺めることで，需要が弾力的であるか，非弾力的であるかをある程度区別

図２－６　財が生活必需品であるか嗜好品であるかは，価格弾力性によって区別される

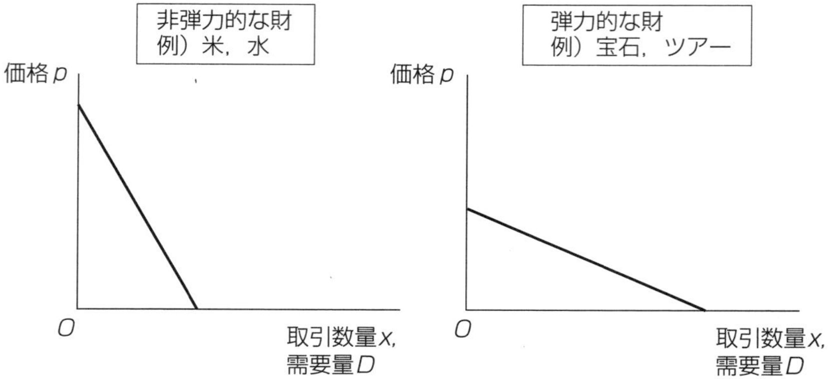

できる．**図２－６**に見られるとおり，価格弾力的な財の需要曲線の傾きは需要量が増えるにつれ緩やかになる．水や米といった生活必需品は価格の変動に対して敏感に反応せず，非弾力的である（**図２－６**の左側の図を参照）．それに対し，取引数量が少ない場合にe_Dが１を上回る財の需要曲線の傾きは，需要量が増えるにつれ急化するように見える．一般に，宝石やツアーといった嗜好品は，価格がわずかにずれると，それを需要する消費者数が大きく変化するため，需要量も敏感に変動する．したがって，嗜好品は弾力的であり，その需要関数は緩やかな傾きをもつように見える（**図２－６**の右側の図を参照）．

次に，**供給の価格弾力性**（price ealisticity of supply：e_S）について定義する．**図２－７**に供給曲線を描き，その上に２点$S_1=(\chi_1, P_1)$，$S_2=(\chi_2, P_2)$を$\chi_1<\chi_2$が満たされるようにとる．価格が上昇するにつれ供給量が上昇することから，$P_1<P_2$である．供給量の変化の大きさは$\Delta\chi_S=\chi_2-\chi_1>0$であり，価格の変化の大きさは$\Delta P=P_2-P_1>0$である．したがって，これら２つの変化の大きさは同じ符号をもち，絶対値記号を直ちに外すことができる．

$$e_S=\left|\frac{\Delta\chi_S}{\chi}\right| \Big/ \left|\frac{\Delta P_S}{P}\right|=\frac{P}{\chi}\cdot\frac{\Delta\chi_S}{\Delta P_S} \tag{2.12}$$

財の供給弾力性e_Sが大きければ，価格がわずかに増加（減少）した場合に供給量が大きく上昇（下落）する．短期的な企業の活動に注目しよう．企業は価格の変化に応じて生産量を決定するが，短期には，人件費などの可変費用を

図２－７　供給の価格弾力性

例：点D_2における供給の価格弾力性は $\dfrac{p_2}{x_2}\times\dfrac{\Delta x_s}{\Delta p_s}$

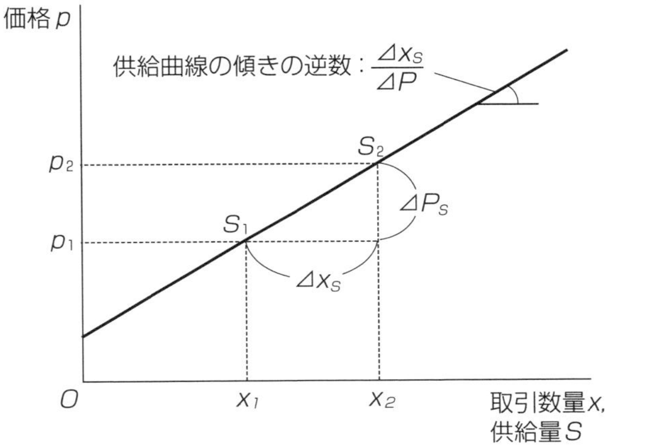

図２－８　供給の価格弾力性は，短期と長期によって区別される

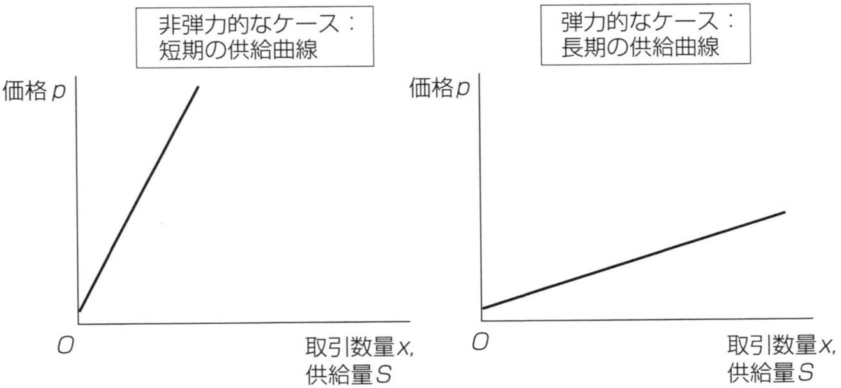

変化させるのが難しい．つまり，短期には供給量（限界費用）を自由に調整することができないため，価格の上昇に対する供給量の変化は鈍くなる．このことから，財の供給量は短期的には非弾力的である（**図２－８**の左側の図を参照のこと）．一方，長期において，企業は可変費用を調整することが可能であり，

価格の変化に応じて供給量をある程度自由に調整できるため，価格の上昇に合わせて供給量を増加させることができる．長期における財の供給量は価格弾力的である（**図2－8**の右側の図を参照のこと）．供給の価格弾力性を具体的に計算してみよう．ただし，需要の価格弾力性と同様，供給の価格弾力性も供給関数のグラフの各要素 $(\chi_S, P) \in \{(\chi_S, P) \mid \chi_S = S(P)\}$ に対して定義されることに注意したい．

例2－7

ワイン市場の供給関数が $P = 2(\chi_S + 1)$ で与えられているとする．価格 $P = 4$ に対応する供給弾力性 e_S を求めてみよう．

【解答】

供給関数の傾きの逆数は $\Delta\chi_S / \Delta P_S = 1/(\Delta P_S / \Delta\chi_S) = 1/2$ であり，価格 $P = 4$ に対応する供給量は $\chi_S = -1 + 4/2 = 1$ であるから，式（2.12）を適用する．

$$e_S = \frac{4}{1} \cdot \frac{1}{2} = 2$$

一般に $e_S > 1$ の場合，供給は価格弾力的である．**図2－8**に見られるとおり，弾力的な財の供給曲線は緩やかな傾きをもつように見える．反対に $e_S < 1$ の場合，供給は非弾力的である．**図2－8**を参照すれば，非弾力的な財の供給曲線は急な傾きをもつように見える．**例2－7**で取り上げた財の供給は弾力的である．

以上の説明をまとめると，**図2－8**に見られるとおり，長期的な供給は弾力的であり，供給曲線は水平に近づく．一方，短期的な供給は非弾力的であり，供給曲線は急な傾きをもつように見える[7]．

7　このミクロ経済学の長期における供給曲線の水平化と，マクロ経済学の長期における総供給曲線とが混同されやすいことを指摘しておく．マクロ経済学では，長期的に国民所得の総供給曲線が垂直化することが知られている（**セー法則**）．これは我々の説明とは異なるテーマであるため，混同しないよう注意したい．

2.4　課税の基本三原則

政府は，高所得者と低所得者間における所得再分配政策を実施するため，市場参加者に納税を求めることがある．ただし，一口に課税と言っても，その方式はいくつか存在する．一般に，課税政策は**公平性の原則**，**簡素性の原則**および**中立性の原則**に基づいて実施される．これを**課税の基本三原則**という．本節のはじめに，これらの原則について理解し，課税政策が消費者と生産者の余剰に与える影響について説明しよう．

2.5　公平性の原則

しばしば，課税政策は市場参加者の税負担に対する公平感を損なわないように実施するのが望ましいという意見を耳にする．言い方を換えると，税の負担額はみな平等になるように決定されるべし，という考え方である．しかしながら，この考え方を経済学的な議論にのせるとするならば，平等とは何なのかを明確にしなければならない．平等には種々の定義があるが，大きくは**形式的平等**と**実質的平等**とに分けられる．

応益的課税（形式的平等）

消費者（生産者）の得る年収（収入）によらず，全員に同率の負担額を課す方式を**応益的課税**（水平的課税）と呼ぶ．例えば，納税者（ここでは，消費者であっても生産者であってもよい）の負担税率が一律10%であるとし，その中に年収1,000万円の人と300万円の人がいるとする．年収1,000万円の人は100万円の税額を負担し，残りの900万円で生活する．一方，年収300万円の人は30万円の税額を負担し，残りの270万円で生活する．確かに，各人の年収に関わりなく，同一の税率が課せられている．この二人は同じ国，あるいは地域で提供されているサービスに対し，同率で税金を納めたことになる．そのため，各人が享受した行政サービスに対して課税をしたと考えられることから「応益的課税」と呼ぶのである．

応益的な課税は平等であると言えるであろうか．年収1,000万円の人も300万円の人も生活費が必要なものの，前者は900万円で生活し，後者は270万円の生活を余儀なくされている．これでは生活面で差ができてしまい，実質的な平等とは言い難い．このような平等を形式的平等と言う．

応能的課税（実質的平等）

応益的課税には，年収によって生活水準に差が出るという問題があった．そこで各人の税負担能力に応じて税率を調整する方法を考える．これを**応能的課税**（垂直的課税）と呼ぶ．例えば，年収1,000万円の人には30％の税率を課し，300万円の人には5％を課すとしよう．これにより，年収1,000万円の人は300万円を負担し，残りの700万円で生活する．一方，年収300万円の人は15万円を負担し，残りの285万円で生活する．

先ほどの応益的課税の例と比べると，生活費の差が縮まっており，実質的な平等に近づいたといえる．このような平等の考え方を**実質的平等**という．

形式的平等と実質的平等のいずれも税負担の公平性を確保しようとするスタンスは変わらない．平等に対する考え方が異なるのである．この考え方の対立は，経済学にとどまらず，法律や倫理学，社会思想でも問題になる．

2.6　簡素性の原則

税額の計算や負担方法を簡易化し，納税者に対する透明性を確保しようとする原則を**簡素性の原則**という．読者の中には，各種税金を納入する際，配偶者の有無や所得金額の申告など，算定方法の複雑さに困惑された方もいらっしゃるだろう．

簡素性を追求すれば，定額税が最善の課税方法になる．定額税とは，人頭税のように，納税者全員に一定の税金を課す方法である．分かりやすい課税方法であるが，収入の大きさに関わりなく，すべての人が同じ金額を負担するため，公平性の原則を損なう．ただし，政治・経済学の領域において，課税方法は簡易な方が良いという考え方そのものに対する反論はほとんどない．

2.7　中立性の原則

課税によって消費者や生産者の経済活動が損なわれないことを重視する原則を**中立性の原則**という．つまり中立性の原則とは，余剰分析をした場合に可能な限り死荷重を発生させない課税方法をよしとする原則である．市場取引に無駄が出ないように課税すべきという主張は，経済学におけるファースト・ベストの視点そのものであり，「中立性（効率的な資源配分）は重視しているが，公平性はどうなのか」という反論もある．この意見の衝突は，ファーストベストの視点を重んじるか，セカンド・ベストの視点を重んじるかという考え方の対立とも捉えられる．

課税の基本三原則に基づく課税方法には，それぞれにメリットとデメリットがあることを説明してきたが，我々は，伝統的な理論経済学の視点に立ち，ファースト・ベスト，つまり中立的な課税方法の中で特に優れているものについて考えることにする．

2.8　中立的な課税と非中立的な課税

課税には**中立的な課税**と**非中立的な課税**がある．中立的な課税の例として，すべての経済主体に対して一定の税額を一律に課す定額税が挙げられる．定額税は，経済活動とは無関係に課税する点で中立的なのである．これは簡素な課税方法であるが，地方自治体の住民サービスに対し，企業が負担する法人住民税の一部を除き，現在の日本にはほとんど存在しない[8]．諸外国でも一時的に行われたが，継続している例はほとんどない．その理由は，公平性を損なう課税方法であるからだ．なお後述のように，企業にとってみれば，固定資産税は定額税に相当する．

8　*https://biz.moneyforward.com/blog/houjin-kaikei/houjinzei/*　2017年9月5日閲覧．法人住民税のうち，均等割り方式は従業員数と資本金の大きさに応じて，すべての企業が一律で収めることとしている．

一方，非中立的な課税は消費者と生産者の経済活動に応じて課税する点で非中立的なのである．したがって，非中立的な課税は資源配分の効率性を阻害し，死荷重を発生させる可能性がある．この課税方法の代表例として，従量税が挙げられる．従量税は生産者（消費者）が財を１単位生産（消費）するごとに課せられる税である．生産者の税負担額は財を生産するほど高まる．そのため，従量税を課せられた企業には生産を抑制するインセンティブが生じる．これは市場で供給される財の数量が減少し，価格が上昇することを示唆する．価格が上昇すると消費者は財の購入を控えるようになるため，従量税のような非中立的な課税は経済活動に影響を及ぼし，市場を混乱させるリスクを伴う．

2.9　中立的な課税（定額税）の余剰分析

本節では，政府によって定額税（中立的な課税）および従量税（非中立的な課税）が導入された場合に生産者が負担する費用がどのように変化するかを確認する．定額税は生産者に一定の税金を課すため，固定費用 FC を増加させ，それに伴い総費用も増加させる．**図２－９**に定額税が導入された場合の総費用曲線を示す．生産者は一定の税金を負担することから，定額税は固定費用の

図２－９　定額税が課された場合の総費用・限界費用の変化

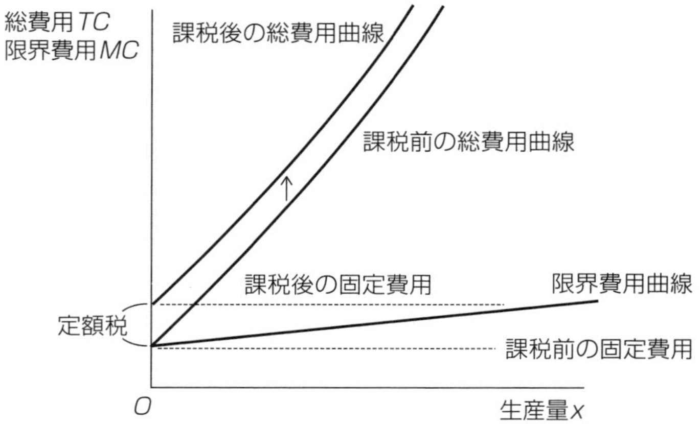

一部だと考えることができる．つまり固定費用曲線は定額税分だけ上方にシフトする．しかし可変費用 VC には影響を与えず，可変費用曲線はシフトしない．**図２－９**には限界費用曲線も示しているが，こちらも課税の前後でシフトしない．その理由を述べるならば，限界費用の大きさに影響を与えるのは可変費用のみであり，可変費用曲線がシフトしなければ，限界費用曲線もシフトしないためである．さらに限界費用曲線は供給曲線と一致することから，限界費用曲線がシフトしなければ供給曲線もシフトしない．したがって，定額税は企業の供給量に影響を与えず，市場均衡も変化させないため，中立的な課税である．

経済学は市場参加者の経済活動を数学的に記述し，命題を導くという方法をとる．そこで，以上で説明してきたことを示してみよう．

命題２－２

政府によって定額税 $T_c > 0$（下付け文字 c は，一定（constant）の頭文字を表す）が導入された場合，企業の可変費用は変化せず，また供給量も変化しない．

【証明】

定額税の導入は，企業にとって固定費用 FC の増加に他ならない．ここで可変費用を $VC(\chi)$ と書けば，課税後の総費用関数 $TC(\chi)$ は式（2.13）として与えられる．

$$TC(\chi) = VC(\chi) + FC + T_c \tag{2.13}$$

ここで，固定費用が定額税 T_c だけ増加したとしても<u>可変費用</u>には影響はない．式（2.13）から，企業の限界費用を導出すると

$$MC(\chi) = TC'(\chi) = VC'(\chi) \tag{2.14}$$

$VC'(\chi)$ は χ にのみ依存する関数であり，T_c の大きさとは無関係に定まる．式（2.14）より，$MC(\chi)$ もまた T_c の大きさとは無関係に定まる．限界費用は供給量と等しいことから，供給関数を $S(\chi)$ と書けば，

$$MC(\chi) = S(\chi)$$

である．結局，供給量 S も T_c の大きさとは無関係に定まる．　□

図２－10　定額税が導入された場合の総余剰

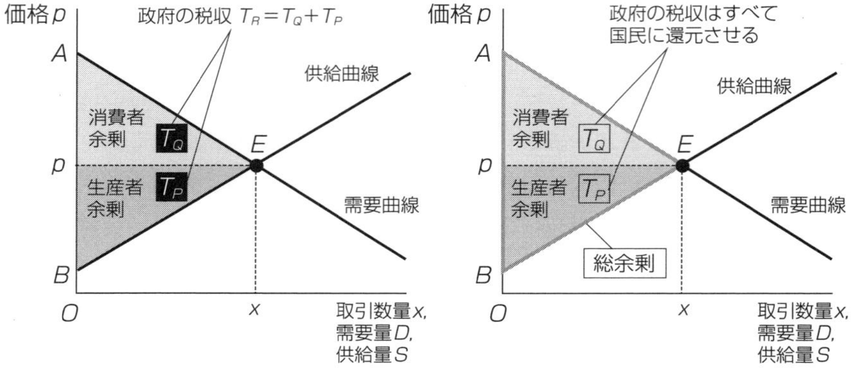

次に，中立的な課税（定額税）が消費者余剰と生産者余剰に影響を与えることを確認しよう．完全競争市場を想定する．**図２－10**内において，消費者余剰は△APE，生産者余剰は△PBE，総余剰は△ABEである．今，政府が消費者と生産者に定額税を課したとする．消費者余剰と生産者余剰は課税された分だけ減少する．そこで，これらの余剰から税金の負担金額を差し引く．

ここで，具体例をあげて説明しよう．市場には消費者が６人，企業（生産者）が４社だけ存在すると仮定する．６人の各個人に番号を与え，$i = 1, 2, ..., 6$ と表す．消費者 $i(i = 1, 2, ..., 6)$ は，それぞれ異なる定額税 $T_i(i = 1, 2, ..., 6)$ を負担する．消費者の負担する税額の合計 T_Q は

$$T_Q = T_1 + T_2 + \cdots + T_6$$

である．したがって，課税後の消費者余剰は次式で与えられる．

$$\text{課税後の消費者余剰} = \triangle APE - T_Q \tag{2.16}$$

次に４社の各企業にローマ数字を与え，$j = a, b, c, d$ と書く．各企業 j は，それぞれに異なる定額税 $T_j(j = a, b, c, d)$ を負担する．企業の負担する税額の合計 T_P は

$$T_P = T_a + T_b + T_c + T_d$$

課税後の生産者余剰は，もともとの生産者余剰から T_P を差し引くことで与えられる．

課税後の生産者余剰 ＝ $\triangle PBE - T_P$　(2.16)

図２－10では，消費者と生産者の負担する税額をそれぞれ四角形の面積として表示しているが，これには特別な意味はない．消費者と生産者の負担額が，それぞれの余剰の大きさ（面積）を上回らない，一定の大きさである限り，どのような図形で表示してもよい．また，政府は消費者と生産者に対してこれらの納税を直接的に求めているわけではないことを断っておく．定額税導入後，消費者は市場取引を通じて T_Q に相当する税金を負担したのである．同様に，生産者は市場取引をする過程で T_Q に相当する税金を負担したのである．最後に消費者と企業の納税額を合計し，政府の税収 T_R を求める[9]．

政府の税収 $T_R = T_Q + T_p$　(2.17)

この税収は，すべて国民に還元され，消費者あるいは企業には，余剰が生じると仮定する．それを念頭に置いて総余剰を計算しよう．

総余剰 ＝ 課税後の消費者余剰
　＋ 課税後の生産者余剰 ＋ 税収
＝ $\triangle APE - T_Q + \triangle PBE - T_p$
　＋ $\{T_Q + T_p\} = \triangle APE + \triangle PBE$
＝ $\triangle ABE$

政府が定額税を課す場合の総余剰は $\triangle ABE$ であり，完全競争市場均衡における総余剰の大きさと一致する．定額税は一時的に総余剰を減少させ，死荷重を発生させるものの，その税収のすべてが国民に余剰として還元されるため，実質的に課税の前後で総余剰は変化しない．定額税が中立的な課税であることが確認できた．

中立的な課税の例として，家や土地などを購入する場合に必要な固定資産税をみてみよう．固定資産税は，敷地の坪面積や建築物の高さなどに応じて負担金額が変化するものの，その土地・建築物内で消費者(あるいは生産者)がいかなる消費活動を行おうとも，負担金額が変化することはない．**図２－10**で説明するならば，消費者，あるいは生産者が不動産市場で土地を取引し所有する場

9　下付け文字 R は，税収（tax revenue）の頭文字 R を意味する．

合，地方公共団体の市町村税として固定資産税が課せられる．回収された固定資産税はいずれ，土地周辺の道路の建設やメンテナンス，周辺環境の整備に充てられるため，消費者（生産者）に還元される．したがって，土地市場における総余剰の大きさは，経済主体が固定資産税を負担しても変わらないのである．

2.10 非中立的な課税（従量税）政策の余剰分析

前節で説明したように，非中立的な課税は死荷重を発生させ，資源配分の効率性を損ねる可能性がある．これを確認するため，非中立的な課税の1つである従量税に注目して話を進めよう．

生産者は財を生産するほど，従量税を負担しなければならない．例えば，財の生産1単位当たりに10円の従量税が課せられた場合，1単位の生産だと10円，2単位の生産だと20円，…と費用が増加していく．1単位当たりの従量税を t 円とすると，生産者の納税額は従量税 $t \times$ 生産量 χ として与えられる．

図2－11に課税前後の総費用曲線を示す．財の生産量が増加するにつれ，納税額が増加することが読み取れる．つまり，課税後の総費用曲線は急なカーブになり，生産者は課税前よりも多くの費用負担にせまられる．ただし，従量税は定額税と異なり，固定費用には影響を与えない．

図2－11　従量税が導入された場合の総費用と供給量の変化

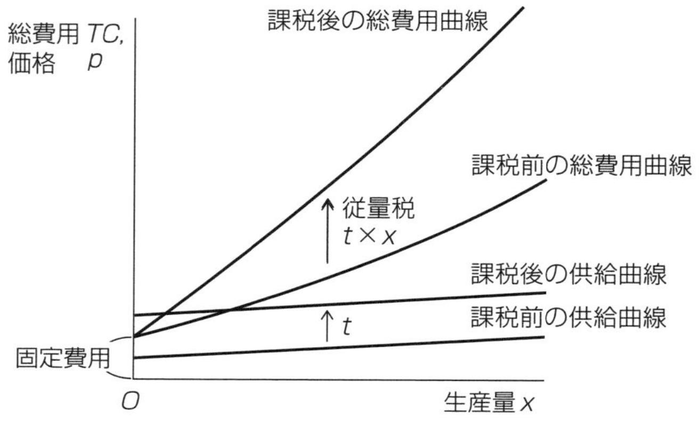

限界費用が生産量を追加的に増やすのに必要な費用であることと，限界費用関数 = 供給関数であることを思い出したい．従量税が導入されることにより，生産者の総費用は $t \times \chi$ だけ増加する．したがって，限界費用は t だけ増加する．**図２－11** を参照すると，従量税導入後の限界費用曲線，つまり供給曲線は，導入前と比べ t だけ上方にシフトしている．このように従量税は企業の生産費用を押し上げることで経済活動に影響を与える．これを一般的に示してみよう．

命題２－３

政府によって t 単位の従量税が導入された場合，企業の可変費用が増加し，価格が t だけ増加する．ただし，$t > 0$ は税率，$\chi > 0$ は生産量を表す．

【証明】

従量税導入前の総費用と導入後の総費用をそれぞれ $TC^b(\chi)$，$TC^a(\chi)$ と書く．ただし，上付き文字 a，b は前（after），後（before）を表す．従量税の導入前後で固定費用は変化しないことに注意する．

$$TC^b(\chi) = VC^b(\chi) + FC \tag{2.18}$$

一方，

$$TC^a(\chi) = VC^a(\chi) + FC \tag{2.19}$$

である．ここで

$$VC^a(\chi) = VC^b(\chi) + t \times \chi$$

より，課税後に可変費用が高くなるということは，$VC^a(\chi) > VC^b(\chi)$ が満たされているはずだから，

$$VC^b(\chi) + t \times \chi > VC^b(\chi)$$

である．つまり，

$$t \times \chi > 0 \tag{2.20}$$

と同値である．$t > 0$，$\chi > 0$ より式（2.20）が成立する．

次に従量税の導入によって価格が t だけ増加することを示す．従量税導入前の限界費用は式（2.18）を χ で微分することで得られる．

$$MC^b(\chi) = TC^{b\prime}(\chi) = VC^{b\prime}(\chi) \tag{2.21}$$

同様に従量税導入後の限界費用は

図2－12　従量税導入後の消費者余剰と生産者余剰

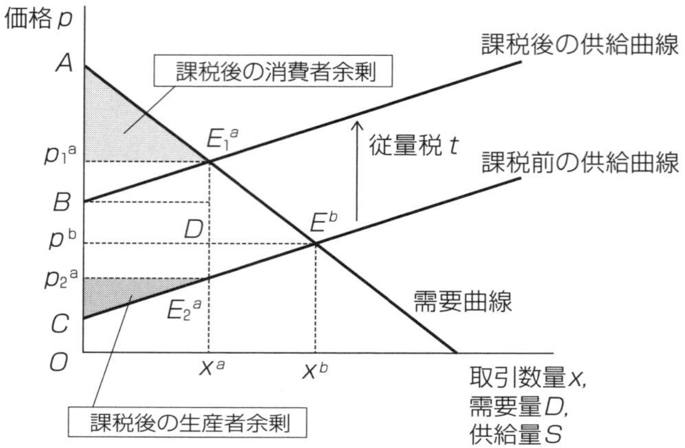

$$MC^{a}(\chi) = TC^{a\prime}(\chi) = VC^{b\prime}(\chi) + t \tag{2.22}$$

となる．式（2.21）と（2.22）を比較すれば，従量税導入後の市場価格は導入前を，t だけ上回る．　□

従量税が市場参加者の経済活動に与える影響について，図式的に確認しよう．税額 t の従量税が導入されることにより，供給曲線は t だけ上方シフトする．すると**図2－12**に見られるとおり，課税実施後の市場均衡点は実施前と比べ上方（北西方向）に移動する．

課税前の均衡点を E^{b} と書く．上付き文字 b は前（before）の頭文字である．それに対し，課税後の均衡点を E^{a} と書く．a は後（after）の頭文字である．まず消費者余剰について考えてみよう．課税後に消費者が支払ってもよいと考える金額は□ $A0\chi^{a}E_1^{a}$ であり，実際に支払った金額は□ $P_1^{a}0\chi^{a}E_1^{a}$ である．課税後の消費者余剰の大きさは，それらの差をとることで導出され，△ $AP_1^{a}E_1^{a}$ の面積に相当する．その大きさは，課税前の消費者余剰△ $AP^{b}E^{b}$ と比べて小さいことが分かる．

次に生産者余剰について考える．市場では財が1単位 P_1^{a} で販売されているが，企業は P_1^{a} 円の収入を得ているわけではないことに注意したい．なぜなら，企業の収入は，販売価格 P_1^{a} 円から t 円を差し引いた P_2^{a} 円であるからである．

図２－13　従量税導入後の政府の税収と死荷重

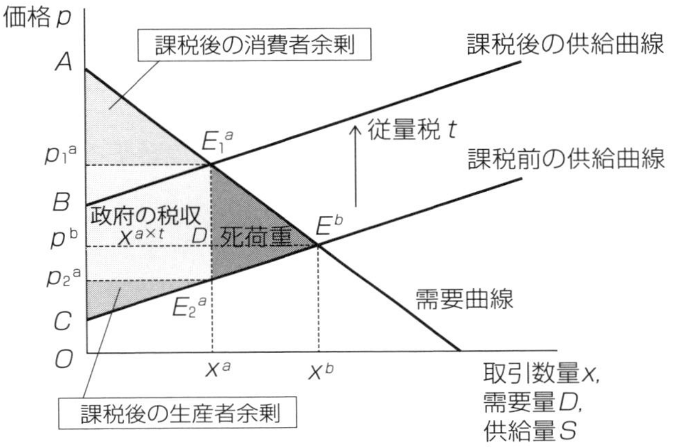

図２－12 において $P_1^a - P_2^a = t$ であることが確認できる．企業の収入は□ $P_2^a 0 \chi^a E_2^a$ であり，生産費用は□ $C0\chi^a E_2^a$ である．したがって，生産者余剰は，これらの差をとった△ $P_2^a C E_2^a$ である．

定額税の場合と同様，政府の税収はすべて消費者と企業に還元されるとする．そのため，課税後の総余剰を求めるには，課税後の消費者余剰と課税後の生産者余剰を加え，さらに政府から賦課された税収を加えればよい．つまり税収は総余剰の一部である．政府の税収を**図２－13** に表す．政府は１単位の生産につき t 円の税金を課している．従量税 t は $P_1^a - P_2^a$ の大きさであり，政府の税収は $\chi^a \times t$ で求められる．**図２－13** には，税収の大きさ $\chi^a \times t =$ □ $P_1^a P_2^a E_2^a E_1^a$ が表示されている．

なお，課税により，均衡取引価格は P^b から P_1^a に上昇し，結果的に生産者だけでなく，消費者も間接的に税金を負担したことになる．**図２－13** より，従量税 t の大きさは，線分 $P_1^a P^b$ と $P^b P_2^a$ を加えた長さに相当することがお分かりいただけるだろう．全従量税 t のうち，消費者は財１単位当たり $P_1^a P^b$ の税金を負担をしている．一方，生産者は財１単位当たり，$P^b P_2^a + P_1^a P^b = t$ の税金を負担をしている．したがって，政府の税収□ $P_1^a P_2^a E_2^a E_1^a$ のうち，消費者から回収されるのは $\chi^a \times P_1^a P^b =$ □ $P_1^a P^b D E_1^a$ であり，生産者から回

収されるのは $\chi^{a} \times P^{b}P_{2}^{a} = \square\, P^{b}P_{2}^{a}E_{2}^{a}D$ である.

それでは，従量税導入後の総余剰の大きさを確認しよう.

$$\begin{aligned} \text{総余剰} &= \text{課税後の消費者余剰} \\ &\quad + \text{課税後の生産者余剰} + \text{政府の税収} \\ &= \triangle AP_{1}^{a}E_{1}^{a} + \triangle P_{2}^{a}CE_{2}^{a} + \square\, P_{1}^{a}P_{2}^{a}E_{2}^{a}E_{1}^{a} = \square\, ACE_{2}^{a}E_{1}^{a} \end{aligned} \tag{2.23}$$

課税前の総余剰は $\triangle ACE^{b}$ であることから，総余剰は課税によって $\triangle E_{1}^{a}E_{2}^{a}E^{b}$ だけ減少する.

$$\begin{aligned} &\text{課税前の総余剰} - \text{課税後の総余剰} \\ &\quad = \triangle ACE^{b} - \square\, ACE_{2}^{a}E_{1}^{a} = \triangle E_{1}^{a}E_{2}^{a}E^{b} \end{aligned}$$

つまり，課税導入後，死荷重が $\triangle E_{1}^{a}E_{2}^{a}E^{b}$ だけ発生する．中立性の原則に立つならば，従量税は効率的な資源配分を損なうため，望ましいシステムとは言えない.

事例③　酒税の引き上げ

ビールの1缶（350ml）当たりの酒税額は77円，発泡酒は47円，新ジャンル（第3のビール）は28円である（2017年1月時点）．政府はビールの税額を63円程度に引き下げ，反対に新ジャンルの税額を28円から47円程度に引き上げて発泡酒（いわゆる第二のビール）と統一し（2023年），最終的にはビールと新ジャンルの税額を55円程度で統一する（2026年10月）方針である.

ビール市場と新ジャンル市場における資源配分の効率性が改善するかどうか確認しよう．ビールと新ジャンルを製造している少数のビールメーカーを考える．ここで少数としたのは，ビールメーカーは寡占市場，すなわち不完全競争市場下で生産活動を営むためである．また一口にビールといっても，ラガータイプのビールとドライタイプのビールは同質的な財ではないため，別の市場で取引されることに注意したい．ラガービール市場はラガータイプのビールだけが取引される市場である．ここでは，それらタイプの違いについては考慮しないこととする.

ビール市場と新ジャンル市場の需要量・供給量の変化について分析してみよう．**図2－14**には，ビール市場における需要曲線と酒税改正前（2023年度）後（2026年以降）における供給曲線が描かれている．酒税引き下げに伴い，税額が22円引き

図２－14　酒税引き下げがビール供給量の変化におよぼす影響

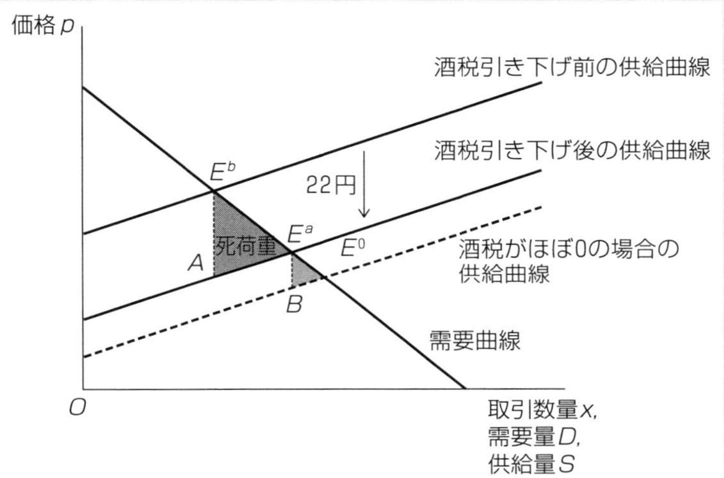

下げられるため，供給曲線は下方シフトする．その結果，ビール市場における消費者余剰と生産者余剰はともに増加し，死荷重△E^bAE^aは削減される．現実的とは言えないが，酒税が０に近いケースで死荷重は発生せず，パレート最適な資源

図２－15　酒税引き上げが新ジャンル供給量の変化におよぼす影響

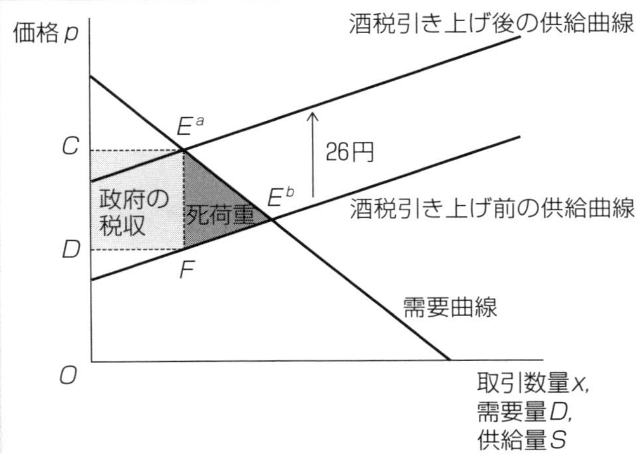

配分が達成される．そのケースと比較すると，税額が引き下げられたとしても死荷重が△ E^aBE^0 だけ生じている．しかし，△ E^aBE^0 は△ E^bAE^a と比べて小さく，酒税引き下げは現在（2018 年度時点）におけるビール市場の資源配分を改善する．

一方，**図 2 － 15** には新ジャンル市場における供給曲線を示している．第一段階の酒税引き上げにより，価格が 19 円だけ値上がりする．同一の価格に対し，供給量が減少することから，2023 年以降の供給曲線は上方シフトする．さらに，2026 年以降の第二段階の酒税引き上げにより，一層上方へシフトする．

2017 年度を基準に考える．二度にわたる税額の引き上げにより，死荷重が△ E^aFE^b だけ生じる．したがって，新ジャンル市場における資源配分の効率性は悪化すると予想される．

税額引き上げにより，政府は $CDFE^a$ の税収を得る．政府は，この税収をビールメーカーや新ジャンル消費者に還元する必要性がある．ただし，本文で説明したように，課税政策に伴う死荷重を完全に相殺することはできない．そこで少なくとも，酒類の消費者と生産者が市場取引を通じて，それぞれの余剰を高めることのできるような，明確な財源に税収を充てる必要がある．

最後に，以上の分析は短期的な寡占市場の分析であり，消費者の嗜好の変化，ビール製造技術の進歩や麦芽・ホップの価格の急激な変化といった，長期的・不確実な要因を排除していることを断っておく．我々の結論は，それら**他の事情を不変（一定）とする**（ceteris paribus）ことで成立する．それらのテーマに興味のある読者は，上級ミクロ経済学やゲーム理論に触れられたい．

参考ホームページ：税理士相談カフェ 2017 年 6 月の酒税法改正でビール等の値上げ https:／／www.happy-souzoku.jp／souzoku-14816.html2017 年 9 月 12 日閲覧．

2.11 税負担の転嫁

納税義務の課せられていない経済主体が間接的に税負担することを**税負担の転嫁**，あるいは**税の帰着問題**という．例えば，前節では，従量税を課せられたのが生産者であるにも関わらず，消費者も納税することを見てきた．ここで再び**図 2 － 13** を参照すれば，政府の全税収□ $P_1^aP_2^aE_2^aE_1^a$ のうち，消費者の税負担□ $P_1^aP^bDE_1^a$ は，生産者（企業）の税負担□ $P^bP_2^aE_2^aD$ を上回り，結果的に消費者の方が多く納税している．これを，税金が消費者に帰着すると言う．ただし，消費者は市場取引を通じて間接的に納税している点に注意したい．消費者が税を部分的に負担する理由を説明しよう．企業は，税金 t の負担をすべて消費者が負担してくれるように販売価格に税金 t を上乗せして供給するインセンティブをもつ．しかし販売価格の上昇により，需要が減少し，t の大きさのすべてを負担することができず，一部分（前節の例で言うならば，$P^bP_2^a$ の大きさ）は自分で負担することになる．

従量税導入後，いずれの経済主体に税が帰着するのであろうか．本節では小塩（2002）pp.121-125 を参考にし，税の帰着メカニズムについて学ぶ．このメカニズムを理解するためには，2.3 節で紹介した価格弾力性が必要である．需要と供給の価格弾力性は，取引数量が変化する場合，消費者余剰と生産者余剰の大きさに影響を与える．再度，**図２－13** を参照されたい．図中の需要曲線と供給曲線を見比べると，前者の方が急な傾きをもつことが分かる．つまり，需要の価格弾力性は供給の価格弾力性よりも相対的に低く，非弾力的である．そのため，価格がわずかに変化したとしても，需要はあまり影響を受けない．これは生活必需品を取引している長期的な市場であると考えられる．一方，価格の変化に対して，供給は敏感に影響を受ける．そして，結果的に大きな影響を受けない消費者に税金が帰着される．一般的に述べるならば，消費者と生産者のいずれに従量税が課せられる場合であったとしても，需要の価格弾力性と供給の価格の弾力性を比較し，前者が後者を上回る場合には，生産者に税負担が帰着される．反対の場合には，消費者に帰着される．

それでは，供給の価格弾力性が需要の価格弾力性と比べて相対的に低いケースを考えてみよう．酒類などの嗜好品が取り引きされている，短期的な市場をイメージしていただきたい．生産者に対して従量税が導入されたとする．**図２－16** において，政府の税収は□ $P_1^aP_2^aE_2^aE_1^a$ であり，そのうち，消費者の負担部分は□ $P_1^aP^bDE_1^a$ であり，生産者の負担部分は□ $P^bP_2^aE_2^aD$ である．□ $P_1^aP^bDE_1^a$ ＜□ $P^bP_2^aE_2^aD$ であるから，生産者に帰着されている．このケースでは，需要の価格弾力性が供給の価格弾力性を上回り，嗜好品の価格変化によって，需要は敏感に変動する．しかし，短期に生産者は供給量を自由に調整

図２－16　供給が非価格弾力的な場合，税は生産者に帰着する

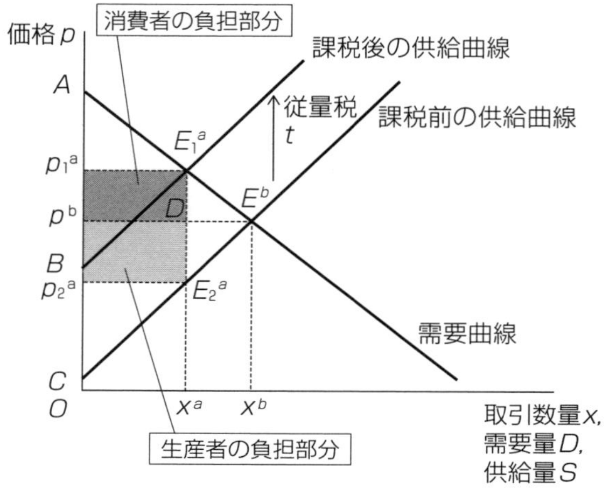

できず，価格変化による影響を受けにくい．したがって，影響が少ない生産者に税が帰着されるのである．

図２－16を用いて，以上の説明を一般化しよう．需要量を$\chi_D > 0$，供給量を$\chi_S > 0$と書く．需要の価格弾力性e_Dと供給の価格弾力性e_Sをそれぞれ式（2.11）と式（2.12）によって与える．すると，**図２－16**より，政府の税収t(＝辺$P_1^a P_2^b$の長さ）を1(100％）とすると，この中で消費者が負担する税金の割合は，辺$P_1^a P^b$の長さに一致する．つまり，$P_1^a P^b = (P_1^a - P^b) / t$である．一方，生産者の負担割合は，$P^b P_2^a = (P_2^a - P^b) / t$である．ただし，$P_2^a < P^b$であるから，生産者の負担割合は負の値として導出される．そこで，－1を掛け合わせることにより，生産者の負担割合は，改めて$P^b P_2^a = -(P_2^a - P^b) / t = -(P_1^a - t - P^b) / t$である．従量税導入に伴う需要量の変化の大きさ$\Delta \chi_D$と供給量の変化の大きさ$\Delta \chi_S$は等しく，式（2.24）を得る．

$$\Delta \chi_D = \Delta \chi_S \tag{2.24}$$

価格弾力性を定義した式（2.11）を$\Delta \chi_D$，式（2.12）を$\Delta \chi_S$でそれぞれ解くことにより，

$$\Delta \chi_D = -\frac{\chi}{P} \cdot \Delta P_D \cdot e_D \text{ および}$$

$$\Delta \chi_S = \frac{\chi}{P} \cdot \Delta P_S \cdot e_S$$

を得る．ΔP_D は $P_1{}^aP^b$ の長さに相当し，ΔP_S は $P^bP_2{}^a$ の長さに相当するから，上の式は以下のように置き換えられる．

$$\Delta \chi_D = -\frac{\chi}{P} \cdot \frac{P_1{}^a - P^b}{t} \cdot e_D \tag{2.25}$$

および

$$\Delta \chi_S = \frac{\chi}{P} \cdot \frac{P_1{}^a - t - P^b}{t} \cdot e_S \tag{2.26}$$

さらに，式（2.25）の $\Delta \chi_D$ と式（2.26）の $\Delta \chi_S$ を式（2.24）へ代入し，$P_1{}^a$ について整理すると

$$P_1{}^a = P^b + \frac{te_S}{e_D + e_S} \tag{2.27}$$

である．式（2.27）の $P_1{}^a$ を上で説明した消費者と生産者の負担割合にそれぞれ代入することにより，条件式（2.28）を得る：

全従量税のうち各負担は次のようになる．

$$消費者の負担分：\frac{e_S}{e_D + e_S}$$

$$生産者の負担分：\frac{e_D}{e_D + e_S} \tag{2.28}$$

結果を整理しよう．需要の価格弾力性と供給の価格弾力性を比較し，相対的に低い方を判定する．もし，

$$e_S < e_D$$

である場合，税負担は生産者に帰着される．式（2.28）より，その場合の納税金額は，政府の全税収□ $P_1{}^aP_2{}^aE_2{}^aE_1{}^a \times e_D / (e_D + e_S)$ の大きさに相当する．本節で導入したのは，このケースである（**図２－16** を見られたい）．一方，前節で導入した例では不等号が入れ替わっており，税負担は消費者に帰着される．そして消費者の納税金額は，政府の税収□ $P_1{}^aP_2{}^aE_2{}^aE_1{}^a \times e_S / (e_D + e_S)$ である．以上の説明を踏まえると，政府は従量税導入に当たり，価格の変化に

よる影響が少ない経済主体により多くの負担を求めていると言える．本節では，少々抽象的に税の帰着問題を説明した．そこで練習問題２－２では，もう少し具体的に考えることにしよう．

練習問題２－１

完全競争市場における需要関数と供給関数が次のように与えられている．

$D(P) = 200 - P,$

$S(P) = P - 100$

政府が財の生産１単位につき 20 の従量税を課したとする．政府の税収と死荷重を求めよ．

［国家Ⅱ種・平成 16 年度出題問題を改変］

練習問題２－２

完全競争市場における需要関数と供給関数が次のように与えられている．

$D(P) = 120 - 3P,$

$S(P) = -40 + 2P$

政府が消費者に対し，10 単位の従量税を課すとする．この場合，いずれの経済主体に税負担が帰着するか確認せよ．また，その経済主体が負担する金額として適切なものを以下の１～５から選択せよ．

1．32　　2．42　　3．52　　4．62　　5．72

［国家Ⅱ種専門試験・平成 22 年度出題問題を改変］

第3章

労働供給モデルと余剰分析

3.1 消費者の効用最大化問題

本章のはじめに**消費者理論**について紹介する．消費者理論は，経済学において特に重要な理論であるため，ぜひ押さえておきたい．実は，3.2節で紹介する労働者の労働選択問題は，消費者理論の応用版である．突然だが，読者は限られた予算の中で自分の満足を最大限高めるような買い物をされているだろうか．この問に答えるには，消費者理論が役立つ．

ここでは無数の消費者 $i(i = 1, 2, ..., n, ...)$ からなる完全競争市場を考える．各消費者は，財を消費することにより効用（個人的な満足度）を高める．消費者 i の効用を最大化する財の組み合わせをもとめることにより，各消費者の需要関数を導出できる．それらの需要関数を用いることにより，市場全体の需要関数が求められる．以下ではそれを見ていこう．

話を簡単にするため，市場では焼き肉とビールの２財のみが取引されているとする．今，代表的な消費者 M を取り上げ，彼の行動をモデル化してみよう（つまり，$i = M$ として話を進める）．彼は，夕食のために買い物に出かけ，焼き肉とビールに支出しようとしている．

消費者 M は，それぞれの財を消費することによって効用を高める．ところで，読者はビールを飲めば飲むほど満足されるだろうか．また，焼き肉を食べるほど幸福感が増すであろうか．飲食を続けているうちに嬉しさが増加しにくくはならないだろうか．M の満足度もまた，それらの財を消費するにつれ，増加しにくくなるとする．これを**限界効用逓減の法則**と言う．「限界」とは，「ごくわずか」という意味であり，経済学では「追加的」などとも言う．「逓減」とは，

「徐々に減少する」という意味である．ただし，消費が増えるにつれ，彼の効用自体は高まることに注意したい．

まず，いくつかの記号を導入しよう．消費者 M の焼き肉の消費量を $\chi_G > 0$，ビールの消費量を $\chi_B > 0$ と書こう．下付き文字 G は焼肉（grilledmeat），B はビール（beer）の頭文字を意味する．また消費者 M の焼き肉の消費量，すなわち需要量と効用の対応関係を示す**効用関数**（utility function：u）を $u(\chi_G)$ と書く．同じように，彼のビールの消費量と効用の対応関係は，効用関数 $u(\chi_B)$ で表すことになる．以下では，焼き肉の消費を例に挙げて説明するが，ビールに関しても全く同じ議論が成立することを断っておく．

図3－1を参照されたい．限界効用逓減の法則が働く効用をモデル化する場合，選択肢 A，B，C のうち，効用のグラフとして適切なのはどれであろうか．効用が高まるにつれ，その高まり方が徐々に低下する選択肢が答えである．その答えを探すためには，効用関数 $u(\chi_G)$ の二階導関数 $u''(\chi_G)$ の符号を確かめればよい[10]．

$u'(\chi_G)$（＝1階導関数）の符号により，$u(\chi_G)$ は増加関数であるか，減少関数であるかを確認できる．消費 $u'(\chi_G) > 0$ の場合，$u(\chi_G)$ は増加関数で

図3－1　限界効用逓減の法則を満たす効用は A ～ C のうちどれか

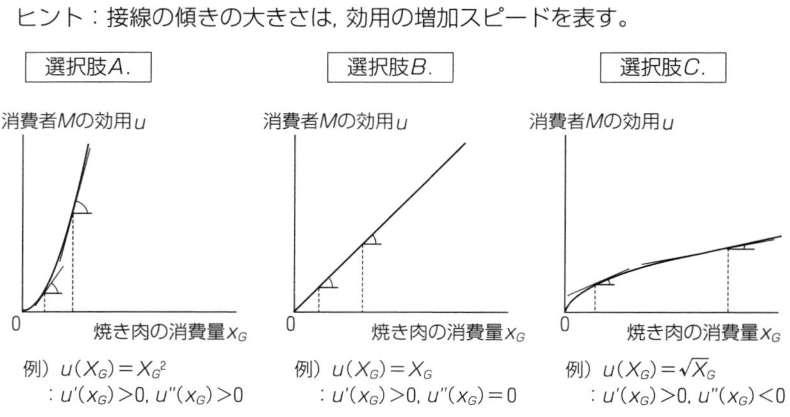

10　二階導関数に関しては，巻末付録 A.17 を参照のこと。

あり，反対に $u'(\chi_G)<0$ の場合，減少関数である．なお $u'(\chi_G)=0$ の場合，どのような消費量 χ_G の大きさに対しても，効用は一定値をとる．

次に導関数 $u''(\chi_G)$（＝２階導関数）のもつ符号により，効用 u が逓増するか，逓減するかを確認する．$u''(\chi_G)>0$ の場合，消費量 χ_G が大きくなるにつれ，効用の増加スピードは徐々に高まる．**図３－１**内の選択肢 A では，消費量 χ_G が増加するにしたがい，曲線上の接線 $u'(\chi_G)$ の傾きが次第に急になる．この場合，消費者の効用は逓増する．反対に $u''(\chi_G)<0$ の場合，消費者 M の効用は逓減する．したがって，消費者 M の効用をモデル化するには，選択肢 C が適切である．限界効用逓減の法則をとらえている効用関数の例としては，$u(\chi_G)=\sqrt{\chi_G}$ が挙げられる．微分の計算により

$$u'(\chi_G)=\frac{1}{2}(\chi_G)^{-\frac{1}{2}}>0 \text{ および}$$

$$u''(\chi_G)=-\frac{1}{4}(\chi_G)^{-\frac{3}{2}}<0$$

である[11]．

3.2　効用最大化条件と個別的需要関数の導出方法

ここまでは，M の焼き肉の効用とビールの効用を分けて考えてきたが，統一することにしよう．すなわち，２変数の効用関数を導入する．効用関数は，焼き肉とビールの組み合わせによって様々な値をとる．焼き肉とビールの組み合わせを一つ固定した場合に与えられる効用の大きさを**効用水準**と呼ぶ．以下では，説明を簡単にするため，消費者 M の効用関数を $u(\chi_G, \chi_B)=\sqrt{\chi_G\chi_B}$ に特定化する．ただし，$\chi_G>0$ および $\chi_B>0$ とする．$u(\chi_G, \chi_B)=\sqrt{\chi_G}\times\sqrt{\chi_B}$ であるから，焼き肉の限界効用 $\partial u(\chi_G, \chi_B)/\partial\chi_G$ とビールの限界効用 $\partial u(\chi_G, \chi_B)/\partial\chi_B$ に関して

11　より一般的には，$u(\chi_G)=\chi_G^{\alpha}(0<\alpha<1)$ が用いられる。

$$\frac{\partial u(\chi_G, \chi_B)}{\partial \chi_G} = \frac{1}{2} \cdot \sqrt{\frac{\chi_G}{\chi_B}} > 0 \text{ および}$$

$$\frac{\partial u(\chi_G, \chi_B)}{\partial \chi_B} = \frac{1}{2} \cdot \sqrt{\frac{\chi_G}{\chi_B}} > 0 \tag{3.1}$$

が満たされる．したがって，消費者 M の効用は，それぞれの財を消費するほど高まる．また

$$\frac{\partial u^2(\chi_G, \chi_B)}{\partial \chi^2_G} = -\frac{1}{4} \cdot \sqrt{\frac{\chi_B}{\chi^3_G}} < 0 \text{ および}$$

$$\frac{\partial u^2(\chi_G, \chi_B)}{\partial \chi^2_B} = -\frac{1}{4} \cdot \sqrt{\frac{\chi_B}{\chi^3_G}} < 0$$

より，それぞれの財を消費するほど効用の高まり具合が下がる．

消費者 M の効用 u を三次元平面上にプロットしてみよう．**図3－2**の横軸には，2つの効用水準 u_1 と u_2 が表示されている．点 u_1 と点 A' は同じ高さに位置しており，u_2 と点 B' は同じ高さに位置している．次に点 A' を（χ_G, χ_B）平面上の点に投影し，これを A =（$\chi^A{}_G$, $\chi^A{}_B$）と書くことにする．また点 B' から投影した点を B =（$\chi^B{}_G$, $\chi^B{}_B$）と書く．

読者は点 A' と同じ高さの点が無数に存在することがお分かりであろう．それらの点をすべて結び合わせ，（χ_G, χ_B）平面上に投影することにより，曲線 I_1 が表示される．消費者 M にとって，I_1 上の点はすべて同程度に望ましく，これを**無差別曲線**（indifferen cecurve：I）という．言い換えるならば，無差別曲線

図3－2　消費者 M の効用の概形と無差別曲線

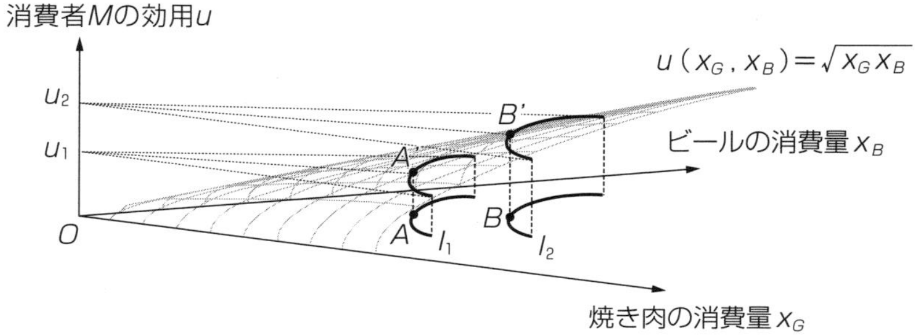

図３－３　消費者 M の無差別曲線 I_1 および限界代替率 MRS

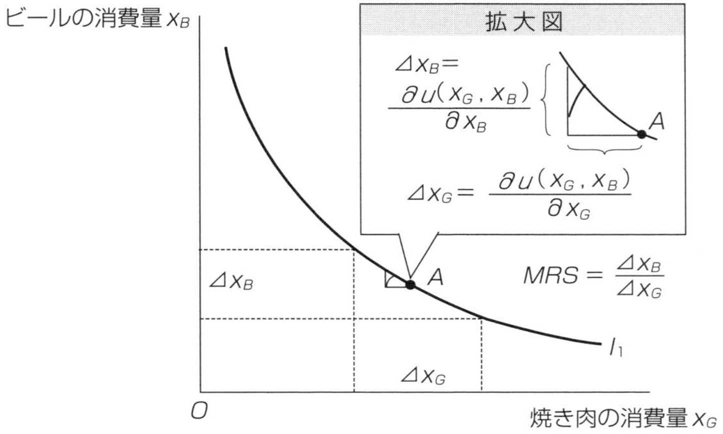

とは，消費者 M にとって，いずれが好きであるかを断言できないような点の集まりのことである．

（χ_G, χ_B）平面上には無数の無差別曲線を描くことができる．例えば，点 B を通過する無差別曲線を I_2 としよう．ただし，すべての無差別曲線は互いに交わらないことを断っておく．また $u_1 < u_2$ であることから，消費者 M は点 A よりも点 B を好む．つまり，右上（北東方向）に位置する無差別曲線上の点（組み合わせ）ほど，彼の効用は高まる．

図３－３は，縦軸にビールの消費量 χ_B，横軸に焼き肉の消費量 χ_G をとり，無差別曲線 I_1 を表示している．**図３－３**を参照すれば，$\Delta\chi_B$ が増加すると，$\Delta\chi_G$ が減少し，反対に，$\Delta\chi_B$ が減少すると，$\Delta\chi_G$ が増加することが分かる．この関係を押えつつ，消費者 M が効用水準を変えずにビールの消費を増やすには，焼き肉の消費を何単位減らさなければならないかを考えてみよう．そのために，これらの変化の大きさの比率 $\Delta\chi_G / \Delta\chi_B$ をとる．

ここで，$\Delta\chi_G$ と $\Delta\chi_B$ の長さをどんどん縮めていくと，$\Delta\chi_G$ は焼き肉の限界効用 $\partial u(\chi_G, \chi_B) / \chi_G$ に近づき，$\Delta\chi_B$ はビールの限界効用 $\partial u(\chi_G, \chi_B) / \partial\chi_B$ に近づいていく．この場合，比率 $\Delta\chi_G / \Delta\chi_B$ を**限界代替率**（marginal rate of substitution：MRS）と呼ぶ．すなわち，

$$MRS = -\frac{\partial u(\chi_G, \chi_B)}{\partial \chi_G} \Big/ \frac{\partial u(\chi_G, \chi_B)}{\partial \chi_B} \qquad (3.2)$$

ただし，分子と分母の符号は異なっており，比率を正の値にするため，右辺に－1を掛けている．**図3－3**に示されているように，MRS は各点における無差別曲線の接線と一致する．

消費者 M にとって，いずれの財もより多く消費できるほど望ましいものの，手持ちの予算は限られている．そこで，予算内で最大限効用を高めるよう，焼き肉とビールの消費量を調整する必要がある．今，消費者 M の利用可能な全予算を I (income)，焼き肉の価格を P_G，ビールの価格を P_B と書く．彼は全予算を焼き肉とビールの消費にあてると仮定する．すると彼の予算は式（3.3）の方程式として表すことができる．

$$P_G\chi_G + P_B\chi_B = I \qquad (3.3)$$

式（3.3）を**予算制約式**と言う．仮に消費者 M が予算のすべてを財の消費にあてないのであれば，式中の等号は不等号に置き換えられる．式（3.3）を χ_B について解くことにより，

$$\chi_B = \frac{I}{P_B} - \frac{P_G}{P_B}\chi_G \qquad (3.4)$$

を得る．

消費者 M は予算制約式（3.4）の中で効用関数 $u(\chi_G, \chi_B) = \sqrt{\chi_G\chi_B}$ を最大化するような χ_G と χ_B を選択する．これを消費者 M の**効用最大化問題**と呼ぶ．経済学では，効用最大化問題を慣習的に式（3.5）のように表示する．

$$\max_{\chi_G, \chi_B} u(\chi_G, \chi_B) = \sqrt{\chi_G\chi_B}$$

$$s.t. \quad \chi_B = \frac{I}{P_B} - \frac{P_G}{P_B}\chi_G \qquad (3.5)$$

ただし，max は「最大化する (maximize)」，$s.t.$ は「以下の条件に基づき (subject to)」という意味である．

効用最大化問題（3.5）の答えを求めるため，**図3－4**を表示する．**図3－4**には無差別曲線 I_1，I_2 と I_3 と予算制約線の概形が描かれている．それらの無差別曲線上には，3つの点 A，B と C が描かれている．消費者 M は，予算の

図３－４　消費者 M の効用はペアー B を選択することで最大化する

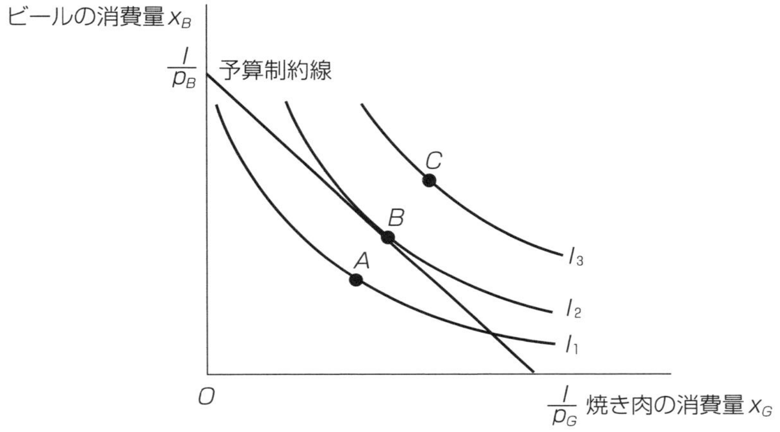

範囲内でしか財を消費できないため，予算を上回る I_3 上の点を選択することはできない．一方，I_1 上の点を選択することは可能であるものの，それらを選択すると利用可能な予算が残る．これは，消費者 M が予算を使い切るという仮定に反しており，彼は予算内でさらに効用を高めることができる．したがって，効用最大化問題（3.5）の答えとして，点 A と C は不適切である．これについては，3.3 節以下で詳しく確認する．消費者 M が予算を過不足なく利用し，効用を最大化する点は無差別曲線 I_2 と予算制約線の接点 B である．

図３－５を参照されたい．点 B は，式（3.1）で与えられている MRS と，予算制約式（3.2）の傾きの大きさがちょうど等しくなる点であることがお分かりいただけるだろう．予算制約線の傾き $-P_B／P_G$ は２財の価格比であるから，

$$MRS = 価格比 \tag{3.6}$$

を得る．式（3.6）を**効用最大化条件**という．

それでは，式（3.6）を用いて効用最大化問題（3.5）の答えを求めてみよう．我々は，式（3.1）において，既に焼き肉とビールの限界効用を導出している．それらを式（3.2）へ適用する．

図３－５　消費者 *M* の効用最大化条件

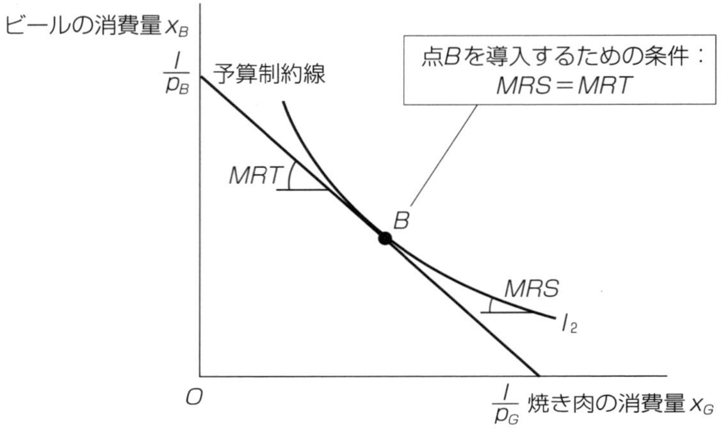

$$MRS = -\frac{1}{2}\cdot\sqrt{\frac{x_B}{x_G}} \Big/ \frac{1}{2}\cdot\sqrt{\frac{x_G}{x_B}} = -\frac{x_B}{x_G}$$

一方,

$$MRT = -\frac{P_G}{P_B}$$

であるから，式（3.5）を適用すれば，効用最大化条件は以下のように簡単化される.

$$-\frac{x_B}{x_G} = -\frac{P_G}{P_B}$$

したがって,

$$x_B = \frac{P_G}{P_B}x_G \qquad (3.7)$$

である．式（3.7）のx_Bを予算制約式（3.3）へ代入する.

$$\frac{P_G}{P_B}x_G = \frac{I}{P_B} - \frac{P_G}{P_B}x_G$$

これをx_Gについて整理すると，最適な焼き肉の消費量

$$\chi_G^* = \frac{I}{2P_G} \tag{3.8}$$

が導出される．また式（3.8）のχ_G^*を式（3.7）に代入し，

$$\chi_B^* = \frac{I}{2P_B} \tag{3.9}$$

を得る．よって消費者Mの効用は，

$$u(\chi_G^*, \chi_B^*) = \sqrt{\frac{I}{2P_G}\cdot\frac{I}{2P_B}} = \frac{I}{2\sqrt{P_G P_B}}$$

において最大化される．

さて，再び式（3.8）を整理すると，$P_G = I / 2\chi_G^*$が得られる．このような財の数量と価格の対応関係を以前に見た覚えはないだろうか．式（3.8）は，消費者Mの焼き肉の需要関数に他ならない．同様に式（3.9）は，消費者Mのビールの需要関数である．**図３－６**内の左側の図中には，縦軸に価格P_G，横軸に消費量χ_Gをとり，消費者Mの焼き肉の需要曲線が描かれている．一方，右側の図には消費者Mのビールの需要曲線が描かれている．式(3.8)と式(3.9)を見ればわかるように，それらの曲線は同じ概形をなし，いずれも原点に対し

図３－６　消費者Mの焼き肉の需要曲線とビールの需要曲線

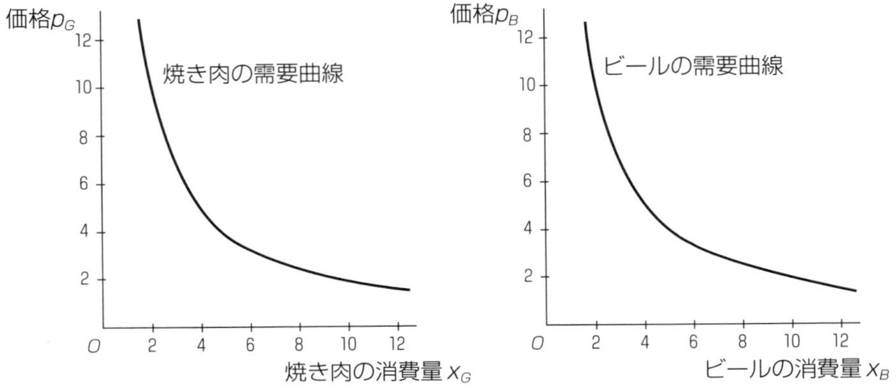

それぞれの図では，$I = 20$として描いている。

て右下がりのカーブであることが分かる.

3.3 市場全体の需要関数

前節では，消費者 M の需要関数を求めたが，市場には彼以外にも多数の消費者がいる．そこで，1つの財のみに注目し，**市場全体における需要関数**の求め方を説明しよう．市場には無数の消費者が存在し，彼らの需要関数もまた，消費者 M のケースと同様，効用最大化問題を解くことによって導出される．簡単化のため，有限人数（3人）の消費者 $i(i = 1, 2, 3)$ が存在し，彼らの需要関数がそれぞれ $P_1 = 6 - \chi_1$，$P_2 = 4 - 3\chi_2 / 4$，$P_3 = 2 - \chi_3 / 4$ で与えられているとしよう．市場全体の需要関数は，それらの需要関数の和である．これを求めるには，P_1, P_2, P_3 を P で固定し，それらに対応する需要量 $\chi_1(P)$，$\chi_2(P)$，$\chi_3(P)$ の和をとればよい．ここでは，市場全体の需要量を X と書くことにする．すなわち

$$X = \chi_1(P) + \chi_2(P) + \chi_3(P)$$

図3－7には（X, P）平面上の需要曲線が描かれている．各消費者の需要量を横軸方向に足し合わせたのが市場全体の需要量である．例えば，$4 < p < 6$ の範囲で財を需要しているのは，消費者1のみだから，この範囲における需要関数は，$P = 6 - \chi$ である．しかし点 $A = (2, 4)$ において，消費者2の需要量が加えられ，需要曲線は横軸方向に延長する．$1 < P < 4$ の範囲における需要関数を求めるには，$P = 1$ のとき，$\chi_1 + \chi_2 = 5 + 4 = 9$ であるから，点 $A = (2, 4)$ と点 $B = (9, 1)$ を通過する直線の方程式を導出すればよい．つまり，

$$P = \frac{34}{7} - \frac{3}{7}\chi, 1 < P < 4$$

同じようにして，$0 < P < 1$ の範囲では，消費者3の需要関数が加わるため，需要曲線はさらに緩やかに延長する．$P = 0$ のとき，$\chi_1 + \chi_2 + \chi_3 = 6 + 16 / 3 + 8 = 58 / 3$ であるから，点 $(9, 1)$ と $(58 / 3, 0)$ を通過する直線の方程式を導出すればよい．

図３－７　市場全体の需要曲線

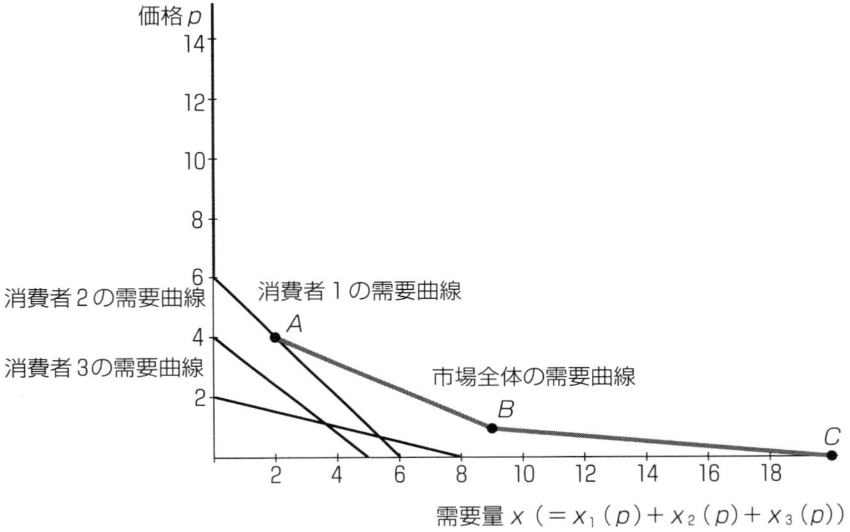

$$p = \frac{58}{31} - \frac{3}{31}x, 0 < p < 1$$

$x > 58/3$ に対応する価格は０であるから，$P = 0$. また，$P > 6$ に対して支出しようとする消費者はいないため，$X = 0$ である．

以上で紹介した関数 P のグラフが市場全体の需要曲線である．消費者が３人だけでなく，さらに多数存在するのであれば，需要曲線はさらに緩やかなカーブとなり，市場参加者が無限人数であれば，ほぼ水平化することが予想される．

本節までは話を簡単にするため，焼き肉とビールの２財のみで説明した．しかし，消費者 M がサラダ，冷麺や米など，３種類以上の財を需要するケースの効用最大化問題を解くこともできる．関心のある読者は，中・上級ミクロ経済学の教科書に当たっていただきたい．

第１章で紹介した需要関数は，消費者 M をはじめとする，市場の全消費者の需要量を加えることによって求められることを述べた．そのためには，すべての消費者の効用最大化問題を解けばよいことを説明した．一方，市場に参加している全生産者の利潤最大化問題を解き，彼らの個人的な供給関数の和をとることにより，市場全体の供給関数が求められる．個別的な供給関数の導出方法については，第2章で紹介している．

完全競争市場では，個々の市場参加者が自分の効用や利潤を高めるために合理的に行動し，市場全体の需要関数と供給関数が定まる．そして，市場均衡が実現するのである．焼き肉やビールといった数種類の財の個別的な需要関数と供給関数を求めて，市場均衡を導出することを**部分均衡分析**という．それに対し，市場に存在するすべての財の市場均衡を導出することを**一般均衡分析**と呼ぶ．

3.4　労働供給モデル

これまで，消費者は財を欲する主体だととらえてきた．消費者は，労働市場においては，彼らのもつ能力や自由時間を企業に供給することで所得（賃金）を獲得しようとする労働者でもある．ここで自由時間とは，1日の24時間を指す．消費者は，労働者として1日のうち何時間かを労働にあて，残りの時間を余暇として消費する．したがって，本章では労働供給する経済主体を**労働者**と呼ぶことにしよう．また労働者が労働時間を1単位（ここでは1時間としよう）増やした場合に獲得する報酬の大きさ（報酬率）を**賃金率**（wagerate：w）と呼ぶ[12]．

労働者は自由に労働（余暇）時間を選択できると仮定しよう．ところが，日本では，労働者の勤務時間は1週間当たり40時間以内，さらに1日につき（休憩時間を除く）8時間以内と定められている（労働基準法）．したがって，法律の原則上は労働者が1日8時間を超えて勤務をし，賃金を増やすことはできない．もちろん，8時間以内の労働供給に限定するという制約を与えることに

12　あるいは，企業が労働者を1単位（ここでは1時間多く雇用すると考えよう）多く雇用するのに必要な賃金の大きさを賃金率と言う。

より，現実の労働選択問題に接近することが可能であるが，モデルが複雑化すると同時に，労働者が労働と余暇に対してもっている**選好**（好み）から，労働供給がいかに決定されるかという本質を見失うことになる．そのため，労働者が自由に労働時間を選択できると仮定し，どのように意思決定するのかを考察するのである．

以下では，アルバイトの例を用いることにしよう．今，恋人のいる大学生を考える．彼（彼女）は数日後のデートに使用するためのお金を稼がなくてはならない．そこで,彼（彼女）は自由時間を時給1,000円のアルバイト（労働供給）に費やすとする．ただし彼（彼女）は毎日デートをするわけではなく，趣味，睡眠や食事など余暇の時間も確保したいと思うだろう．アルバイトであれば，彼（彼女）の選好に応じて，1日の労働時間と余暇時間を自由に選択することができる．

労働者は余暇時間と労働時間をいかに選択するのであろうか．話を簡単にするため，すべての労働者は一定の時間，具体的には24時間（1日）を保有しており，労働以外によって賃金を得ることはないとする．労働者は自分の選好に基づいて，24時間を労働（labor：L）時間と余暇（leisure：L_e）の時間とに振り分ける．以下では，特にこだわらない限り，労働時間を「労働」，余暇の時間を「余暇」と呼ぶこととする．また労働者は労働賃金をすべて消費 c（consume）に費やすと仮定する．財の価格を P と書き，労働者の財1単位当たりの消費量を C と書く．すると労働者の消費額は $c = P \times C$ で与えられる．さらに上述のアルバイトの例を踏まえ，賃金率 w は1時間当たり1,000円であるとする．

例えば，労働者が6時間だけ労働供給する場合，彼の獲得する賃金は1時間当たりの賃金率 w × 労働 L = 1,000円 × 6 = 6,000円である．労働者は，労働賃金をすべて消費 c に費やすため，$wL = c$ が成立する．ここで，$c = PC$ であることから，労働と消費の関係式（3.10）が導かれる．

$$wL = PC \tag{3.10}$$

式（3.10）より，$wL = 6{,}000$ の場合には，$6{,}000 = PC$ に置き換えられる．この方程式は，労働者が6時間の労働供給により獲得した賃金6,000円を使い切ることを意味する．

式（3.10）の両辺を$P(P \neq 0)$で割ることにより，$C = wL / P$を得る．この関係式から，労働Lが増加するほど消費が増加し，価格が上がるほど消費が減少することが分かる．

労働Lは24時間から余暇を除くことで与えられるため，$L = 24 - L_e$と書ける．このLを式（3.10）に代入することで式（3.11）を得る．

$$PC = w(24 - L_e) \tag{3.11}$$

式（3.11）は労働者の余暇と財の消費との対応関係を表しており，これを**労働の予算制約式**と言う．式（3.11）を$P(P \neq 0)$で割ることにより

$$C = \frac{w(24 - L_e)}{P} \tag{3.12}$$

を得る．式（3.12）はPとwを定数として，変数L_eとCとの対応関係を表示している．予算制約式（3.12）を（L_e, C）平面上の曲線として**図3－8**に示す．労働者は**図3－8**内における予算制約線上の余暇と消費しか選択できないことに注意したい．

予算制約線上の左端の点（0，$24w / P$）は，労働者が余暇をとらず，24時間のすべてを消費のための労働に投入する状態である．実際，点(0，$24w / P$)においては$L = 24 - 0 = 24$である．一方，右端の点（24, 0）は労働者が消費をせず，24時間のすべてを余暇にあてる状態である．予算制約線上におけ

図3－8　労働の予算制約線

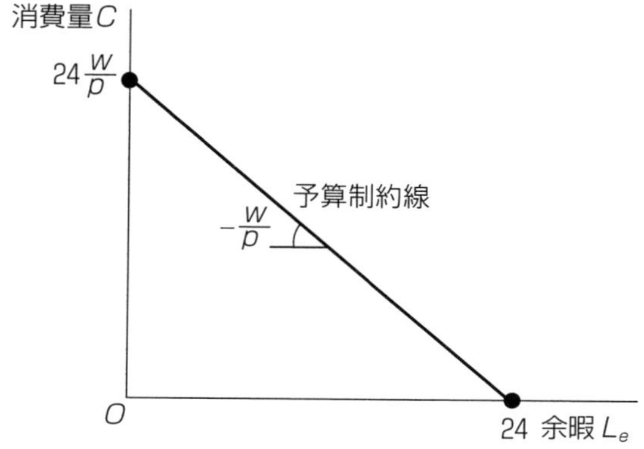

図３－９　労働の予算制約線（P = 2,000，w = 1,000 のケース）

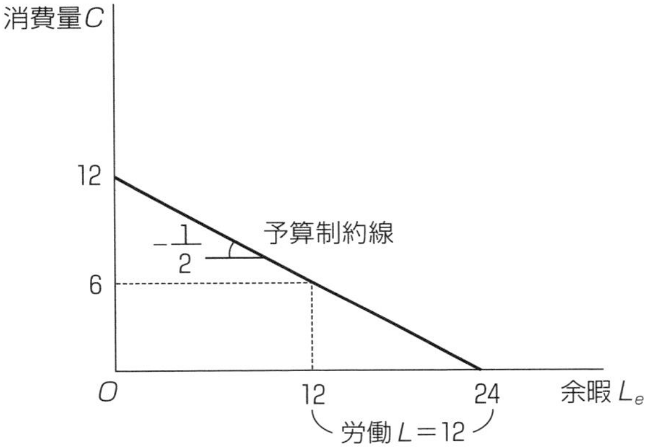

る余暇と消費の組み合わせ（L_e, C）の集合$\{(L_e, C) \mid C = w(24 - L_e)/P\}$を**実現可能フロンティア**という．

ここで式（3.12）の定数P，wを具体的な数値で特定化してみよう．大学生のアルバイトの例にしたがい，賃金率wを 1,000 円とし，財の価格Pを 2,000 円とする．すると予算制約式（3.12）は次式となる．

$$C = \frac{1{,}000(24 - L_e)}{2{,}000}$$

つまり，式（3.13）に簡単化される．

$$C = 12 - \frac{1}{2}L_e \tag{3.13}$$

図３－９に式（3.13）のグラフを表す．**図３－９**内の予算制約線の傾きは$-1/2$，C軸切片とL_e軸切片はそれぞれ 12 と 24 である．例えば労働者が財を 6 単位消費する場合，12 時間の余暇をとるため，$L = 24 - 12 = 12$より，彼は 12 時間だけ労働供給する．

3.5　労働者の効用関数と無差別曲線

労働者は自分の選好に基づいて最適な余暇の水準と消費水準（L_e^*, C^*）を選択する．労働者が消費と余暇によって得る満足度は効用関数で表すことができる．労働者の効用関数が余暇と消費を掛け合わせて与えられるケースを考えてみよう．労働者の効用関数は，$u(L_e, C) = L_eC$ と書ける[13].

図3－10には，（L_e, C）平面上に2つの無差別曲線 I_1, I_2 がプロットされている．点 $A = (2, 6)$ における労働者の効用水準は $u(2, 6) = 2 \times 6 = 12$ である．同様に点 $B = (3, 4)$ における労働者の効用水準は $u(3, 4) = 3 \times 4 = 12$ である．労働者にとって，2単位の余暇と6単位の消費は，3単位の余暇と4単位の消費と同じ程度に望ましいことが分かる．無差別曲線 I_2 は I_1 より右上（北東方向）に位置するため，I_1 上の点と比べ，I_2 上の点の方が労働者の効用水準を高める．後の説明に用いるため，**図3－10**に点 $C = (12, 2)$ を表示する．

労働者が効用水準を高めることも低下させることもなく，一定に保ったまま

図3－10　（Le, C）平面上における無差別曲線 I_1, I_2

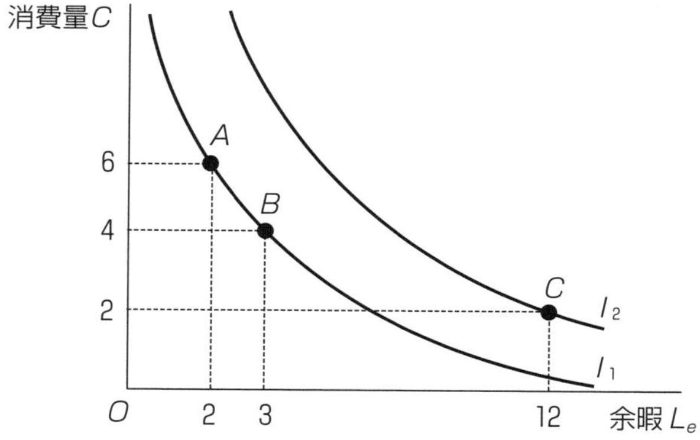

13　ここでは，分析を単純化するために特定の効用関数を用いている。効用関数には，他にも様々な定式方法がある。経済学でしばしば用いられるのは，ゴブ・ダグラス型効用関数 $u(Le, c) = L_e^{\alpha} c^{1-\alpha} (0 < \alpha < 1)$ である。

余暇を増やすには，労働を減少させなければならない．そのためには消費を減少させなければならない．反対に効用水準を変化させることなく消費を増加させるには，余暇を減少させなければならない．つまり，余暇と消費の選択には**トレードオフ**（二律背反）の関係がある．**図３－10** 内の無差別曲線 I_1，I_2 が右下がりであるのは，余暇と消費のトレードオフ関係を示している（この場合，無差別曲線の形状は原点に対して**凸型**であると言う）．

アルバイトの例に戻ろう．**図３－９**と**図３－10** を重ね合わせて**図３－11** として表示する．**図３－11** には予算制約線に接する無差別曲線 I_3 と I_1，I_2，I_3 のいずれよりも大学生の効用を高める無差別曲線 I_4 が描かれている．ここで，無差別曲線 I_2 に注目しよう．I_2 上の点 C は大学生が 12 時間の余暇をとり，2 単位の消費をする状態である．彼（彼女）の労働時間は $L = 24 - 12 = 12$ である．この場合，彼（彼女）は 1,000 円 × 12 = 12,000 円の賃金を得る．それでは，大学生は 12 時間労働し，12 時間を余暇として消費するのであろうか．$L_e = 12$ を予算制約式（3.13）の L_e へ代入すれば，$C = 6$ である．つまり，12 時間の余暇をとるには 6 単位の消費を必要とする．彼（彼女）は 2 単位の消費だけでは，効用が満たされないのである．**図３－11** を使い，その理由を説明しよう．点 C は予算制約線の内側に位置しており，大学生の実行可能な選択肢の１つである．ところが，大学生が 12 単位の余暇を取る場合，彼（彼女）

図３－11　大学生の無差別曲線：効用を最大化する点は E である

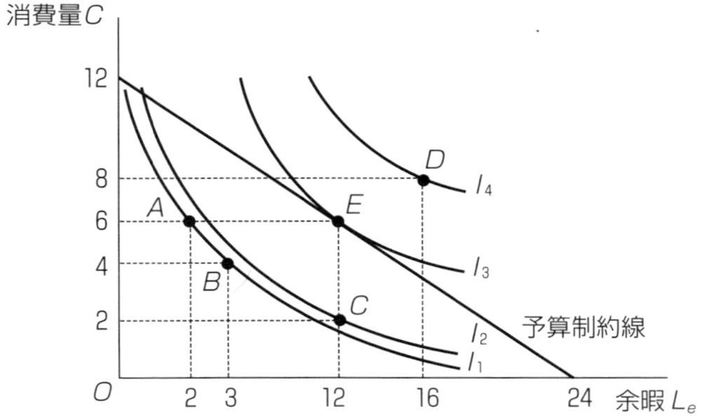

は予算制約の中で残り 6 − 2 = 4 単位（= 辺 EC の長さ）まで消費を増やすことができる．一方，E = (12, 6) における彼（彼女）の効用水準は $u(12, 6)$ = 72 であり，$u(12, 2)$ = 24 を上回る．したがって，彼（彼女）は点（組み合わせ）C よりも点 E において高い満足度を得るのである．

I_4 上の点は，他のどの無差別曲線上の点よりも大学生の効用水準を高める．しかし，それら（例えば D = (16, 8)）は，予算制約線の外側に位置しており，大学生の予算制約の中では実行不可能である．以上より，大学生は予算制約線と無差別曲線 I_3 の接点で効用を最大化するのである．彼（彼女）にとって，最適な余暇と消費の組み合わせは E = (12, 6) である（**図 3 − 11** を参照のこと）．次節では，点 E の求め方を説明しよう．

3.6　労働者の効用最大化条件

労働者の効用を最大にする余暇と消費のペアーを求める．**図 3 − 12** には，無差別曲線 I_3 と予算制約線のグラフがそれぞれ描かれている．点 E においては無差別曲線 I_3 の傾きと予算制約線の傾きが一致している．予算制約式の傾きは価格比として与えられることを思いだそう．3.1 節で説明したように，労働者の効用最大化条件は MRS = 価格比として与えられる．この条件を応用

図 3 − 12　労働者（大学生）の効用最大化条件は *MRS* = *MRT* である

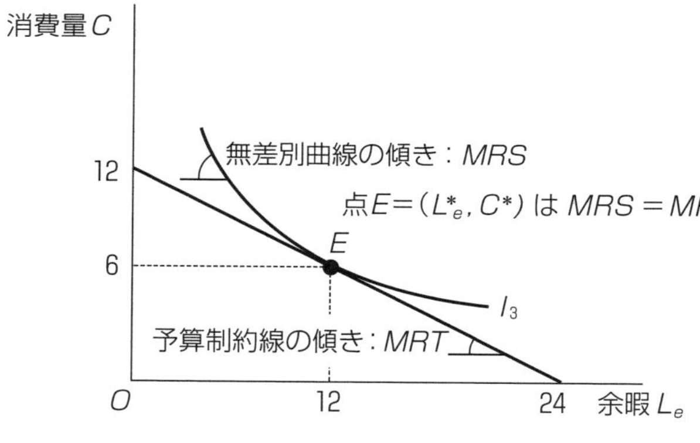

することで，最適な組み合わせ（L_e^*, C^*）を求めることができる．

（L_e^*, C^*）の求め方について説明しよう．$u(L_e, C)$ を労働者の効用関数とし，予算制約式が式（3.12）で与えられているとする．式（3.12）の予算制約下で効用 u を最大化する（L_e^*, C^*）を探すには，次の問題を解けばよい．

$$\max_{L_e, C} u(L_e, C) = L_e C$$
$$s.t.\quad C = \frac{w(24 - L_e)}{P}. \tag{3.14}$$

まず MRS を求めてみよう．式（3.2）より，余暇と消費の MRS は，式（3.15）として与えられる．

$$MRS = -\frac{\partial u(L_e, C)}{\partial L_e} \Big/ \frac{\partial u(L_e, C)}{\partial C} \tag{3.15}$$

一方，式（3.14）の予算制約式に注目すれば，価格比 $= -w / P$ である．したがって，効用最大化問題（3.14）の答えを求めるには，効用最大化条件 $MRS =$ 価格比を用いることにより，次の式（3.16）を満たす（L_e^*, C^*）を導出すればよい．

$$MRS = \text{価格比または}\frac{\partial u(L_e, C)}{\partial L_e} \Big/ \frac{\partial u(L_e, C)}{\partial C} = \frac{w}{P} \tag{3.16}$$

式（3.16）で w / P は賃金率 w を財の価格 P で割ったものであり，**実質賃金率**（real wage）と呼ぶ．

例３－１

大学生のアルバイトの例を用いてみよう．彼（彼女）の効用最大化問題は以下のように与えられる．

$$\max_{L_e, C} u(L_e, C) = L_e C$$
$$s.t.\quad C = 12 - \frac{1}{2} L_e$$

効用関数を変数 L_e, C でそれぞれ偏微分すれば，$\partial u(L_e, C) / \partial L_e = C$ および $\partial u(L_e, C) / \partial C = L_e$ であるため，次式を得る．

$$\frac{\partial u(L_e, C)}{\partial L_e} \Big/ \frac{\partial u(L_e, C)}{\partial C} = \frac{C}{L_e}$$

一方，$w / P = 1 / 2$ であるから，式（3.16）を適用すれば

$$\frac{C}{L_e} = \frac{1}{2}$$

を得る．両辺を $2L_e$ 倍し，$L_e = 2C$．これを予算制約式の L_e に代入すれば

$$C = 12 - \frac{1}{2}2C = 12 - C$$

となる．よって $C^* = 6$ であり，$L_e^* = 2 \times 6 = 12$ である．したがって大学生の最適な労働は $L^* = 24 - 12 = 12$ 時間，最適な賃金率は $w = 1{,}000 \times 12 = 12{,}000$ 円であり，この場合の効用水準は $u(12, 6) = 72$ である．以上のようにして $E = (12, 6)$ が求められる．

労働者の労働選択問題が消費者の効用最大化問題と同じようにして分析できることがおわかりいただけたであろう．本節では，労働者が効用を最大化するように「余暇」と「消費」という２つの「財」の需要量を決定するモデルを導入したのである．

3.7　賃金の変化と労働供給量

賃金率の上昇は，労働者の労働供給にどのような影響を及ぼすのであろうか．直感的には，わずかな労働でより多くの賃金を獲得できるなら，労働者は上昇前よりも労働時間を減少させようとするだろう．つまり，１つの答えとしては，労働供給は低下する．しかし，賃金率が上昇するからこそ，勤労意欲を高め，労働供給を増加させる労働者もいるだろう．このように労働者は，個人的な労働選好を基に**労働供給**（labor supply：Ls）を決定する．本節では，賃金率の増加によって労働供給が低下するケースと上昇するケースをそれぞれ特徴づける．

我々は前節まで，L を労働時間であるとした．労働時間は労働供給と等しく，それを明確にするために労働供給を L_S と書く．すると，労働時間 L = 労働供給量 L_S の関係を得る．

(1) 賃金率の上昇が労働供給を低下させる場合（ケース 1）

図３－13　賃金の上昇に応じた予算制約線のシフト

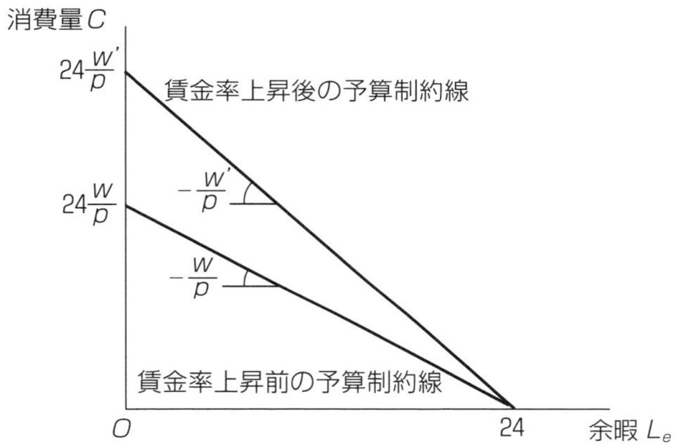

図３－14　賃金の上昇に応じた効用最大化条件のシフト（ケース１）

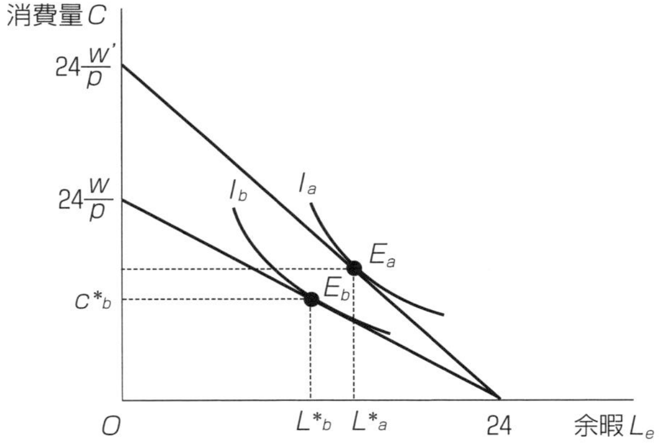

今，賃金率 w が賃金率 w' に上昇したとする．式（3.12）より，予算制約式は $C = w(24 - L_e) / P$ と書ける．一方，賃金率上昇後の予算制約式は $C = w'(24 - L_e) / P$ で与えられる．**図３－13** に変化前後の予算制約線を示す．賃金率上昇後の予算制約線の傾きは $-w' / P$ であり，変化前と比べて急になる．また賃金率の上昇によって，C 軸（縦軸）切片は $24w / P$ から $24w' / P$ に増加する．**図３－14** に**図３－13** の２つの予算制約線に接する無差別曲

線を表示し，これらを I_a，I_b と表記する．また賃金上昇前後の効用最大化点をそれぞれ E_b = (L^*_e, C^*_b)，E_a = (L^*_a, C^*_a) と表す．下付き文字 b と a はそれぞれ before（前）と after（後）の頭文字を意味する．

図 3 − 14 に示されているように $L^*_a > L^*_b$ および $C^*_a > C^*_b$ である．**図 3 − 4** を用いて説明したように，(L_e, C) 平面上で右上（北東方向）に位置する無差別曲線上の点ほど労働者の効用水準を高める．したがって，$L^*_a > L^*_b$ および $C^*_a > C^*_b$ であるから，賃金率上昇前の効用 $u(L^*_b, C^*_b)$ < 賃金率上昇後の効用 $u(L^*_a, C^*_a)$ の関係が成立する．E_a に対応する労働供給と E_b に対応する労働供給をそれぞれ L^*s_a，L^*s_b で表すと労働供給 Ls = 労働者の利用可能な自由時間（24）− 余暇 L_e であるから，$L^*s_a = 24 - L^*_a$, $L^*s_b = 24 - L^*_b$ が成立する．L^*_a と L^*_b について整理すれば，

$$L^*_a = 24 - L^*s_a \text{ および } L^*_b = 24 - L^*s_b$$

であり，

$$L^*_a > L^*_b$$

であるから，

$$L^*s_a < L^*s_b \tag{3.17}$$

が導かれる．式（3.17）は，賃金の上昇が労働供給を低下させることを示している．消費と余暇が大きいほど効用を高める労働者は，賃金率の増加により，労働供給を低下させるのである．

(2) 賃金率の上昇が労働供給を高める場合（ケース 2）

次に，労働供給が高まるケースをみてみよう．**図 3 − 15** は**図 3 − 4** と同様に賃金率上昇前後の予算制約線と，それらに接する無差別曲線を描いたものである．点 E_a は E_b よりも左上（北西）に位置しているため，$L^*_a < L^*_b$ および $C^*_a > C^*_b$ である．ここで $L^*_a = 24 - L^*s_a$, $L^*_b = 24 - L^*s_b$ および $L^*_a < L^*_b$ であることから，次式を得る．

$$L^*s_a > L^*s_b \tag{3.18}$$

賃金率が上昇したとき，余暇を減少させる代わりに消費を増やそうとする労働者は労働供給を高めることが分かる．

図３－15　賃金の上昇に応じた効用最大化条件のシフト（ケース２）

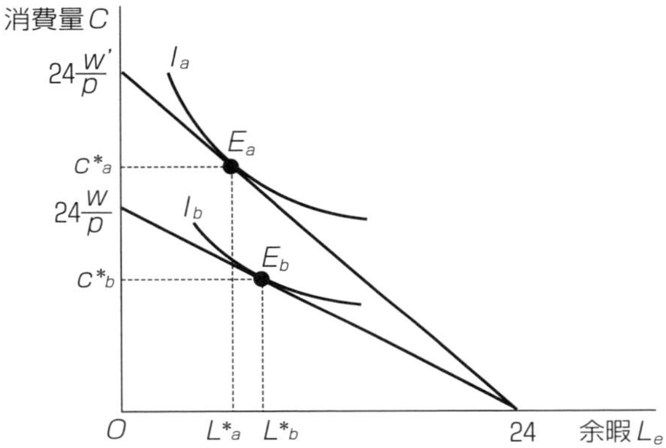

北東方向に位置する無差別曲線上の点ほど，労働者の効用水準を高めることを思い出そう．**図３－15** において点 E_a を含む無差別曲線は，E_b を含む無差別曲線と比べて左上（北西方向）に位置している．この位置関係においては，ケース（1）のように効用水準の大小関係まで特徴づけることはできない．

3.8　労働市場の余剰分析

図３－16 には，（L_s, w/P）平面上に労働供給量と実質賃金率の対応関係を示した**労働供給曲線**（L_s 曲線）が描かれている．前節のケース（2）で特徴づけた労働者の選好について思い出してほしい．ここで取り上げた労働者は賃金率の低下により余暇を減らして，労働供給量を増やそうとしていた．しかしながら，現実の労働者は，一定の賃金率に到達すると，余暇の時間を増加させ，労働供給量を減少させることが知られている．その理由は，次のようにいえば分かりやすい．我々は生活に金銭的な余裕が出てくると，自由に使える時間に価値を置くようになり，賃金が上がったとしても労働時間を増やそうとはしないのである．これを**労働供給曲線（L_s 曲線）の反転**と言う．**図３－16** に見られるように，労働供給曲線は（L_s, w/P）平面上の右上がりの曲線として描かれるが，一定の賃金率 $(w/P)^T$ に到達すると労働供給量は減少に転

図3－16　労働供給曲線の反転

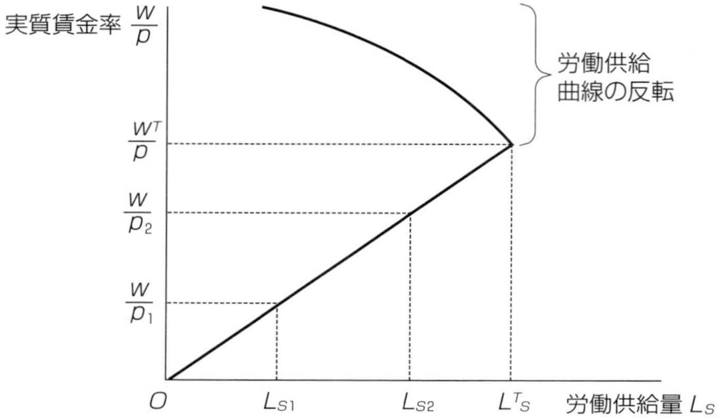

じる．これが反転である．ただし上付け文字 T は，しきい値（Threshold）の頭文字をとっている．

前に述べたとおり，本書の分析対象は短期的な市場である．したがって，労働者が生活に余裕をもち，労働供給曲線の反転が生じる長期の労働供給は分析対象としないことにする．それでは，短期の労働供給曲線を具体例を用いて導出してみよう．労働者が効用最大化問題（3.19）に直面しているとする．

$$\max_{L_e, C} u(L_e, C) = L_e + L_eC$$

$$s.t.\quad C = \frac{w}{P}(24 - L_e) \tag{3.19}$$

$\partial u(L_e, C)/\partial L_e = 1 + C$ および $\partial u(L_e, C)/\partial C = L_e$ より，効用最大化条件式（3.16）を用いる．

$$\frac{1 + C}{L_e} = \frac{w}{P} \tag{3.20}$$

式（3.19）の予算制約式と式（3.20）を連立方程式として解けば，効用を最大化する消費と余暇の組み合わせは（L^*_e, C^*）＝（$12 + P/2w$, $12w/P - 1/2$）である．また労働供給は $C = wL_S/P$ で与えられることを思い出し，左辺の C に $C = 12w/P - 1/2$ を代入すれば，$12w/P - 1/2 = wL_S$

／P. さらに w ／ P について整理すれば，

$$\frac{w}{P}(L_S - 12) = -\frac{1}{2}$$

を得る．両辺を（L_S − 12）で割ることにより，労働供給関数 $w(L_S)$／ P を得る．

$$\frac{w}{P}(L_S) = \frac{1}{24-2L_S} \tag{3.21}$$

図３－17 に関数（3.21）のグラフを示す．労働供給曲線は右上がりのカーブをもち，労働供給が 12 に近づくことにより，実質賃金率が無限大に発散する（数学的に記述するならば，$w(L_S)／P \to \infty (L_S \to 12)$）ことが分かる．つまり，労働者が供給する労働時間の上限は 12 時間であり，それを越えることはないのである．

以上で説明したのは，ただ１人の労働者の効用最大化問題である．ここからは複数の労働者 $i(i = 1, 2, ..., n, ...)$ が，完全競争労働市場でプライステイカーとして行動する状況に移る．個人の経済モデルから社会全体の経済モデルに視点を移すのである．式（3.21）を利用して確認したように，各労働者 i の労働

図３－17　労働供給曲線の具体例

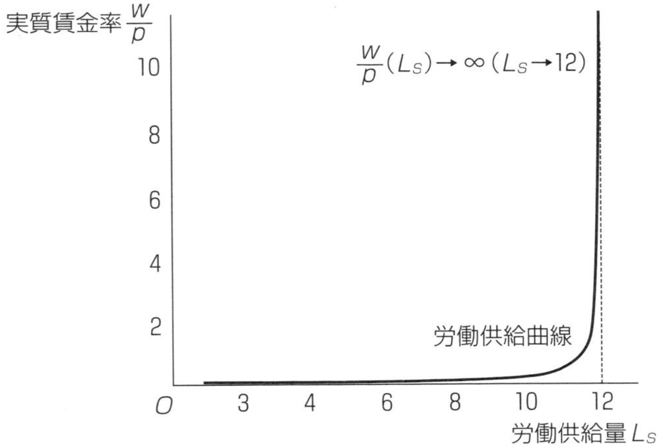

供給曲線は右上がりの曲線として描かれる．したがって，各労働者の労働供給量を加えて導出される，市場全体の労働供給関数もまた（L_S, w ／ P）平面上に右上がりの曲線として描くことができる（**図 3 － 18** を参照のこと）．

これまで，企業は生産者として財を生産し，供給すると説明してきたが，労働市場においては，労働を需要する立場にある．完全競争労働市場においては，複数の企業が生産のための労働者を需要している．ここで労働需要量 L_D は労働時間 L を基準にして測ることができるとする（$L_D = L$）．企業は労働者に支払う賃金が低いほど，生産費用を低く抑えることができる．それは，実質賃金率が低いほど多くの企業が労働者を雇用しようとするため，労働需要が増加することを意味する．反対に実質賃金率が高ければ，生産費用も高くなり，労働者を雇用する企業の数は減少する．つまり，賃金率が高いほど労働需要が減少する．それを考慮すると労働需要曲線は，**図 3 － 18** にみられるような（L_D, $w(L_D)$ ／ P）平面上の右下がりの曲線として表示される．労働供給曲線と労働需要曲線の交点 E を**労働市場均衡**と呼ぶ．ここでは，消費者は労働者として労働供給しているため，労働市場における消費者余剰を**労働者余剰**と呼ぶことにする．第 1 章で紹介した消費者余剰と生産者余剰の求め方を思い出したい．

図 3 － 18　短期における労働市場均衡

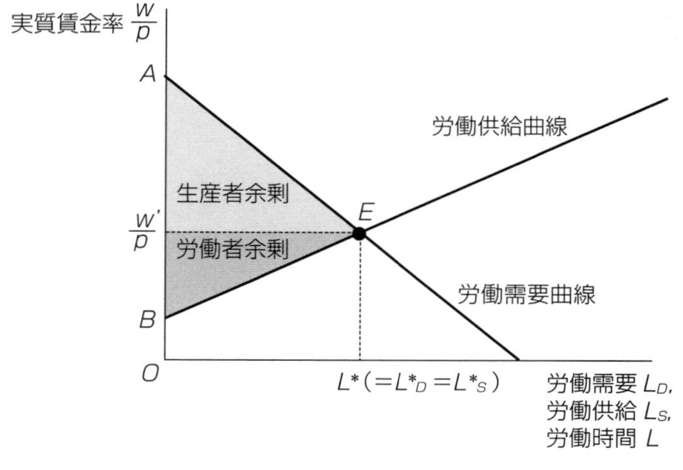

労働者余剰は，労働者の総収入□$(w^*/P)0L^*E$から総可変費用□$B0L^*E$を除いた□$(w^*/P)BE$で与えられる．読者が就職活動をされる際，求人票を書くための時間や企業に郵送するお金が必要であろう．これらは，求人票を作成すればするほど大きくなっていくことから，可変費用だと考えられる．一方，生産者余剰は企業が労働者を雇用するために支払ってもよいと考えた実質賃金率の合計□$A0L^*E$から可変費用$(w^*/P)0L^*E$を除いた△$A(w^*/P)E$である．ここで**図３－19**を見られたい．２つの実質賃金率w/P_1とw/P_2が$w/P_1 < w^*/P$および$w^*/P < w/P_2$を満たすようにプロットされている．また，それらの実質賃金率に対応する労働需要がL_3，L_2，労働供給がL_1，L_4と表示されている．労働市場における実質賃金率がw/P_1である場合，市場はL_3-L_1だけ超過労働需要状態にある．一方賃金率がw/P_2である場合，市場はL_4-L_2だけ超過労働供給状態にあり，△CDEの死荷重が生じる．市場均衡点Eにおいては労働需要と労働供給が過不足なく一致しており，総余剰が最大化されている．つまり，一般的な完全競争市場と同じように競争的な労働市場における市場均衡では，パレート最適な資源配分が実現する．

図３－19　労働市場均衡 E における資源配分はパレート最適である

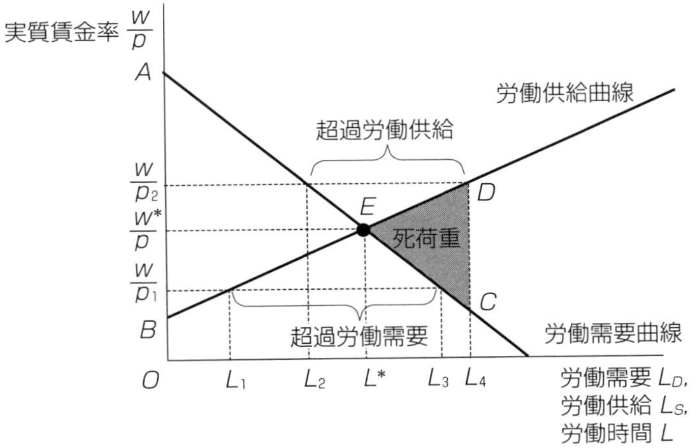

3.9 外国人労働者受け入れ政策の余剰分析

近年の日本では，外国人技能実習生をはじめとする外国人労働者の雇用数が増加している[14]．外国人労働者受け入れ政策が，国内労働者と国内企業の厚生水準にどのような影響を与えるのかは興味深い問題である．ここでは大森（2008）pp.119 － 122 を参考にして，短期における外国人労働者受け入れ政策の効果について考えることにしよう．結論から述べるならば，外国人労働者の受け入れは，国内労働市場の資源配分を効率化するものの，国内労働者の雇用水準を低下させる場合がある．それは外国人労働者が国内労働者と同質的な財・サービスを供給する，すなわち外国人労働者と国内労働者が**代替的**（取り替えが可能）なケースである．一方，彼らが国内労働者と**補完的**である，つまり，国内労働者とは異質な財・サービスを供給する場合，パレート最適な資源配分が実現するだけでなく，国内労働者の雇用も増加する．

まず，外国人労働者が国内労働者と補完的なケースについて確認しよう．国内労働市場の需要と供給はそれぞれ弾力的であるとする．**図 3 － 20** の左側の図を見られたい．外国人労働者受け入れ政策が導入されると，労働市場では同一の実質賃金率でより多くの労働が供給されるため，労働供給曲線が右方シフトする．政策の実施により，労働市場均衡点は E_b から点 E_a へ推移し，均衡実質賃金率は低下する．ただし，下付け文字 b と a はそれぞれ前（before）と後（after）の頭文字を示す．政策実施後，$L_a - L_b$ に相当する外国人労働者が新たに雇用される．しかし，実質賃金率が w / P_b から w / P_a に低下することにより，国内労働者の雇用量は L_b から L_N に減少する（N は国家（nation）の頭文字を示す）．

政策実施前の労働者余剰は $\triangle(w / P_b)CE_b$ であり，生産者余剰は $\triangle A(w / P_b)E_b$ である．したがって，総余剰は $\triangle ACE_b$ として与えられる．

14　例えば，厚生労働省ホームページ「外国人雇用状況」の届出状況まとめ（平成 27 年 10 月末現在）：*http://www.mhlw.go.jp/stf/houdou/*0000110224.*html* を参照のこと。

政策実施前の労働者余剰 ＝ $\triangle(w / P_b)CE_b$

政策実施前の生産者余剰 ＝ $\triangle A(w / P_b)E_b$

政策実施前の総余剰

＝ 政策実施前の労働者余剰 ＋ 政策実施前の生産者余剰

＝ $\triangle(w / P_b)CE_b + \triangle A(w / P_b)E_b$

＝ $\triangle ACE_b$

点 E_a を基準に政策実施後の労働者余剰と生産者余剰を導出する．労働者余剰は $\triangle(w / P_a)DE_a$ であり，生産者余剰は $\triangle A(w / P_a)E_a$ である．

政策実施後の労働者余剰 ＝ $\triangle(w / P_a)CE_a$

政策実施後の生産者余剰 ＝ $\triangle A(w / P_a)E_a$

政策実施後の総余剰

＝ 政策実施後の労働者余剰 ＋ 政策実施後の生産者余剰

＝ $\triangle(w / P_a)CE_a + \triangle A(w / P_a)E_a$

＝ $\triangle ACE_a$

労働者に対して支払う賃金率の低下により，国内企業の余剰は□ $(w / P_b)(w / P_a)E_aE_b$ だけ増加する．この余剰のうち，$\triangle E_bGE_a$ は外国人労働者を雇用することによって生じた部分であり，**移民余剰**と呼ぶことにしよう．

移民余剰 ＝ $\triangle E_bGE_a$

国内労働者の雇用は低下しているものの，その分だけ外国人労働者が雇用されているため，資源配分は悪化しない．アメリカ，フランスやイギリスなど移民を受け入れている国家において，受け入れ反対運動が生じる理由の１つは，移民が国内労働者の雇用水準を低下させる懸念があるためである．

一方，外国人労働者が通訳や知識・研究技術など，国内労働者とは異質な労働サービスを供給する場合を考えてみよう．つまり，彼／彼女たちと国内労働者が別の労働市場で活動するケースである．例えば，現在日本国内で議論されている，外国人介護士の受け入れについて考えてみよう．彼／彼女たち専任の介護施設が設立され，そこにおいて日本国内の介護士と異質な労働サービスが供給される（外国料理の提供，出身国特有の身体療法やフェスティバルの開催など）としよう．また日本人労働者が，東南アジアなどの地域で日本独自の効

図 3 － 20　外国人労働者受け入れ政策の余剰分析

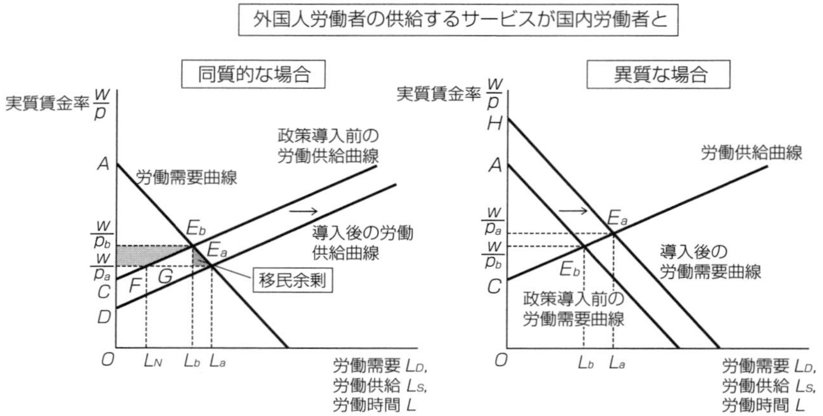

率的な自動車の生産工程や安全性の高い部品管理などの知識を供給する状況を考えてみよう．

これらのケースでは，国内労働者と外国人労働者は別の市場で労働供給をしているため，外国人労働者は国内労働者と補完的である．外国人労働者の流入によって，国内企業の生産技術は向上し，企業は生産量を増加させるための労働力を確保しようとする．それにより，労働需要は増加する．結果的に**図 3 － 20** の右側に示されているように労働需要曲線が右方シフトする．受け入れ政策導入後の均衡労働需要量（L_a）と均衡実質賃金率（w / P_a）のいずれも導入前の水準を上回る．このケースでは，外国人労働者の受け入れによって国内労働者の雇用が増加し，さらに効率的な資源配分が実現する．外国人労働者受け入れ開始前の労働者余剰は $\triangle(w / P_b)CE_b$ であり，生産者余剰は $\triangle A(w / P_b)E_b$ である．したがって，総余剰は $\triangle ACE_b$ である．

政策実施前の労働者余剰 $= \triangle(w / P_b)CE_b$

政策実施前の生産者余剰 $= \triangle A(w / P_b)E_b$

政策実施前の総余剰

$=$ 政策実施前の労働者余剰 $+$ 政策実施前の生産者余剰

$= \triangle(w / P_b)CE_b + \triangle A(w / P_b)E_b$

$= \triangle ACE_b$

一方，政策実施後の労働者余剰は$\triangle (w / P_a)CE_a$，生産者余剰は$\triangle H(w / P_a)E_a$であるため，総余剰は$\triangle HCE_a$である．

政策実施後の労働者余剰 $= \triangle (w / P_a)CE_a$

政策実施後の生産者余剰 $= \triangle H(w / P_a)E_a$

政策実施後の総余剰

= 政策実施後の労働者余剰 + 政策実施後の生産者余剰

$= \triangle (w / P_a)CE_a + \triangle H(w / P_a)E_a$

$= \triangle HCE_a$

外国人労働者受け入れは，労働市場の資源配分を効率化することが確認された．現実に移民政策を実施する場合に論争が生じるのは，受け入れようとしている移民が国内労働者と補完的であるか，代替的であるかの見極めが付きにくいためである．最後に，ここで紹介したのは国外から労働者が流入するケースであり，国内の労働流出が国内労働市場に与える効果は説明していないことにだけ注意しよう．興味のある読者は，人口経済学，労働経済学の書籍に当たられたい．

練習問題3－1

ある労働者が次の効用関数をもつとする．

$u(L_e, C) = L_eC + 16L_e$

ただし，L_eは余暇の時間であり，Cは消費の時間である．

賃金率をw，財の価格をPとして労働者が利用可能な時間は24時間であるとする．労働者の効用を最大化する余暇と消費の組み合わせ（L_e^*, C^*）を求めよ．また労働供給関数$S = w(L_s) / P$を導出せよ．

［執筆者によるオリジナル問題］

練習問題3－2

イギリス国内の労働市場について考えてみよう．国内の労働需要関数Dと労働供給関数Sがそれぞれ次式で与えられているとする．

$$D : L_D = -16 + 2w / P,$$

$$S : L_S = 2(12 - w / P)$$

ただしw / Pは実質賃金率であり，L_DとL_Sはそれぞれ，労働需要量と労働供給量である．イギリス政府が労働力不足を懸念し，国内労働者と同じサービスを供給する外国人労働者の受け入れに踏み切ったとする．その結果，労働供給が2単位増加した．移民余剰の大きさを求めよ．また政策実施前後の総余剰をそれぞれ導出せよ．

［執筆者によるオリジナル問題］

練習問題3－3

問題3－2の労働市場を考える．イギリス政府が産業技術のイノベーションを目指し，専門的なスキルをもつ外国人労働者の受け入れ政策を実施し，企業の労働需要が2単位増加したとする．政策実施前後の総余剰を計算せよ．

［執筆者によるオリジナル問題］

練習問題3－4

ある消費者は，2つの財を消費することにより効用を高める．χ_1を第1財の消費量，χ_2を第2財の消費量であるとし，この消費者の効用関数が以下のように与えられているとする．

$$u(\chi_1, \chi_2) = 2\chi_1^{0.5}\chi_2^{0.5}$$

第1財と第2財の価格をそれぞれ100と400に特定化する．また，この消費者の利用可能な予算は2400であるとし，以下の問に答えよ．

(1)　正の実数λに対し，$u(\lambda\chi_1, \lambda\chi_2) = \lambda u(\chi_1, \chi_2)$が満たされることを示せ．（$\lambda$はギリシア文字の「ラムダ」．この性質を満たす効用関数は**一次同次**であるという．）

(2)　この消費者の最適消費量に対応する効用の大きさとして適切なものを１～６のうちから選択せよ.

選択肢	効用の大きさ
1	4
2	8
3	12
4	16
5	20
6	24

［執筆者によるオリジナル問題］

第 4 章

独占による市場の失敗

第１章では，完全競争市場の下で消費者と生産者がそれぞれ効用最大化・利潤最大化行動を行うことにより，社会的に望ましい資源配分が達成されると説明した．しかし彼らが効用・利潤最大化を追求し，合理的に行動したとしても，パレート最適な状態が実現しないケースもある．これを**市場の失敗**と言う．何らかの原因により，需要と供給がミスマッチしている場合に市場の失敗が生じる．特に次の２つの場合が有名である：1. 不完全競争市場，つまり生産者が独占・寡占企業である場合，2. 外部性の伴う市場の場合，また公共財が取引される場合にも経済厚生上の損失が生じやすいことが知られている．本章から第７章までは，これらを順次紹介していく．

4.1　不完全競争市場

完全競争市場の条件が欠けている市場を**不完全競争市場**と呼ぶ．第１章で説明した完全競争市場の定義を思い出されたい．完全競争市場下では，すべての市場参加者がプライステイカー（価格受容者）として行動する．反対に，消費者，あるいは生産者のうちいずれか，または両方が価格に決定力をもつならば，不完全競争市場である．本章では，生産者（企業）がプライステイカーとしてではなく，価格を決定できる**プライスメイカー**として行動するケースを扱う．

市場に参加している企業が少数であり，競争がほとんどない状況を考えよう．それはつまり，企業は選択した価格で取引しやすい状況である．わかりやすい例として，自動車メーカーの数は少なく，自動車の価格は１社，もしくは数社によって決定されることになる．財を供給する企業数が一社の市場を**独占市場**，数社の市場を**寡占市場**と呼ぶ．また独占市場における企業を**独占企業**，寡占市場における企業を**寡占企業**と呼ぶ．寡占市場の企業数については，特定の定義がないことに注意したい．自動車メーカー以外には携帯電話会社，ビールメーカーなどが寡占企業である．

自動車業界には下請け企業が多数存在する．それらの企業は，特定のメーカーにしか生産物を販売できない傾向がある．これは，売り手が少ない場合とは対照的な買い手が少ないケースである．特に買い手が1人しか存在しない場合を**買い手独占**と呼ぶ．以下では，売り手独占状態にある独占企業の利潤最大化行動をモデル化する．

4.2　独占企業の利潤最大化条件

独占市場では，かつてのパソコンソフト市場におけるマイクロソフト社のように財を供給する企業が1社しか存在しない．日本国内の電力市場は，電力自由化以前にはそれぞれの地域で独占状態であった．

しかし，独占企業は供給価格をある程度自由に決定できるからといって，あまりにも高い価格を選択すると，消費者が購入を控えるようになり，赤字を被る．つまり独占企業とはいえ，適切な価格を考えて供給しなければならない．言い換えるならば，独占企業は消費者の需要を考慮して価格を選択しなければならず，その上で利潤を最大化するような価格に**コミットメント**（自己拘束）する．

独占企業の利潤最大化条件の導出方法自体は，完全競争市場の企業と同じである（第2章の内容を思い出したい）．ただし，独占市場において価格 P は企業の選択に応じて変動することから，完全競争市場の場合のように定数ではない．つまり，価格 P は需要関数 $P(\chi)$ で表すことができることを断っておく．すると独占企企業の収入関数は $R(\chi)(=P(\chi)\chi)$ であり，利潤関数は

$$\pi(\chi)=R(\chi)-TC(\chi)$$

であるから，一階条件により，次式が成り立つ．

$$\pi'(\chi)=R'(\chi)-TC'(\chi)=0$$

さらに

$$TC'(\chi) = MC(\chi)$$

であることを思い出そう．また $R'(\chi)$ は企業が追加的に生産量を増やしたときに増加する収入を表し，**限界収入**（marginalrevenue：MR）と言う．$R'(\chi) = MR(\chi)$ と書くことすれば，独占企業の利潤を最大化する生産量 χ^* は式（4.1）を満たす．

$$MC(\chi^*) = MR(\chi^*) \tag{4.1}$$

4.3　独占市場の需要と供給

独占企業は，消費者の需要を考慮しつつ，売れ残りが生じないように価格を決める．以下では，独占市場の需要と供給について考える．需要関数は a，b を正の実数として $P = a - b\chi$ で与えられるとする．そのグラフは**図４－１**のような右下がりの直線をなす．

独占企業は，この需要関数をもとにして限界収入を計算する．限界収入の求め方は上で定義したとおりである：

$$MR(\chi) = R'(\chi) \tag{4.2}$$

図４－１　独占市場の需要曲線

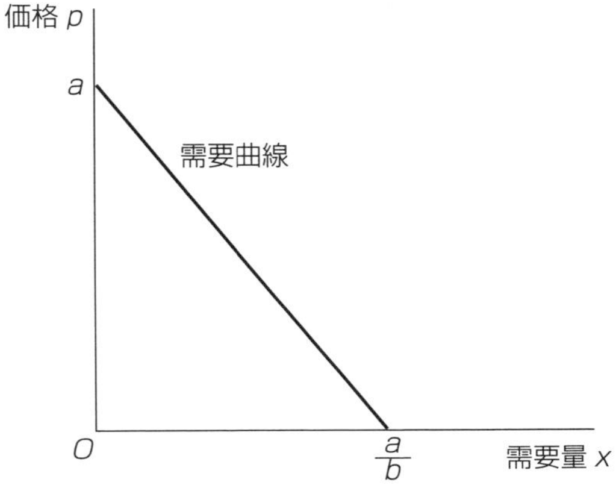

第1ステップ：独占企業の収入を求める．収入 R ＝ 価格 P × 生産量 χ より，

$$R(\chi) = P\chi$$

である．需要関数 $P = a - b\chi$ を代入する．

$$R(\chi) = a\chi - b\chi^2$$

第2ステップ：限界収入を計算する．$R'(\chi)$ を χ で微分し，

$$R'(\chi) = a - 2b\chi$$

となる．したがって次式となる．

$$MR(\chi) = a - 2b\chi$$

需要関数は $P = a - b\chi$ であり，限界収入曲線は需要曲線の2倍だけ急な傾きをもつ（**図4－2**を参照）．

独占企業の限界費用を導出しよう．限界費用は完全競争市場の場合と同じく，総費用関数 C を生産量 χ で微分することによって求められる．例えば，総費用関数を $C(\chi) = \chi^2 + 4\chi + 10$ に特定化し，$C(\chi)$ を χ で微分すると，

$$C'(\chi) = 2\chi + 4$$

したがって，$MC(\chi) = 2\chi + 4$ である．**図4－2**に限界費用曲線を追加し，**図4－3**として表す．

図4－2　独占市場の限界収入曲線

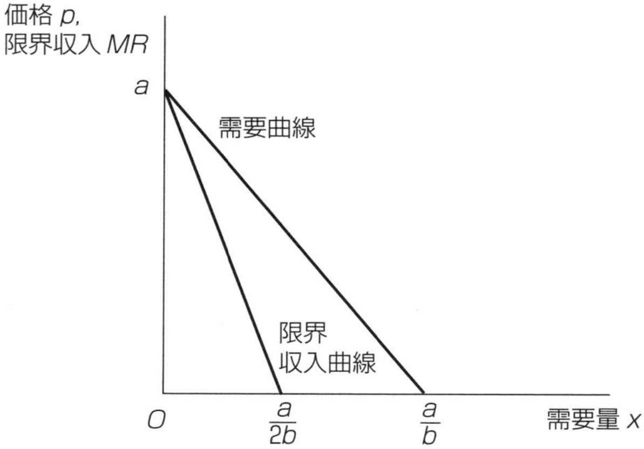

図４－３　独占企業の価格選択

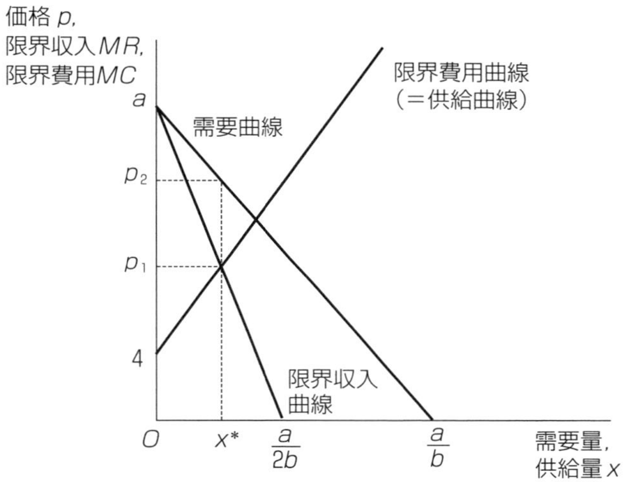

次に利潤を最大化する生産量を求める．独占企業は，限界収入曲線と限界費用曲線の交点に対応する生産量で利潤を最大化する．その生産量を χ^* と表示することにしよう．利潤最大化条件（4.1）より，

$$a - 2b\chi = 2\chi + 4$$

となる．χ について解くことにより，次式を得る．

$$\chi^* = -\frac{(4 - a)}{2(b+1)} \tag{4.3}$$

次に式（4.3）を用いて独占企業の最適な価格 P^* を求める．独占企業は価格の決定力をもつことを思い出したい．**図４－３**内には生産量 χ^* に対し，P_1 と P_2 の２つの価格が存在する．P_1 は限界費用曲線と限界収入曲線との交点に対応する価格であり，P_2 は χ^* と需要曲線との交点に対応する価格である．独占企業は P_1 と P_2 のいずれを選択するであろうか．独占企業は需要に応じて価格を選択する（＝その価格で売ることができる）ため，答えは P_2 である．P_2 を**独占価格**と呼ぶ．独占価格を求めるには，生産量 χ^* を需要関数の χ に代入すればよい．一方，限界収入曲線と供給曲線との交点に対応する価格 P_1 を求めるには，生産量χ^*を限界収入関数に代入すればよい．

P_1，P_2を求めてみよう．式（4.3）として与えられる生産量χ^*を需要関数$P = a - b\chi$のχに代入する．

$$P_2 = a - b\left\{-\frac{(4 - a)}{2(b+1)}\right\}$$

よって

$$P_2 = a + b\frac{(4 - a)}{2(b+1)} \tag{4.4}$$

となる．一方，独占価格P_1は，式（4.3）を限界収入関数$MR(\chi) = a - 2b\chi$のχに代入すればよいため

$$P_1 = a - 2b\left\{-\frac{(4 - a)}{2(b+1)}\right\}$$

を得る．したがって

$$P_1 = a + b\frac{(4 - a)}{(b+1)} \tag{4.5}$$

となる．独占価格P_2がP_1を上回ることを確かめてみよう．式(4.4)と式(4.5)を比較し，$P_2 > P_1$ならば

$$P_2 = a + b\frac{(4 - a)}{2(b - 1)} > a + b\frac{(4 - a)}{(b - 1)} = P_1$$

であるから，不等式右辺を左辺に移項し，

$$a + b\frac{(4 - a)}{2(b+1)} - a - b\frac{(4 - a)}{(b+1)} > 0$$

なる．左辺を整理する．

$$-b\frac{(4 - a)}{2(b+1)} > 0$$

両辺を$b / 2(b+1)$で割ることにより，

$$-(4 - a) > 0$$

を得る．したがって$a > 4$を得る．ここで**図4－3**の縦軸を参照すると，aは4よりも大きいため，$P_2 > P_1$である．

4.4　独占市場の余剰分析

不完全競争市場で均衡が実現していたとしても，それが社会的に望ましい状態であることは希である．独占企業と寡占企業の生産活動は，市場の失敗の典型的な例であり，資源配分が非効率的であることを確認しよう．

図４－４は独占市場の供給曲線，収入曲線と需要曲線を一般化して図示したものである．χ' は独占生産量，P' は独占価格を表す．**図４－４**を用いて消費者余剰と生産者余剰をそれぞれ幾何学的に求めてみよう．消費者余剰は消費者が最大限支払ってもよいと考えた金額□ $A0\chi'C$ から，実際に支払った金額□ $P'0\chi'C$ を除いた△ $AP'C$ である．

消費者余剰 ＝□ $A0\chi'C$ －□ $P'0\chi'C$ ＝△ $AP'C$

一方，生産者余剰は企業の収入□ $P'0\chi'C$ から，生産費用□ $B0\chi'D$ を除いた□ $P'BDC$ である．

図４－４　独占市場では死荷重が生じる

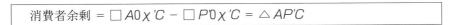

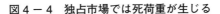

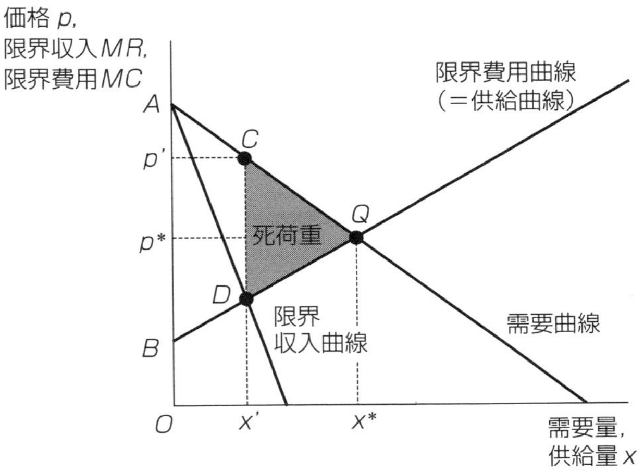

生産者余剰 ＝ □ $P'0\chi'C$ − □ $B0\chi'D$ ＝ □ $P'BDC$

総余剰は，それらの余剰の和である．

総余剰 ＝ △ $AP'C$ ＋ □ $P'BDC$ ＝ □ $ABDC$

消費者余剰と生産者余剰の大きさを比較すると，独占によって生産者余剰が大きく，消費者余剰が小さいことが分かる．ただし，独占市場が市場の失敗と呼ばれる理由は，この資源配分のアンバランスのためではない．その理由について，**図4－4**を用いて説明する．独占市場の総余剰と完全競争市場の総余剰とを比較してみよう．そのために，第1章で紹介した，完全競争市場均衡下での総余剰を思い出すと，完全競争市場の市場均衡点は点 Q，均衡生産量は χ^*，そして均衡価格は P^* であった．消費者余剰は□ $A0\chi^*Q$ から□ $P^*0\chi^*Q$ を除いた△ AP^*Q であった．それに対して，生産者余剰は□ $P^*0\chi^*Q$ から□ $B0\chi^*Q$ を除いた△ P^*BQ であった．したがって，総余剰はそれらを合計した△ ABQ である．

独占市場における総余剰□ $ABDC$ と完全競争市場における総余剰△ ABQ の大きさを比べてみると，独占市場では超過供給により△ CDQ に相当する死荷重が生じていることが分かる．ここでファースト・ベストの視点に立って結果の善し悪しを考えてみる．この視点に立てば，消費者と生産者の資源配分にアンバランスがあったとしても，効率性が損なわれていなければ市場の失敗とは言えない．しかし，結果的に死荷重が発生し，資源配分が非効率化するため，独占企業の行動は市場の失敗だと考えられるのである．

事例④　なぜ渋滞は解消されないのか

本章では，独占企業の行動が資源配分の効率性を損ねることをみてきた．しかし，独占・寡占市場における資源配分の非効率化は，生産者サイドだけではなく，需要サイドに起因することもある．

その典型例が都市高速である．都内の高速道路の混雑は朝夕が著しく，そのピークを過ぎると徐々に解消されていく．筆者も東京から故郷に戻る際，2時間以

図4－5　ピークロード・プライシングの原理

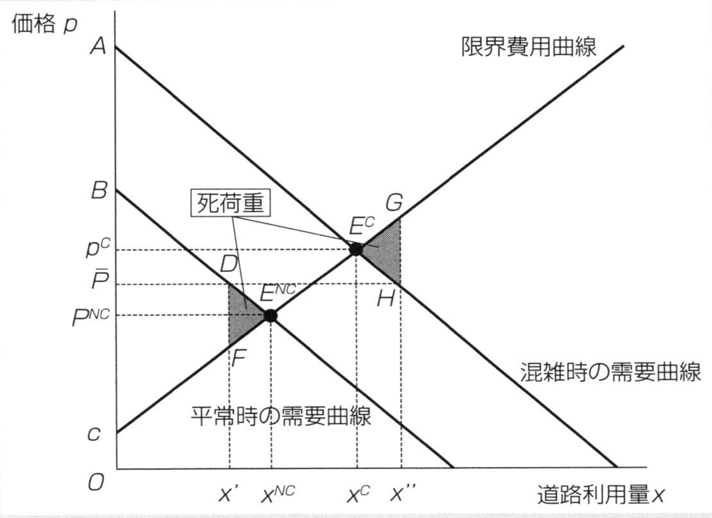

上ロスしたことがある．筆者は時間という機会費用を支払ったわけであるが，ここで考えたいのはこの渋滞を解消する方法についてである．まずは道路市場を考えてみよう．財の数量は道路の利用量で表せるとし，**図4－5**に平常時の需要曲線と混雑時の需要曲線を描く．混雑時は利用者数が多く，平常時と同じ価格で需要が増加するため，混雑時の需要曲線はより北東方向に位置している．また，道路企業の限界費用を描く．

日本の高速道路のように，（*ETC* 割引といった条件を除いて）朝夕の料金がほとんど変わらなければ，価格は $\bar{P}$ で固定されていると考えられる．平常時の余剰分析をすると，効率的な資源配分は E^{NC} で達成される（頭文字 *NC* は Not Crowed の頭文字を表す）．しかし，$\bar{P}$ のもとでは超過供給が生じており，△ DFE^{NC} の死荷重が生じる．反対に混雑（ピーク）時には E^{C} で効率的な資源配分が実現するものの，$\bar{P}$ のもとで超過需要が発生し，やはり死荷重が△ $E^{C}HG$ だけ生じる．

この渋滞を解消する手段はいたってシンプルで，朝夕の均衡価格 P^{C}，P^{NC} を割り出し，時間帯に応じてそれを適用すればよいのである．この価格設定方法を**ピークロード・プライシング**という．例えば，ロンドンやベルリンといったヨーロッパの都市部ではピークロード・プライシングが導入されている．なぜ日本で導入されないのか考えてみよう．読者は混雑でいらいらしているところに，価格を上乗せされたら一層腹が立つであろう．つまり，利用料金の公平性を求める声が大きいからである．これは道路市場の効率性を確保しようとする，ファースト・ベストな価格よりもセカンド・ベストな価格を選好する利用者が多いことを意味する．

それでは，ピークロード・プライシングをとることなく，渋滞を少しでも解消するために，みんなで自動車の相乗りをして道路の利用量を抑えればよいとは思われないだろうか．しかし，この問題は簡単には解決できない．なぜなら，他の利用者が相乗りを始めると，スムーズになった道路でいち早く目的地に着こうと意図的に相乗りをしないフリーライダーが現れるからである．ただし，フリーライダーが登場したとしても，資源配分の効率化を実現する料金システムがモデル化されている（例えば，Sandholm, 2007）．ただしそのモデルは複雑であり，本書では割愛させていただく．

練習問題４－１

独占企業の需要関数が

$$Y = 25 - 0.25P \quad (Y：生産量，P：価格)$$

で与えられており，限界費用（MC）が

$$MC = 2Y + 40$$

で与えられているとする．まず完全競争市場下での総余剰を求めよ．その後，独占市場での総余剰と死荷重を求めよ．

［国家Ⅰ種・平成10年度出題問題を改変］

練習問題４－２

ある独占企業の総費用関数が

$$TC = x^3 - 2x^2 + x + 1$$

で与えられている．ただし，$x > 0$ は生産量である．

(1) 以下の空欄（　あ　）～（　お　）に当てはまる語句を答えよ．

この企業は，短期に減価償却費など，生産量と関わりなく一定の固定費用 FC 負担しなければならない．固定費用を数式で表せば，FC ＝（　あ　）である．一方，人件費などの可変費用 VC は，企業の生産量に応じて負担の大きさが変化する．可変費用を数式で表せば VC ＝（　い　）である．また，企業が財の生産量を追加的に１単位増やす場合に必要な費用を（　う　）という．企業が追加的に生産量を増加させた場合に増加する収入の大きさを限界収入 MR と言う．独占企業が利潤を最大化させるための条件式は，（　う　）と MR を用いて（　え　）として表される．今，$MR = 2\chi + 1$ で与えられているとしよう．条件式（　え　）を用いれば，独占企業の利潤を最大化する生産量は χ^* ＝（　お　）である．

［公認会計士試験・平成 28 年度出題問題を改変］

練習問題４－３

ある独占市場の需要関数が $D：\chi = 30 - P$，総費用が総費用関数 $TC = \chi^2 + 6\chi$ であるとする．ただし χ は財の生産数量，需要量であり，P は財の価格である．以下の１～６から，独占企業の利潤を最大化する生産量 χ^*，独占価格 P^M，死荷重の組み合わせとして正しいものを１つ選択せよ．

選択肢	生産量 χ^*	独占価格 P^M	死荷重
1	6	18	4
2	6	24	6
3	9	18	4
4	9	24	6
5	12	18	4
6	12	24	6

［国家一般職［大卒］・平成 24 年度出題問題を改変］

第 5 章

費用逓減産業による市場の失敗

5.1 費用逓減産業

前章では，独占が社会的に望ましい資源配分を損なうことを見てきた．それでは，独占市場や寡占市場で効率的な資源配分を実現する方法はないのであろうか．この問に対し，経済学は限界費用価格形成原理，平均費用価格形成原理，そして二部料金制という３つの対処法を提案してきた．本章では，これらのメカニズムの経済学的なメリットとデメリットを紹介する．はじめに，費用逓減産業という概念を導入し，独占・寡占企業の生産活動を詳細にとらえることとする．

本章の内容を理解するのに必要なのは，日本にも数社しか存在しないような大企業の経営者になったつもりで考えることである．大企業が利潤を高めるにはどうすればよいだろうか．１つの方法は，単純に生産量を増やし，収入を増加させることである．しかし，携帯会社などの大企業が利潤を高めるには，工場設備や人件費などのコストも考慮しなければならない．つまり，生産コストをいかに抑えるかという視点が大切である．

企業が財の生産量を増やすほど平均費用が低下することを**規模の経済性**という．独占市場が生じる背景には，規模の経済性が大きく関係している．一般的な企業の場合，規模の生産性が働きにくく，財の生産量が増加するにつれ，従業員に支払う人件費などの可変費用が増加する．これを**費用逓増の法則**と言う．それに対し，財の生産量が増加するにつれ，１単位当たりの生産にかかる費用が減少することを**費用逓減の法則**と言う．

鉄道，電気，ガス，水道，通信をはじめとする大企業では，事業を開始するために必要な投資（固定費用）は莫大であるものの，規模の経済性が働くため，財を生産するにつれて１単位当たりの可変費用が少なくなる．そのため，財を生産すればするほど有利になる．しかし，このような企業は特定の大企業だけであり，その他多くの企業は固定費用を支払うことが参入障壁となり，市場に参加できない．その結果，市場は寡占や独占状態になるため，これを**自然独占**と言う．規模の経済性が働き，財を生産するほど費用が逓減する企業を**費用逓減産業**と言う．

費用逓減産業は生産を増加するにつれ，より多くの利益を得ることができるため，従業員に支払う賃金などの労働コストが相対的に減少していく．これが費用逓減の法則が働きやすい理由である．

数学的に表示するならば，財の生産量を$\chi > 0$として，費用逓減産業の可変費用関数$VC(\chi)$には，$VC'(\chi) > 0$，$VC''(\chi) < 0$の関係がある．

図５－１に一般的な企業の平均費用曲線と費用逓減産業の平均費用曲線を示す．一般的な企業の場合，ある水準までは規模の経済性によって平均費用曲線が右下がりの傾きをもつものの，その水準を超過して財を生産するには，従業者数を増加させなければならず，可変費用を増やす必要がある．したがって，一般的な企業の平均費用曲線には最少点が存在して，そこにおいて右下がりのカーブから右上がりのカーブに切り替わる．一方，費用逓減産業の平均費用曲線は，生産量を増やしたとしても常に右下がりのカーブをなす．

図５－１　一般的な企業の平均費用曲線と費用逓減産業の平均費用曲線

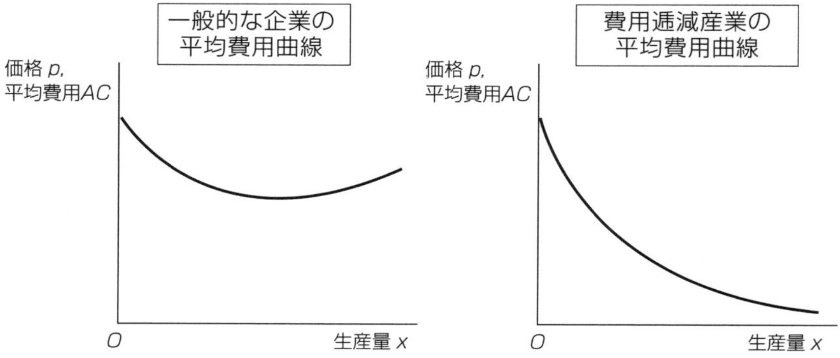

5.2　費用逓減産業の平均費用と限界費用

第2章で説明したとおり，一般的な企業の場合，限界費用曲線は平均費用曲線の最小点を通過する．それに対し，費用逓減産業の場合，平均費用曲線が常に右下がりであり，限界費用曲線は平均費用曲線よりも左下に位置する．また費用逓減産業の場合，どのような生産量xに対しても平均費用は平均可変費用を上回り，平均可変費用は限界費用を上回る．したがって，すべての生産量xに対し，平均費用は限界費用を上回る．これを証明してみよう．ところで，数学的な主張（命題）を証明するために，前もって別の数学的な主張を証明することがある．これを補題という．ここではまず，以下の補題を証明しよう．

補題5－1

費用逓減産業の平均費用関数，平均可変費用関数と限界費用関数を考える．また固定費用は0でないとする（$FC > 0$）．すべての生産量$x > 0$に対し，

$$MC(x) < AVC(x) < AC(x) \tag{5.1}$$

が成立する．

【証明】

$AVC(x) < AC(x)$ は背理法で証明してみよう（背理法の考え方については，巻末付録1を参照のこと）．$FC > 0$であり，すべての$x > 0$に対し，$AVC(x) \geq AC(x)$ であると仮定する．

$$AVC(x) = \frac{VC(x)}{x} \text{および} AC(x) = \frac{TC(x)}{x} = \frac{VC(x) + FC}{x}$$

より，

$$\frac{VC(x)}{x} \geq \frac{VC(x) + FC}{x} \tag{5.2}$$

である．$x > 0$であるから，式（5.2）の両辺をx倍して，不等式を整理すれば

$$0 \geq FC$$

これは$FC > 0$に矛盾する．したがって，$AVC(x) \geq AC(x)$ の仮定は誤っ

ており，$AVC(x) < AC(x)$ でなければならない．

次に，すべての $x > 0$ に対し，$MC(x) < AVC(x)$ を示す．

$$MC(x) = VC'(x) < \frac{VC(x)}{x} = AVC(x)$$

を整理する．

$$VC(x) - xVC'(x) > 0$$

ここで $F(x) = VC(x) - xVC'(x)$ とおく．$F(x) > 0$ を示すには，$F(x)$ が増加関数，すなわち，どのような正の実数 $x > 0$ に対しても $F'(x) > 0$ であることを示せばよい．$F(x)$ を x で微分することにより，

$$F'(x) = VC'(x) - VC'(x) - xVC''(x) \tag{5.3}$$

式（5.3）の右辺第二項では，積の微分公式（巻末付録1の定理A.15－1を参照）が使われていることに注意したい．式（5.3）を整理すると

$$F'(x) = -xVC''(x) \tag{5.4}$$

$F'(x) > 0$ であるならば，$-xVC''(x) > 0$ が成立する．仮定より，$x > 0$ および $VC''(x) < 0$ であるから，$-xVC''(x) > 0$ は成立する．

したがって，すべての $x > 0$ に対し，$MC(x) < AVC(x)$ が成立する．前半の証明と合わせることにより，すべての $x > 0$ に対し，

$$MC(x) < AVC(x) < AC(x)$$

である．

補題5－1から，次の命題が直ちに導かれる．

命題5－1

費用逓減産業の平均費用関数と限界費用関数を考える．すべての生産量 $x > 0$ に対し次の関係が成り立つ[15]．

$$MC(x) < AC(x) \tag{5.5}$$

15　ここでは，推移率という論法が使われている．例えば，三つの実数 a，b，c の大小関係において，$a > b$ であり，$b > c$ ならば，$a > c$ が満たされる．読者は，これを三段論法としてご存じだろう．

図５－２　費用逓減産業の平均費用曲線と限界費用曲線

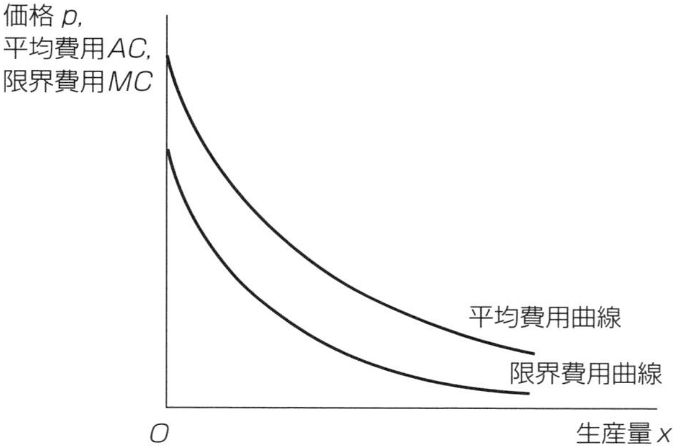

命題５－１の証明においては，費用逓減の性質（つまり $FC>0$, $VC'(\chi)>0$ と $V''(\chi)<0$）が必要不可欠であることがお分かりいただけるだろう．補題５－１と命題５－１より，費用逓減産業の平均費用曲線と限界費用曲線の位置関係は，**図５－２**のように表示される．

5.3　*MC* 形成原理

独占市場や寡占市場で効率的な資源配分を実現する方法として，**限界費用価格形成原理**がある．これは政府が市場価格を限界費用と等しくなるように市場価格を提示し，企業がその価格に応じて生産をするメカニズムである．以下では単に「*MC* 形成原理」と呼ぶことにする．

例えば，ある企業が初期の固定費用として 10,000 円の投資をしたとしよう．一般的な企業ならば，例えば生産量が 100 単位なら 500 円，101 単位なら 505 円，102 単位なら 512 円…と生産量が一定になったところで限界費用が増加しはじめる．これに対して費用逓減産業は，財を生産するほど限界費用が減少する．

この企業の，平均費用について考えてみよう．企業は初期の固定費用として 10,000 円を投資しており，財を１単位生産するのにかかる費用（1 単位目の限界費用）は1,000円であるとしよう．1単位当たりの平均費用は固定費用10,000円に1単位目当たりの限界費用を加えた11,000円である．数式で表わせば(10,000 + 1,000)／1である．2単位目の財を生産するのにかかる費用(2単位目の限界費用）は990円であるとする．すると，財を合計2単位生産した場合の平均費用は（10,000 + 1,000 + 990)／2 = 5,995円である．つまり平均費用は，限界費用の合計額と固定費用を加え，生産量で割ることによって計算される．

以上で説明のための準備が整ったため，*MC*形成原理について，図を使って解説しよう．**図5－3**は，政府が限界費用曲線と需要曲線の交点に対応する価格に規制したケースを表す．図中の需要曲線は右下がりであり，需要関数は $P = P(\chi)$（もしくは $P = a - b\chi$）で表されている．図中で規制価格の水準を P_{MC}，それに対応する生産量を χ_{MC} とする．これが*MC*形成原理を用いた場合の取引数量と価格である．価格が低く設定されるため，消費者の需要量は増加する．消費者にとっては望ましい状態である．

*MC*形成原理を適用した場合，財の価格は P_{MC}，生産量は χ_{MC} で固定される．企業の収入 R は $R = P_{MC} \times \chi_{MC}$ であり，これを幾何学的に表わせば，R = □

図5－3　費用逓減産業の平均費用曲線，限界費用曲線と需要曲線

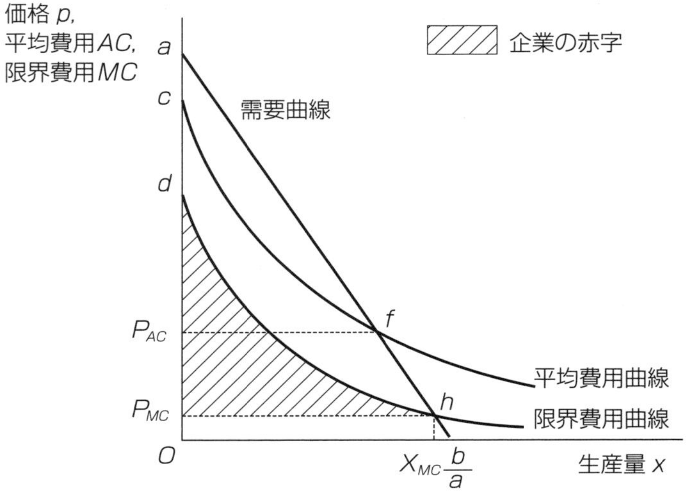

$P_{MC}0\chi_{MC}h$ である．限界費用曲線，つまり供給曲線の下側の面積は可変費用を表すため，$VC = d0\chi_{MC}h$ である．収入□ $P_{MC}0\chi_{MC}h$ から可変費用 $d0\chi_{MC}h$ を差し引くことにより，$-dP_{MC}h$ が残る．これは，企業が収入でカバーすることができずに残った，可変費用の大きさである．つまり，$-dP_{MC}h$ は企業にとっての赤字を表す．

収入□ $P_{MC}0\chi_{MC}h$ − 可変費用 $d0\chi_{MC}h$ $= -dP_{MC}h$（企業の赤字）　(5.6)

仮に式（5.6）が正の値をもつならば，企業は正の利潤を得ることになる．*MC* 形成原理に基づく価格規制は，費用逓減産業に赤字を発生させる．つまり，費用低減産業は固定費用として支払った損失を埋め合わせることができないのである．それでは，利益を埋め合わせるために政府はどのような政策を実施すればよいだろうか．その問に答えるには，企業の赤字 $dP_{MC}h$ を減少させるために固定費用の補てんとして消費者から基本料金を回収すればよい．このアプローチについては，後に説明する．

さて，政府が *MC* 形成原理に基づく価格規制政策を導入すると，ほぼすべての企業が市場から退出するのではないかという疑問が生じる．費用逓減産業の１つである電力会社がなくなれば，社会は混乱するだろう．しかし，*MC* 形成原理による規制は死荷重を生みだすことがなく，効率的な資源配分を達成するため，**ファースト・ベストな政策**である．次節では，価格規制によってパレート最適な状態が実現することを確認しよう．

5.4　*MC* 形成原理に基づく価格規制の余剰分析

消費者余剰と生産者余剰を幾何学的に導出してみよう．それらの余剰を視覚的に捉えるため，**図５－４**を表示する．消費者余剰は，消費者が支払っても良いと考えている金額□ $a0\chi_{MC}h$ から実際に支払った金額□ $P_{MC}0\chi_{MC}h$ を差し引いた△ $aP_{MC}h$ である．一方，生産者余剰は企業の収入の合計□ $P_{MC}0\chi_{MC}h$ から生産費用 $d0\chi_{MC}h$ を差し引いた $-dP_{MC}h$ である．生産者余剰は式（5.6）で

図5－4　限界費用価格形成原理を適用した場合の総余剰

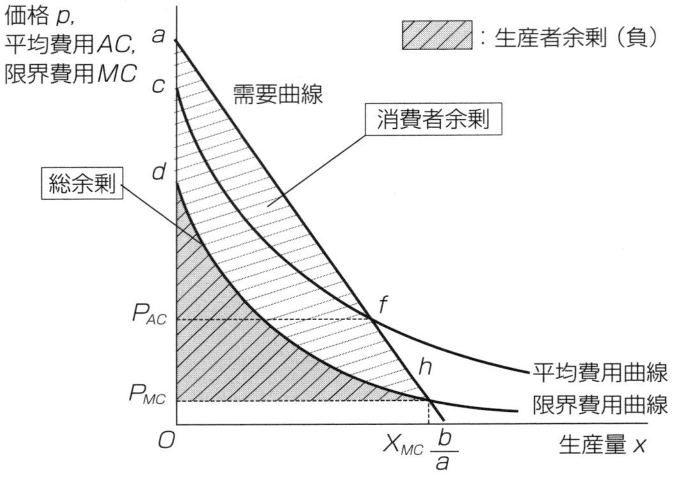

導出した赤字の大きさと等しいことが分かる．総余剰は，それらの余剰の和であるため，*adh* である．

消費者余剰 ＝ □ $a0\chi_{MC}h$ － □ $P_{MC}0\chi_{MC}h$ ＝ △ $aP_{MC}h$

生産者余剰 ＝ □ $P_{MC}0\chi_{MC}h$ － $d0\chi_{MC}gh$ ＝ － $dP_{MC}h$

総余剰　　 ＝ 消費者余剰 ＋ 生産者余剰

＝ △ $aP_{MC}h$ － $dP_{MC}h$ ＝ adh　　(5.7)

生産者余剰は負の値をもつものの，**死荷重が発生していない**ことに注意したい．つまり，*MC* 形成原理を適用すれば総余剰は最大化される．よって *MC* 形成原理による規制は効率的であり，経済学的に最善の策といえる．

5.5　フル・コスト原理

ここまでは *MC* 形成原理について説明してきたが，企業が自社の限界費用を計算するのは現実的に困難である．それでは，実際の企業（費用逓減産業）は，どのように価格と生産量を決定しているのだろうか．寡占企業のケースで説明しよう．寡占企業は価格の決定力をもつことを思い出したい．企業が１単位につき，100 円の生産費用を必要とする財を生産しているとする．このときの平均費用は 100 ／ 1 ＝ 100 円である．そこで，例えば 100 円に２割の収益を見込んで 120 円にするなど，企業は平均費用をベースとして価格を決定することがある．このようにして価格を決定する方法を**フル・コスト原理**と言う．フル・コスト原理による価格選択は，式（5.8）で与えられる．

寡占企業の場合： 財の価格 ＝ 平均費用 ×（1 ＋ 利益率 r）　(5.8)

例えば，ある財の生産に必要な平均費用が 1,000 円であり，利益率が 3％である場合，r = 0.03 であるから，その財の価格は 1,000 円 ×（1 ＋ 0.03） ＝ 1,030 円である．

フル・コスト原理は，寡占企業が費用の回収を優先して価格を決定する方法である．現実の企業は赤字を出さないよう，費用を回収することを第一に考え，その後に利益を出すことを考える．我々は先ほどまで，企業は限界費用から価格を決定するモデルを提示してきたが，現実の企業が必ずしもそうするとは限らないことを記憶にとどめて欲しい．

5.6　*AC* 形成原理に基づく価格規制

5.4 節と 5.5 節で説明したように寡占企業は限界費用を計算するのは困難であることに加え，*MC* 形成原理を適用した場合には赤字が生じる．そこで，政府は寡占・独占企業に赤字が発生せず，最低でも利潤が 0（つまり，独立採用をとることができる）となるように価格を規制をすることがある．これを**平均費用価格形成原理**（以下では「*AC* 形成原理」と呼ぶ）という．政府は，平均費用と等しくなるように価格を設定し，企業はそれをベースにして生産を行う．

図５－５は，政府が価格を P_{AC} に規制し，それによって企業が財を χ_{AC} だけ生産している状態を示している．5.4 節で説明したように，政府が *MC* 形成原理をベースとした規制を導入する場合の価格は，需要曲線と限界費用曲線の交

点 h の水準で固定される．それに対し，AC 形成原理をベースとした規制価格 P_{AC} は，需要曲線と平均費用曲線の交点 f の水準で固定される．

この価格規制では，企業は損失を被らないことを確認しよう．AC 形成原理は効率性ではなく，生産者の赤字（負の余剰）を埋め合わせることを第一に考えた方法であるため，**セカンド・ベストな政策**である．

5.7 AC 形成原理の余剰分析

AC 形成原理に基づく価格規制は，企業に赤字（負の生産者余剰）が生じない．もう少し正確に述べるならば，この価格規制は企業の利潤を 0 で固定する．**図 5－5** を参照されたい．価格規制導入後の消費者余剰は，消費者の支払い意思額□ $a0\chi_{AC}f$ － 実際に支払った総額□ $P_{AC}0\chi_{AC}f$ ＝ △ $aP_{AC}f$ である．生産者余剰は，総収入□ $P_{AC}0\chi_{AC}f$ － 総可変費用（限界費用曲線の下側の面積）$d0\chi_{AC}g = egf - dP_{AC}e$ である．また企業の利潤は，総収入□ $P_{AC}0\chi_{AC}f$ から総費用を除くことで求められる．総費用 $TC = \chi_{AC} \times AC$ であることから，生産量 χ_{AC} に対応する総費用は，平均費用曲線の下側の面積□ $P_{AC}0\chi_{AC}f$ である．し

図 5－5　AC 形成原理を適用した場合の総余剰

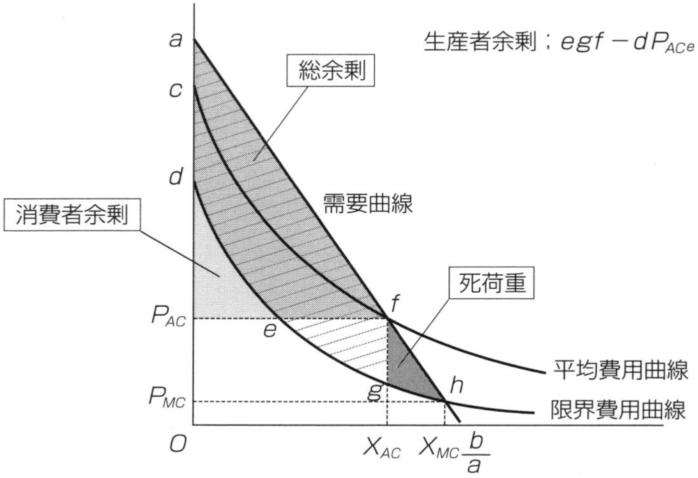

たがって，企業の利潤は，総収入□ $P_{AC}0\chi_{AC}f$ − 総費用□ $P_{AC}0\chi_{AC}f = 0$ である．余剰と利潤を混同しないよう注意したい．

総余剰は消費者余剰と生産者余剰の和であるから，△ $aP_{AC}f + egf - dP_{AC}e = adgf$．ここで，$adgf = adh - fgh$ であるため，MC 形成原理に基づく価格規制を導入した場合と比べ，総余剰が fgh だけ減少している．

消費者余剰	= □ $a0\chi_{AC}f$ − □ $P_{AC}0\chi_{AC}f$ = △ $aP_{AC}f$
生産者余剰	= □ $P_{AC}0\chi_{AC}f - d0\chi_{AC}f$
	= $egf - dP_{AC}e$
企業の利潤	= □ $P_{AC}0\chi_{AC}f$ − □ $P_{AC}0\chi_{AC}f = 0$
総余剰	= 消費者余剰 ＋ 生産者余剰
	= △ $aP_{AC}f + egf - dP_{AC}e = adgf$
死荷重	= $adh - adgf = fgh$　(5.9)

式 (5.9) のように，AC 形成原理に基づく価格規制が導入されると，企業には利潤も損失も生じないが $egf - dP_{AC}e$ の余剰が生じる．この余剰は $egf > dP_{AC}e$ である場合，正の値をもち，寡占企業にとって望ましい状態と言える．しかし死荷重が fgh だけ発生しており，効率的な資源配分は実現しない．

なお平均費用は，総費用を生産総量で割れば求められるため，現実の寡占企業は平均費用を比較的容易に計算することができる．そのため，AC 形成原理に基づく規制の方が MC 形成原理に基づく規制よりも実施しやすい．

5.8　二部料金制

これまで見てきた MC 形成原理と AC 形成原理には，どちらにも長所と短所があった．効率的な資源配分を達成するためには，MC 形成原理を用いるのが望ましいが，企業は赤字を被る．そこで赤字を発生させないように AC 形成原理に基づく価格規制を実施すれば，赤字は解消するものの，資源配分が悪化する．これらの長所と短所を補うために**二部料金制**が考案されている．

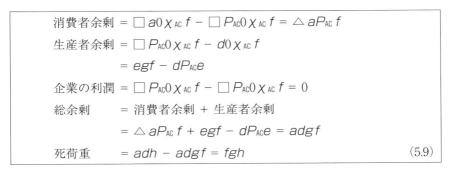

現実の市場には鉄道，電力会社，ガス会社，携帯電話会社などの費用低減産

業が存在する．費用逓減産業が供給する財の料金（価格）は，基本料金と使用料金（従量料金）とに分かれている．例えば鉄道の料金は，ある駅までは定額であるが，その後は距離に応じて加算されていく．実は，これは二部料金制による規制方法の例である．

二部料金制では，政府は最初にMC形成原理などに基づく価格規制を実施する．そこでは，従量料金は限界費用と等しくなるように設定される．次に，企業が被る赤字に対しては，固定費用を埋め合わせるための基本料金を消費者から回収する．実際に電力会社は，契約している全家庭に月単位で固定料金を割り当て，各家庭の電力使用量に応じて使用料金（つまり従量料金）を徴収している．

5.9　二部料金制の余剰分析

二部料金制に基づく価格規制は総余剰を最大化させるため，死荷重が発生しないことを確認しよう．**図５－６**を参照されたい．政府によって二部料金制に基づく価格規制が導入されたとする．すると寡占企業は，式（5.6）で与え

図５－６　二部料金制を適用した場合の総余剰

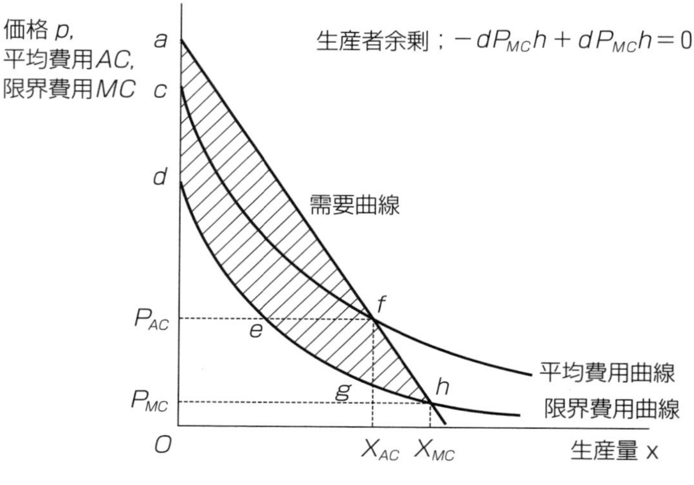

られている損失を基本料金として消費者から回収する．それにより，消費者余剰（式（5.7））は式（5.10）に書き換えられる．

$$
\begin{aligned}
\text{消費者余剰} &= \square a0\chi_{MC}h - \square P_{MC}0\chi_{MC}h - dP_{MC}h \\
&= \triangle aP_{MC}h - dP_{MC}h = adh \qquad (5.10)
\end{aligned}
$$

見方を換えれば，価格規制導入後の消費者余剰は，MC 形成原理を適用した場合の消費者余剰から基本料金（固定費用の補償額）を差し引くことで求められる．この基本料金は，負の生産者余剰（式（5.7））とちょうど同じ大きさである．したがって，消費者から固定費用の補償が移転された場合の生産者余剰は0である[16]．

$$
\text{生産者余剰} = -dP_{MC}h + dP_{MC}h = 0 \qquad (5.11)
$$

生産者余剰は0であるものの，企業は固定費用と可変費用を負担することなく，利潤を追求することができる．つまり，政府が二部料金制に基づく価格規制を導入すれば，企業は独立採算をとることができる．

総余剰は消費者余剰と生産者余剰を加えることで与えられる．

$$
\text{総余剰} = \text{消費者余剰} + \text{生産者余剰} = adh + 0 = adh \qquad (5.12)
$$

このケースでは，総余剰が消費者余剰と等しいことがお分かりいただけるだろう．

以上で見てきたように，二部料金制は企業に損失を与えることなく，さらに効率的な資源配分を達成する最善の策である．しかし，式（5.10）をもう一度見てみると，消費者に課された基本料金 $dP_{MC}h$ があまりに高額であり，消費者余剰の大きさと同じ程度であれば，消費者余剰はマイナスの値をとりうることが分かる．したがって，現実に二部料金を導入する際には，消費者余剰と生産者余剰のいずれもマイナスの値にならないような，適切な価格を設定する必

16　少々詳しく解説すると，「補償」とは「お金を移転する」という意味であり，何らかの償いをするという意味ではない．

要がある.

5.10 X 非効率性

本章の最後に，現実の市場において競争に直面していない産業は，価格規制によって非効率な生産をする傾向があることを述べる．費用逓減産業は価格規制の導入により，生産保護を受ける．すると，費用逓減産業は，一定の価格で生産をすればよいため，(経営技術や従業員の労働努力を向上させるなどの) コストを負担してまで販売価格を下げるインセンティブがなくなる．言い換えるならば，価格規制は企業に生産コストを節約するインセンティブを与えるため，経済学の理論が予想する以上に資源配分を非効率化する恐れがある．このような理論上の効率性と現実の経済活動における効率性とのギャップを**X 非効率性**という（「X」は，「理論では説明できない何か」という意味で用いられている）．MC 形成原理，AC 形成原理，および二部料金制に基づく価格規制のいずれも，X 非効率が観察されることが知られている．さらに言えば，それらの価格規制が実施されると，現実の寡占企業は利潤を増やそうと，政府に対して生産費用を過少申告しようとする．このような行動によって資源配分の効率性が損なわれることを**モラルハザード**という．モラルハザードを防止するためには，政府は企業の生産費用を完全に観察しなければならないが，そのためには多額の行政コストが必要になる．

以上で説明したように，自然独占に対する様々な規制方法が存在するものの，資源配分の効率化を図ることには常に困難が付きまとうのである．

練習問題 5 − 1

ある費用逓減産業が独占市場において財を供給しており，需要関数が

$$P(Y) = 15 - Y \quad (P : \text{財の価格},\ Y : \text{財の数量}),$$

であり，企業の総費用関数が

$$TC(Y) = 25 + 5Y$$

で与えられているとする．政府が *MC* 形成原理と *AC* 形成原理に基づいて価格規制を導入する場合の生産者余剰，消費者余剰，総余剰と死荷重をそれぞれ求めよ．

［国税専門官・平成13年度出題問題を改変］

練習問題５－２

ある国家の政府が，ダム建設のため，土木建設産業に公共事業を発注している．ダムの建設に伴う需要関数が $\chi = 60 - P/2$ であり，土木建設産業の費用関数は $C(\chi) = 90\chi - \chi^2/2$ であるとする（ただし，$\chi > 0$ は生産量であり，$P > 0$ は価格である）．政府が（*a*）パレート最適な資源配分を実現するように価格を設定する場合と，（*b*）土木建設産業が独立採算をとることのできるように価格を設定する場合の総余剰について考える．以下の１～５のうち，正しいものを選択せよ．

1. （*a*）における総余剰は，（*b*）と比べ100大きい．
2. （*a*）における総余剰は，（*b*）と比べ120大きい．
3. （*a*）における総余剰は，（*b*）と同じ大きさである．
4. （*b*）における総余剰は，（*a*）と比べ100大きい．
5. （*b*）における総余剰は，（*a*）と比べ120大きい．

［国家総合職［専門］平成26年度出題問題を改変］

第6章

外部性による市場の失敗

6.1　外部経済と外部不経済

消費者や生産者の経済活動が市場での取引を経由せず，他の市場参加者の活動に間接的な影響を及ぼすことを**外部性**という．**技術的外部性**が介在する市場では，市場の失敗が生じることが知られている．

技術的外部性の例を２つほど見てみよう．ある企業が利潤追求の一環としてショッピングモールを設置し，売り上げを伸ばすことに成功したとする．ショッピングモールが建設されたことにより，周辺地域に居住する消費者は遠方に買出しするための交通費，つまり**機会費用**が減少する．消費者はショッピングモールの建設により，間接的に便益を受けたことになる．ここで大切なのは，消費者は減少した分の機会費用を企業に支払うわけではなく，企業もそれを請求することができないことである．つまり，機会費用を取引する市場が存在しないのである．この例では，市場参加者（消費者）に良い影響がもたらされ，**正の外部経済**が生じたと言う．

一方，ある地域にゴミ収集所が設置されたことにより，近隣住民が悪臭に悩まされている状況を考えてみよう．住民たちは悪臭に耐えかねて空気清浄機を購入したとしよう．近隣住民は，本来なら買わなくて良いはずの空気清浄機を購入するため，間接的に負の影響を受けたことになる．このように経済主体が間接的に望ましくない効果を受けた場合，**外部不経済**が生じたと言う．

6.2　金銭的外部性

外部性には，技術的外部性の他に**金銭的外部性**がある．金銭的外部性は技術的外部性と異なり，市場を経由して生じる外部性である．再びショッピングモールの例を挙げて説明しよう．ショッピングモールの設置は消費者の交通費削減だけではなく，土地の価格にも影響を与える．住みやすく便利な土地になることで地価が上昇するだろう．近隣住民にとって地価の上昇は外部経済であるが，この外部経済は市場を経由している．地価の上昇は，土地の売買，つまり不動産市場を経由している．そして地価の上昇に応じて，価格の調整プロセスが作用し，均衡では最適な資源配分が実現することになる．そのため，金銭的外部性は効率性を阻害せず，市場の失敗を生み出さないと言われている．ただし後に見るように，ショッピングモールを建設した企業に便益が還元されなければ，市場の失敗をまぬがれない．

6.3　技術的外部性の解決方法

経済学者は，外部性による市場経済の非効率化を解決する手段について考えてきた．代表的な解決方法として，**コースの定理**による市場参加者の交渉と**ピグー課税政策**がある．

外部経済について考える場合，個人間で発生している外部経済なのか，多人数間で発生している外部経済なのかを分けて考える必要がある．コースの定理は個人間における外部性は話し合いによって解決できるとする．一方，多人数間で発生している外部経済に対しては，課税政策によって解決を目指すことになる．これをピグー課税政策と呼ぶ．

6.4　コースの定理と余剰分析

この定理の名称はノーベル経済学受賞者 *R.H*・コースにちなむ．今，2人の個人（甲・乙）を考えてみよう．一方の個人（甲）が，もう一方（乙）に対し外部不経済を及ぼしているとする．

例えば甲と乙とは隣人どうしであったとする．甲はバーベキューが好きであり，しばしば家の庭でバーベキューをしている．一方，乙はバーベキューの煙が自宅に流れ込むため，甲のバーベキューを望ましく思っていない．

甲がバーベキューする時間を基準にして，甲と乙がそれぞれ以下のように考えているとする．なお甲は毎回2時間（120分）バーベキューをするとしよう．

> 甲：バーベキューを開始してから
> 　30分経過：「すごくおいしい．」
> 　60分経過：「おいしい．」
> 　90分経過：「少し満腹．」
> 　120分経過：「食べ終わろう．」

甲がバーベキューをすることで得る追加的な満足度（ここでは**限界便益**（marginal benefit：*MB*）と呼ぶ）は時間を経るごとに低下する．これは，限界効用逓減の法則による．これを図で表現してみよう．**図6－1**の横軸は甲がバーベキューをする時間χであり，縦軸は限界便益*MB*を示す．ここでは横軸

図6－1　甲の限界便益曲線

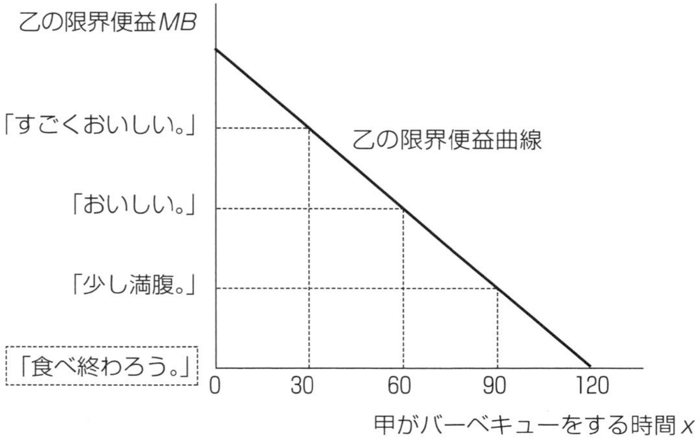

に時間を置いているが，状況によって様々な変数で置き換えられることに注意したい．よくあるケースでは，消費量（または生産量）とされている．

甲の限界便益関数 $MB(\chi)$ のグラフを描けば，**図6－1**に見られるような右下がりの曲線として表示される．時間の長さに応じて甲が追加的に得る便益（限界便益）は徐々に低下し，120分間消費した時点で0になる．

甲の余剰は限界便益曲線の下側の面積である．最初の30分の便益は「すごくおいしい」に対する満足度，次の30分の便益は「おいしい」に対する満足度，その次の30分の便益は「少し満腹」に対する満足度，そして最後の30分の便益は，「食べ終わろう」に対する満足度である．これらを合計すると，限界便益曲線の下側の面積となり，甲が受ける便益の総量に一致する[17]．

一方，乙は甲の排出する煙に対し，以下のように考える．

乙：甲のバーベキュー開始から
30分経過：「まだまだ我慢できる．」
60分経過：「多少嫌だが，まだ我慢できる．」
90分経過：「我慢も限界に達しつつある．」
120分実施：「これ以上我慢できない．」

仮に乙が利他的であり，甲がバーベキューを開始して間もなくは「甲の楽しみを邪魔してはいけない」と我慢できたとしても，60分，90分，120分と時間が経過するにつれ，徐々に我慢ができなくなる．これは煙が排出されるほど，乙の追加的に被る心理的損害（限界損失）が大きくなるためである．

図6－2を参照されたい．甲のバーベキューの時間 χ を横軸にとり，乙の限界損失（marginal damage：MD）を縦軸にとることで限界損失曲線が表示されている．限界損失は，甲が消費量（生産量）χ を追加的に1単位増加させた場合に乙が被る損失を表している．甲がバーベキューをする時間が長いほど，乙の被る損失は大きくなる．

17　この例では，甲がバーベキューをする時間を4分割して考えたが，これが何万分割にもなれば，限界費用曲線の下側の三角形の面積となる．

図6－2　乙の限界損失曲線

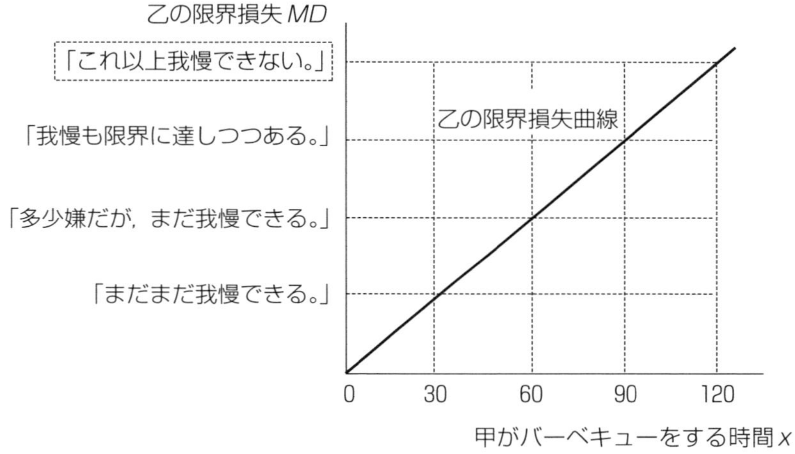

限界損失曲線は**図6－2**のような右上がりの曲線である．甲のバーベキューの時間（消費量）xが増えるほど，乙の損失が高まる．その損失の大きさは，限界損失曲線の下側の面積である．例えば，乙が最初の30分に被る損失は「まだまだ我慢できる」に対する不満足度，次の30分に被る損失は「多少嫌だが，まだ我慢できる」に対する不満足度，その次に被る損失は我慢も限界に達しつつある」に対する不満足度，そして最後の30分に被る損失は「これ以上我慢できない」に対する不満足度である．これらの不満足度を足し合わせれば，限界損失曲線の下側の面積となり，乙が受ける損失の総量に一致する[18]．

次に甲と乙の双方にとって効率的な消費量xを検討する．そのためには，まず甲と乙のいずれの“経済的権利”が重視されるべきかを明確にする必要がある．つまり，分析するにあたっては，甲のバーベキューをする権利と，乙の甲にバーベキューをさせない権利のいずれが重視されるべきかを決めなければならない．状況を整理しよう．甲と乙は隣り合わせで住んでいる．甲はバーベキ

18　我々の具体例では，乙がバーベキューをする時間を4分割して考えたが，これが何万分割にもなれば，限界損失曲線の下側の三角形の面積となる．

ューが好きで，自分の家の庭でバーベキューをしている．一方，乙はバーベキューで出た煙が自宅に流れ込むため，甲がバーベキューをすることを良く思っていない．

ここでは，甲は自分の家の庭でバーベキューをしていることから，甲にバーベキューをする権利があると仮定する．つまり我々は，甲が自由にバーベキューでき，乙に不利益（外部不経済）が生じていると考える．

図6－3は限界便益曲線と限界損失曲線を同一の図に表示したものである．**図6－3**を参照しつつ，この外部不経済における資源配分について見てみよう．

まず，甲が享受する便益の大きさを表わそう．前述のように甲の便益の大きさは限界便益曲線の下側の面積として表わされる．甲が120分間バーベキューをする場合の便益を△$A0\chi'$で表す．

一方，乙の被る損失の大きさは限界損失曲線の下側の面積として表わすことができる．乙は，甲が120分間バーベキューをする場合には△$C0\chi'$の損失を被る．

この外部不経済における“総余剰”は，甲の便益△$A0\chi'$から，乙の損失△$C0\chi'$を差し引くことで与えられる．

図6－3　甲の限界便益曲線と乙の限界損失曲線

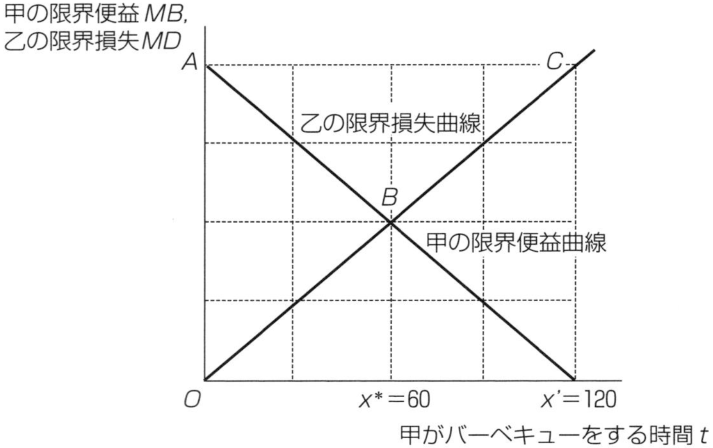

総余剰 ＝ $\triangle A0\chi' - \triangle C0\chi'$	(6.1)

ここで，$\triangle B0\chi'$に注目しよう．$\triangle B0\chi' = \triangle A0\chi' - \triangle A0B$ かつ，$\triangle B0\chi' = \triangle C0\chi' - \triangle CB\chi'$であるから，次の関係を得る．

$$\triangle A0\chi' - \triangle A0B = \triangle C0\chi' - \triangle CB\chi'$$

これは

$$\triangle A0\chi' - \triangle C0\chi' = \triangle A0B - \triangle CB\chi'$$

と等値である．したがって，式（6.1）は式（6.2）に書き換えられる．

総余剰 ＝ $\triangle A0B - \triangle CB\chi'$ (6.2)

式（6.2）より，総余剰は$\triangle A0B' - \triangle CB\chi'$として表わされ，$\triangle CB\chi'$は死荷重である．つまり，甲と乙の“排煙取引”には無駄が発生している．言い換えるならば，甲が「自分に権利が帰属する」と主張し，バーベキューをし続けているため，乙が大きな損害を受けている．そのため，この“仮想的な排煙市場”は機能不全に陥っている．

図６－４は式（6.2）から，総余剰と死荷重を明示化したものである．このケースでは，余剰と死荷重が同じ大きさであるため，総余剰は０である．効率的な資源配分を達成するためには総余剰を最大化させる必要がある．それには，死荷重を削減するように甲がバーベキューをする時間χを削減すればよい．では，最適なχの水準はどのようにして定まるのであろうか．

結論を述べると，社会的に最も望ましいのは，甲の限界便益曲線と乙の限界損失曲線の交点に対応する消費量である．それは，**図６－４**内の消費量χ^*である．**図６－５**を用いて説明しよう．図を参照しつつ，均衡消費量χ^*が実現している場合の総余剰を計算してみよう．

甲の余剰（便益）	＝ $\square A0\chi^*B$
乙が被る損失（外部不経済）	＝ $\triangle B0\chi^*$
総余剰	＝ $\square A0\chi^*B - \triangle B0\chi^* = \triangle A0B$

総余剰は$\triangle A0B$である．そして，甲がχ^*だけ消費する場合には死荷重は発生せず，社会的に効率的な状態が実現する．

図6－4　限界便益曲線と限界損失曲線を用いた余剰分析

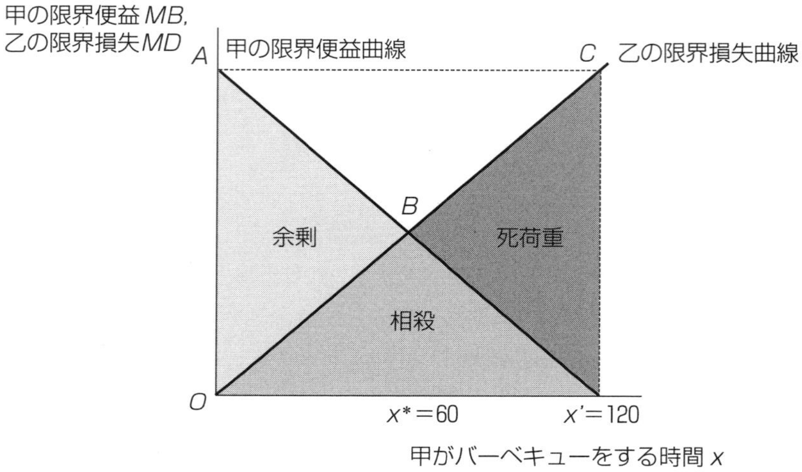

図6－5　甲が χ* だけ消費するのであれば，死荷重は発生しない

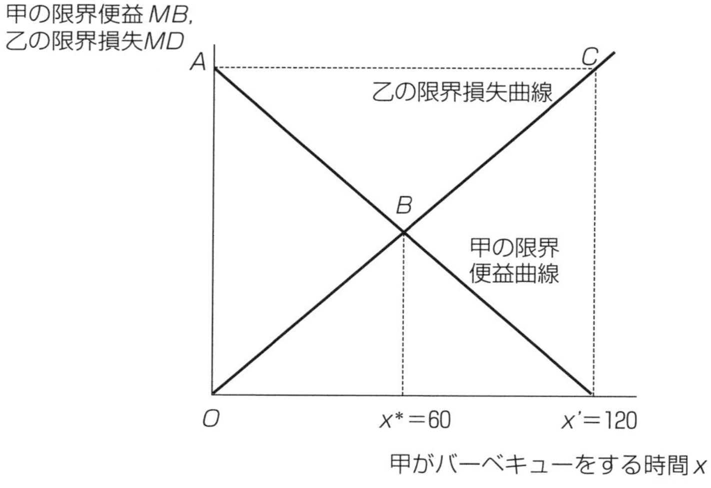

それでは，どうすれば甲の消費量を χ^* の水準まで削減できるだろうか．甲の自由意思に委ねれば，彼は χ' 単位まで消費する．すると社会的に望ましくない結果になり，乙が甲に対し，自発的な交渉をもちかける必要がある．交渉

するにあたり，乙は甲に対し一定の補償金を支払い，甲の消費量を引き下げようとする．ただし補償金は，甲がバーベキューを我慢することで生じる損失を埋め合わせるために支払われるのであり，乙が甲に対して償いをするために支払うわけではない．乙の交渉に対し，甲が合意する消費水準を考えてみよう．そのために**図６－６**を用意する．交渉の結果，**図６－６**内のχ_1の水準で交渉が成立したとしよう．このときの総余剰は，甲の余剰□$A0\chi_1D$ － 乙が被る損失△$0\chi_1E$ ＝ □$A0ED$であり，死荷重が△DEBだけ生じる．死荷重が発生する理由は，甲がバーベキューを我慢しすぎているためである．そこで甲は，乙と再度交渉し，乙の補償金を引き下げることで，バーベキューの時間を増やそうとする．彼は，乙がχ'の水準では合意しないであろうことを最初の交渉結果から確信する．そこでχ_1を上回り，χ'を下回るような消費量の実現を目指して再交渉に望むであろう．再交渉の末にχ_2の水準で合意が達成されたとしよう．ここでは話を簡単化するため，線分$0\chi_1$と線分$\chi_2\chi'$の長さは等しいと仮定する．この場合の総余剰は甲の余剰□$A0\chi_2I$ － 乙が被る損失△$0\chi_2H$で求められる．**図６－６**において□$A0\chi_2I$は□$E\chi_1\chi'C$と合同であり，△$0\chi_2H$は△$D\chi_1\chi'$と合同であることに注意すると

図６－６　甲と乙は，交渉によって最適な消費水準χ^*に到達する

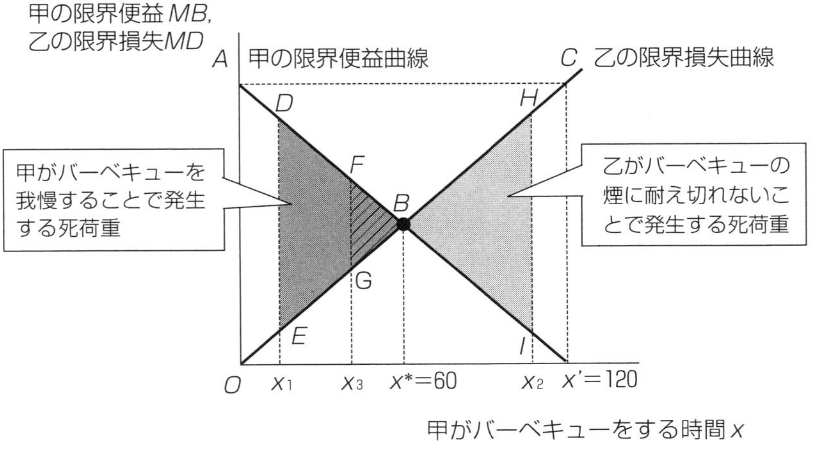

$$総余剰 = □A0\chi_2I - △0\chi_2H = △E\chi_1\chi'C - △D\chi_1\chi'$$
$$= △B\chi'C - △BIH = □CHI\chi'$$

したがって総余剰は□$CHI\chi'$であるが，乙がバーベキューの煙に耐え切れず，△BIHの死荷重が発生している．すると，乙は補償金を引き上げることで，甲に消費を削減するよう再度交渉するであろう．交渉の結果，甲がχ_3の水準で消費をすることに合意したとする．しかし，甲はバーベキューを我慢しすぎており，△FGBの死荷重が発生する（**図6－6**の斜線部分）．死荷重の大きさは△FGB＜△DEBより，最初の交渉時と比べて減少しているものの，甲は乙に再度交渉を持ちかけ，補償金を減らし，消費水準を高めようとするであろう．両者は以上の交渉プロセスを繰り返すことにより，死荷重が発生しない消費水準χ^*で合意する．このような交渉プロセスを経て，最適な消費水準χ^*で合意が成立することをコースの定理と呼ぶ．コースの定理が成立するためには自発的な交渉が必要であり，また交渉にあたっては，どの経済主体に権利が帰属し，どの経済主体が補償する立場なのかを明確にする必要がある．さらにコースの定理が成立する条件として，交渉費用が適切な大きさであることが挙げられる．例えば，乙が甲に交渉をもちかけるにあたり，莫大な交渉費用がかかるとしよう．その交渉費用で乙が被る損失を上回る場合，そもそも交渉をしない方がよい．つまり，コースの定理が成立するのは市場参加者の権利関係を明確化でき，さらに交渉費用が少ない場合に限られる．

6.5 「社会的限界費用と私的限界費用」の余剰分析

これまで見てきた外部不経済の例は，負の外部性を生み出す市場参加者と，それによって損害を被る市場参加者がそれぞれ1人ずつの場合であった．今度は完全競争市場の下，複数主体間で外部不経済が発生しているケースを考える．この場合には，経済的権利の帰属先を特定することが難しく，交渉の代わりに政府が課税政策を実施することで解決が図られる．

複数の市場参加者の間で外部不経済が生じている例として，自動車の生産に伴う空気汚染を挙げる．複数の生産者（企業）が自動車の生産によって空気を汚染させており，不特定多数の消費者に外部不経済を及ぼしているとする．このケースの余剰分析を行うために，**社会的限界費用**（socially marginal cost：SMC）と**私的限界費用**（privately marginal cost：PMC）を導入する．

まず，どの企業も自動車を1台生産するのに150万円の生産費用がかかるとしよう．同時に自動車1台の生産につき，500円分の環境負荷（空気汚染）が生じるとする．すると，自動車が1台生産される場合，企業の生産費用と空気汚染の被害から消費者が被る費用を合計すれば，150万500円である．これを自動車1台当たりの**社会的総費用**と呼ぶ．また自動車が追加的に1台生産されることで生じる，追加的な社会的総費用の大きさを社会的限界費用と呼ぶ．

社会的限界費用は，企業が自動車を追加的に1台生産することで生じる費用（**私的限界費用**）と自動車が追加的に1台生産されることで消費者が被る損失の大きさ（**限界損失**）を加えることで求められる．

$$\text{社会的限界費用} = \text{私的限界費用} + \text{限界損失} \tag{6.3}$$

式（6.3）より，社会的限界費用は限界損失の大きさだけ私的限界費用を上回ることがわかる．これを踏まえて，私的限界費用曲線，社会的限界費用曲線と自動車の需要曲線を**図6－7**に示す．図中の上付き文字 P は私的（privately），

図6－7　私的限界費用曲線と社会的限界費用曲線

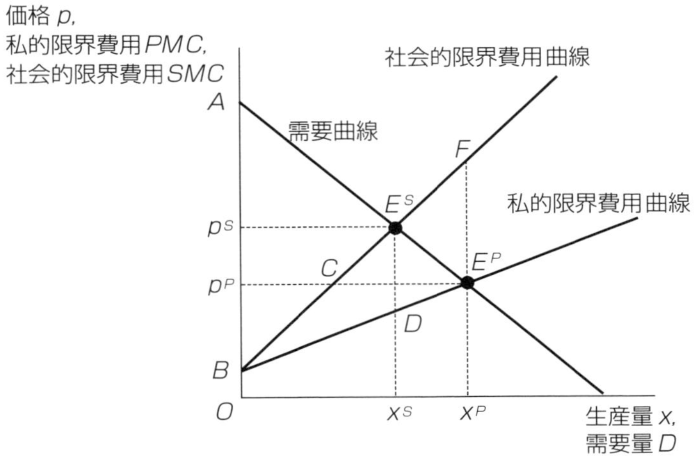

S は社会的（socially）の頭文字を表す．

限界費用曲線 = 供給曲線であることを思い出そう．すると，私的限界費用曲線は供給曲線を表し，私的限界費用曲線と需要曲線の交点 E^P は市場均衡点である．

ただし点 E^P は，外部不経済を考慮しない場合の均衡点である．生産者が消費者に与えている損失を加味した場合，社会的に最適な供給量は社会的限界費用曲線と需要曲線との交点 E^S である．点 E^P と比較すると，点 E^S の生産量は少なく，価格も高い．つまり社会的な費用を考慮しなければ，企業は自動車を過剰生産する．

図6－8を参照されたい．式（6.3）の私的限界費用を左辺へ移項すれば，社会的限界費用 － 私的限界費用 = 限界損失であるから，それらの費用の差は，各生産量に対する限界損失を表している．$\chi = 0$ に対応する社会的限界損失から，$\chi = \chi^P$ に対応する社会的限界損失をすべて加えることにより，外部費用が導出される[19]．その大きさは△ BE^PF である．先ほどの自動車メーカー

図6－8　外部費用

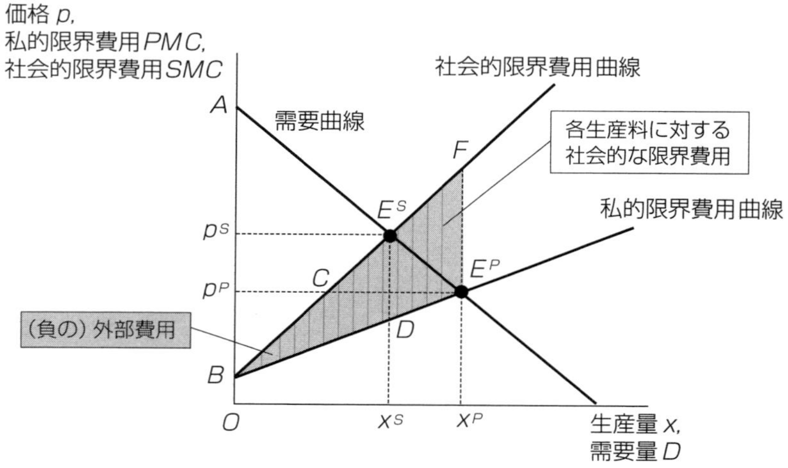

19　積分計算に精通しておられる読者は，社会的限界費用関数と私的限界費用関数との差を取り，閉区間［0, χ^P］上で積分した値が外部費用と一致することがお分かりであろう．

の例においては，自動車2台の生産につき300万1,000円，3台の生産につき450万1,500円の社会的限界費用が発生する．企業が自動車を3台生産することによって発生する外部費用の大きさは，(150万500円 − 150万円) + (300万1,000円 − 300万円) + (450万1,500円 − 450万円) = 3,000円である．この場合，市場の資源配分は3,000円だけ非効率的だと考えられる．

限界損失を考慮しない場合の消費者余剰は□$A0\chi^{P}E^{P}$ − □$P^{P}0\chi^{P}E^{P}$ = △$AP^{P}E^{P}$，生産者余剰は□$P^{P}0\chi^{P}E^{P}$ − □$B0\chi^{P}E^{P}$ = △$P^{P}BE^{P}$である．

消費者余剰と生産者余剰を加えた後，外部費用を除くことで総余剰が導出される．**図6－9**は，**図6－8**内の外部費用△$BE^{P}F$のうち，消費者と生産者の余剰によって相殺されずに残る死荷重△$E^{S}E^{P}F$を明示化している．外部費用△$BE^{P}F$のうち，△$CE^{P}E^{S}$は消費者余剰によって相殺され，△$BE^{P}C$は生産者余剰によって相殺される．相殺されずに残る△$E^{S}E^{P}F$は死荷重である．また，点E^{S}における消費者余剰と生産者余剰を加え，死荷重△$E^{S}E^{P}F$を除くことで総余剰を求めることもできる．

図6－9　外部費用と死荷重

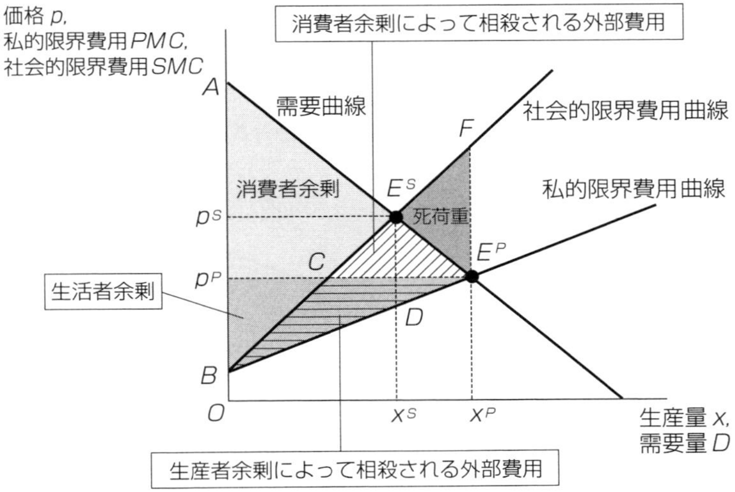

総余剰 = 消費者余剰 + 生産者余剰 − 外部費用

$= \triangle AP^{P}E^{P} + \triangle P^{P}BE^{P} - \triangle BE^{P}F = \triangle ABE^{S} - \triangle E^{S}E^{P}F$

死荷重が発生する理由は，空気汚染による社会的損失を考慮しなければ，自動車の生産費用が低くなり，企業が過剰に生産してしまうためである．そこで，生産量を減少させる手段を講じる必要がある．

6.6 ピグー課税政策と余剰分析

複数の生産者が負の外部費用を発生させている市場を考える．そこで資源配分を効率化する方法として，ピグー課税政策がある．前節で確認したように，ある市場参加者が他の参加者に対して間接的にネガティブな影響を与えている場合，パレート最適な資源配分が達成されない．そこで政府は企業に課税（ピグー課税）することにより，生産数量を調整し，死荷重を削減しようとする．

再び自動車メーカーの例を用いる．自動車 1 台の生産につき，500 円分の限

図 6 − 10 ピグー課税政策導入後の余剰分析

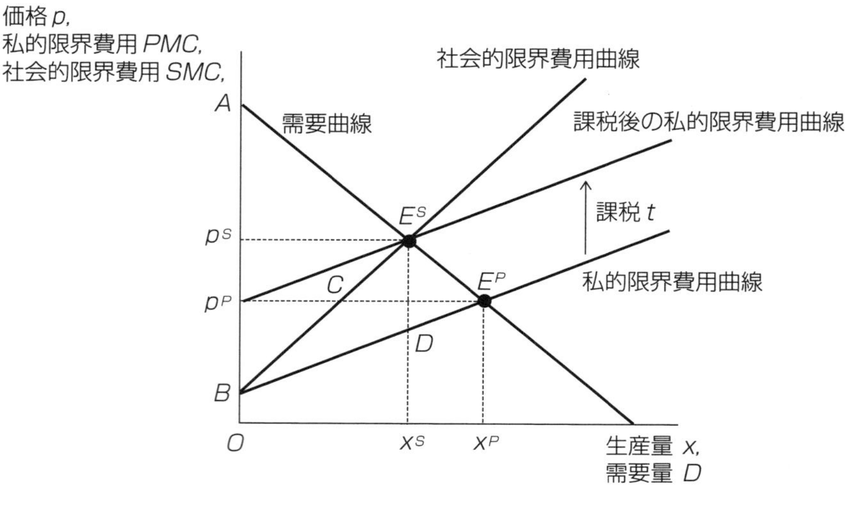

界損失が生じるため，これを税金として企業に課す．ピグー課税政策が総余剰に与える効果を分析してみよう．**図６－10**を参照されたい．**図６－８**内で社会的外部費用が生じている場合の均衡取引数量はχ^Pであり，社会的外部費用を考慮した場合の生産量はχ^Sである．企業がχ^Sの水準で生産するには，私的限界費用にtの課税を上乗せすればよい．

企業にピグー税がtだけ課せられることにより，私的限界費用は上方にシフトする．シフト後の市場均衡点はE^Sである．このとき，消費者余剰は△AP^SE^S，生産者余剰は□$P^S0\chi^SE^S$から生産費用および，税の支払い金額の大きさ□$P^P0\chi^SE^S$を除いた△$P^SP^PE^S$である．

消費者余剰 ＝	△AP^SE^S
生産者余剰 ＝	△$P^SP^PE^S$

政府は企業から徴収した分の税収を得る．その大きさは課税t×生産量χ^Sに等しいため，□P^PBDE^Sの面積に相当する．外部費用はピグー課税導入後の均衡生産量を基準にして導出される．つまり，それは線分DE^S，社会的限界費用曲線とシフト前の私的限界費用曲線によって囲まれた図形の面積△BDE^Sである．

政府の税収	＝□P^PBDE^S
ピグー課税政策導入後の外部費用	＝□BDE^S

政府の税収は消費者と生産者にすべて還元されるため，総余剰は消費者余剰，生産者余剰と税収を加え，外部費用を差し引くことで求められる．

総余剰 ＝ 消費者余剰 ＋ 生産者余剰 ＋ 税収
　　　－ ピグー課税政策導入後の外部費用
　＝ △AP^SE^S ＋ △$P^SP^PE^S$ ＋ □P^PBDE^S
　　　－ □BDE^S ＝ △ABE^S　　(6.4)

式（6.4）より，課税によって生産水準が引き下げられることにより，汚染による外部費用が抑制されることが分かる．結果的に死荷重が発生せず，総余剰が最大化されるため，資源配分は改善される．課税や数量規制といった方法により，外部不経済や外部経済を市場メカニズムの中に埋め込み，資源配分を効率化することを外部不経済や外部経済の**内部化**という．

6.7 ピグー補助金政策と余剰分析

政府は，正の外部経済を生み出している企業に対しては補助金を付与することで生産拡大を図る．ピグー補助金政策は企業の生産量を増加させ，私的限界費用を下げることで生産者余剰を大きくする．補助金の導入は外部経済を内部化し，資源配分を改善することを確認しよう．

本章の導入部で取り上げた，ショッピングモールを建設しようとしている企業について考えてみよう．ショッピングモールが建設されることにより，消費者が負担する交通費などの機会費用は削減されるものの，企業は多額の建設費用を要する．そこで政府は補助金を拠出し，企業の生産コストを減少させることで，生産者余剰を高めようとする．

ショッピングモールの例では，私的限界費用曲線が社会的限界費用曲線よりも左上に位置し，地域の住民に便益を与えている．この間接的な便益を**外部便益**と呼ぶことにしよう．企業は小さな店舗を建設していれば，アウトレットモールの建設に費やしたコストを生産にあてることができる．つまり，企業は補助金導入前に過小供給しており，正の外部の存在もまた，市場の失敗の一つである．**図6－11**を参照されたい．図中の頭文字 b は前 (before), a は前 (after) を表す．補助金導入前の均衡点 E^b のもと，$\triangle CFE^b$ に相当する外部便益が生じている．消費者余剰と生産者余剰の大きさはそれぞれ $\triangle AP^bE^b$ と $\triangle P^bCE^b$ である．外部便益 $\triangle CFE^b$ は正の余剰であることに注意して総余剰を幾何学的に求めると，

$$
\begin{aligned}
\text{総余剰} &= \text{消費者余剰} + \text{生産者余剰} + \text{外部便益} \\
&= \triangle AP^bE^b + \triangle P^bCE^b + \triangle CFE^b \\
&= \square ACFE^b
\end{aligned}
$$

図６－11　ピグー補助金導入前の余剰分析

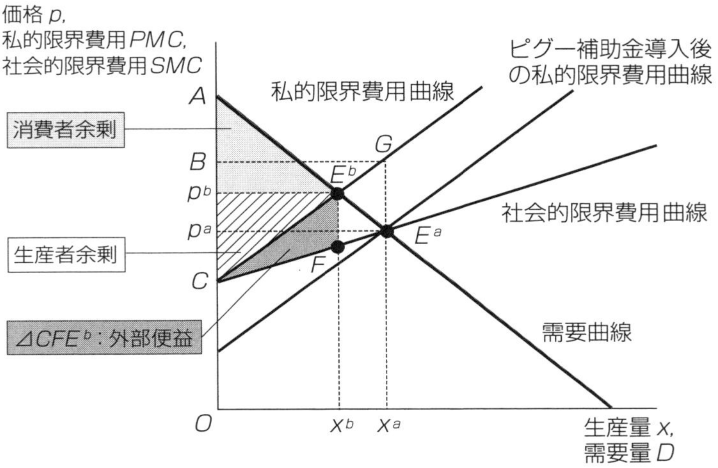

補助金の支給は，外部便益という生産者に還元されるべき資源を内部化し，資源配分を効率化する．

今，政府が企業に補助金 s を支給したとしよう．すると，生産コストの低

図６－12　ピグー補助金導入後の余剰分析

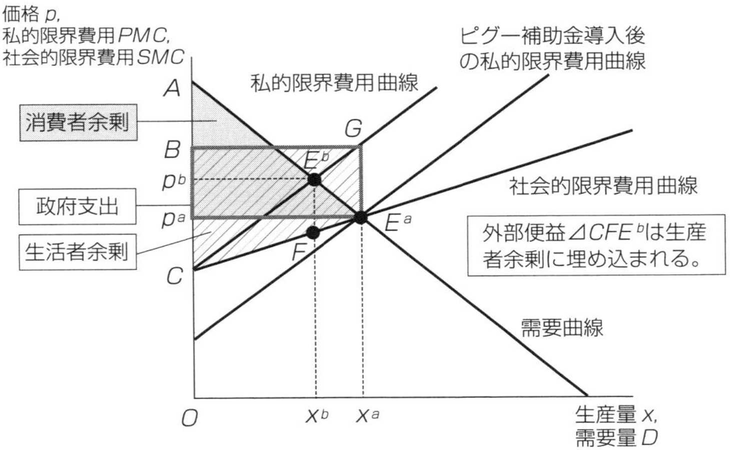

下により，私的限界費用曲線は下方にシフトする．**図6－12**には，私的限界費用曲線が補助金の大きさsだけ下方にシフトする様子が示されている．補助金の給付により，均衡生産量はχ^{b}からχ^{a}に増加する．シフト後の均衡点E^{a}における消費者余剰は△$AP^{a}E^{a}$である．それに対し，シフト後の生産者余剰は□$BCE^{a}G$である．生産者余剰のうち，□$BP^{a}E^{a}G$の部分は政府が補助金給付に費やした支給額の大きさ（政府支出：$s \times \chi^{a}$）と等しく，生産者に賦課された補助金の大きさを表す．補助金の導入により，外部便益△CFE^{b}は，生産者余剰の中に埋め込まれる．ピグー補助金政策はピグー課税政策と同様に外部経済を内部化するのである．外部便益が生産者余剰に埋め込まれたことを踏まえれば，総余剰は消費者余剰＋生産者余剰－政府支出として与えられる．幾何学的に見てみよう．

ピグー補助金導入後の総余剰
＝消費者余剰＋生産者余剰－政府支出
＝△$AP^{a}E^{a}$＋□$BCE^{a}G$－□$BP^{a}E^{a}G$
＝△ACE^{a}

ピグー補助金導入後の生産者余剰□$BCE^{a}G$は導入前の△$P^{b}CE^{b}$と比べ，大幅に増加している．消費者余剰も△$AP^{b}E^{b}$から△$AP^{a}E^{a}$に増加する．つまり，市場全体の資源配分が改善され，総余剰が最大化される．ピグー補助金はパレート最適な資源配分を達成するため，ファースト・ベストな政策と言える．

余剰分析の結果をまとめると，複数の企業が外部不経済を発生させている場合，政府はピグー課税政策を導入し，資源配分の効率化を目指す．一方，複数の企業が正の外部経済を発生させている場合には，ピグー補助金政策を導入することにより，資源配分の効率化を目指す．

事例⑤　正の外部経済に対する補助金

政府が補助金を給付している産業の例を見てみよう．植林や間伐など，林業の森林整備にかかる費用の一部は行政の補助金で賄われている．

森林を管理するには，植林と樹木の育成，そして伐採というプロセスが重要になる．この一連の作業従事者がいなくなれば，森林は荒廃する．ところで林業は正の外部経済をもたらす産業である．森林が荒廃することにより，河川の水質汚濁が生じ，漁獲高も減少する．さらに，山岳地帯においては崖崩れや土砂災害のリスクが高まる．

そこで政府は森林がもたらす社会的便益を林業関係者に還元するため，ピグー補助金を給付するのである．**図6－12**を使って説明すれば，補助金が拠出される前の林業の私的限界費用曲線は社会的限界費用曲線よりも左上に位置している．補助金（s）によって，私的限界費用曲線は下方にシフトする．それにより，林業の生産量はχ^bからχ^aに増加する．このとき，消費者余剰は△AP^aE^a，生産者余剰は□BCE^aGである．政府は補助金□BP^aE^aGを支出しており，総余剰は結果的に△ACE^aとなる．外部経済の大きさを実際に求めたデータも存在する．森林管理によって水や空気が清浄化され，土砂災害を抑止する効果を**公益的機能**と呼ぶ．日本学術会議が2001年に森林のもつ公益的機能の評価額を試算したところ，年間70兆2638億円に上る．

このように経済理論上，補助金は生産者余剰を高め，生産拡大に寄与する．

参考ホームページ：日本学術会議，「地球環境・人間生活にかかわる農業及び森林の多面的な機能の評価について(答申)」http://www.scj.go.jp/ja/info/kohyo/division-5.html 取得日2011年11月．

練習問題6－1

χを財の生産量とし，Pを財の価格であるとする．ある企業の私的限界費用関数が

$$PMC(\chi) = 5 + \chi$$

で与えられている．この企業は，財を1単位生産するごとに大気汚染として限界損失を6だけ発生させる．また市場の需要関数は

$$P(\chi) = 20 - 2\chi$$

で与えられている．政府は企業に課税することにより，資源配分の効率化を目指す．最適な課税額，生産者余剰，消費者余剰，税収入と総余剰を求めよ．

［執筆者によるオリジナル問題］

練習問題 6 − 2

ある財に対する完全競争市場の需要関数は

$$d = 30 - 2p$$

で与えられている．ただし，d は財の需要量，p は価格である．企業がこの財を追加的に 1 単位生産するのに必要な限界費用は 5 で一定とする．また，この財を追加的に 1 単位生産すると，大気汚染によって 3 の社会的限界損失が生じるとする．以下の 1 〜 5 のうちから，市場の自由な取引に委ねた場合の総余剰を選択せよ．

1. 30　　2. 40　　3. 50　　4. 60　　5. 70

［国家一般職［大卒］平成 26 年度出題問題を改変］

第 7 章

公共財の最適供給

7.1　排除性と競合性に基づく財の区分

読者は学校や会社へ通勤する際，電車内で乗客が静寂を保つ光景をよく目にしておられるだろう．電車内が静寂に包まれることで，乗客は全員，同じだけの快適な移動時間を過ごすことができる．ここで，ある乗客が電車内の静寂というサービスを消費したとしても，他の乗客の消費量が減少しないことに注目しよう．あらゆる消費者が同時に同量の財・サービスを享受できる場合，その財・サービスは**非競合的**であるという．一方で，大声でおしゃべりをする乗客がいたとしても，静寂を保つ“サービスの市場”（この例では電車内）から追放することはできない．このように，対価を支払わない市場参加者を排除できない財・サービスは**非排除的**であるという．非排除的であり，かつ非競合的である財・サービスを**公共財**と呼ぶ．電車内で静寂を保つというサービスは公共財である．

一方，誰かの消費によって他の人の消費が減少するものの，費用を支払わない市場参加者を排除できる財・サービスを**私的財**と言う．本章までに紹介してきたモデルでは，市場で私的財が取引されるケースを対象としてきた．市場の失敗が生じる原因の1つとして，公共財が取引される場合がある．

第1章の事例②で取り上げた，政府（または漁業組合）が管理していない漁場の例を考えてみよう．ある漁業者は，他の漁業者が漁場にアクセスすることを阻止できない．また，ある漁業者の漁によって他の漁業者の漁獲量は減少する．このように非排除的であり，競合的な財・サービスを**共同プール財**という．今度は事例④で取り上げた高速道路について考えてみよう．料金を支払わない人は高速道路にアクセスできない．ただし料金を負担する人はどこでも移動可

表７－１　競合性と排除性に基づく財の区分

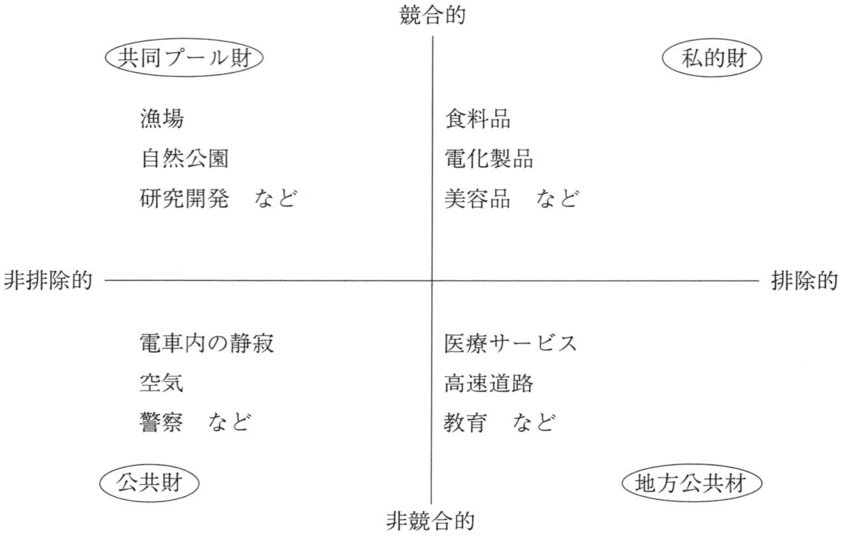
競合的
共同プール財
私的財
漁場
自然公園
研究開発　など
食料品
電化製品
美容品　など
非排除的
排除的
電車内の静寂
空気
警察　など
医療サービス
高速道路
教育　など
公共財
地方公共材
非競合的

能であり，誰かの利用によって，他のドライバーの利用が妨げられることはない．排除的であり，非競合的な財・サービスを**地方公共財**と呼ぶ（**表７－１**を見よ）．

共同プール財と地方公共財を合わせて**準公共財**と呼ぶ．地方公共財は私的財と同様，競争市場で取引することにより効率的な資源配分を達成できる．次節では，その理由を説明する．

7.2　地方公共財の市場取引

地方公共財の例として映画を取り上げる．映画は全消費者が同時に同量だけ消費可能なサービスである．ただし，誰が最初に映画を供給するのかという問題がある．映画を需要する消費者は多数存在する．そこで，映画のフィルム代金が３万円であり，消費者全員の映画に対する支払意思額の合計が10万円であったとしよう．消費者のうち１人がフィルムを３万円で購入し，他の消費者に無償で貸出せば，社会全体としては望ましい状態になる（ただし，ここではフィルムに付随する著作権は省略して考える）．多くの消費者にとって望ましい外部便益が生じるのである．しかしフィルムは高額であり，貸し出すことによる収益が期待できなければ誰も購入しようとしない．

そこでレンタルビデオショップのように，他の消費者に対し低額で貸し出すことを前提にフィルムを購入する消費者が登場する（ただし，貸し出す際は生産者でもある）．こうして映画フィルムが貸し出されることにより，すべての市場参加者が満足する状態，つまり効率的な資源配分が達成される．この貸し出しを**利用権取引**や**所有権と利用権の分離**と呼ぶこともある．映画フィルムを購入した消費者は所有権をもち，彼（彼女）は映画を見る権利を利用権として販売するのである．

地方公共財が取引されることで正の外部経済が生み出されるものの，これは市場（この例では利用権取引市場）で内部化可能であるため，市場の失敗が生じるとは限らない．

7.3　非排除性とフリーライダー問題

非排除性をもつ財が取引される場合，市場の失敗が生じやすい．非排除性をもつ財は対価を支払おうとしない消費者の利用を阻止できない．そのため，意図的に対価を支払おうとしない**フリーライダー**が登場する傾向がある．山間部に住んでいる人々を想像してみよう．彼らは冬季に雪かきを迫られる．雪かきは自宅前の道路（公道）を車が通行できるよう，隣接する住民が相互自発的に実施するサービスである．すると，その中から「どうせ他の人が労力を負担してくれるなら，わざわざ雪かきする必要はない（労働コストを負担したくない）」と考える人々が現れる．彼らは労働コストを負担することなく道路を利用するため，フリーライダーである．

フリーライダーの人数が増加するにつれ，人々は対価を負担するインセンティブを失い，財の供給量は減少する．非排除性をもつ財が取引される市場は，フリーライダーの存在により，効率的な資源配分が実現しにくく，市場の失敗が生じやすい.

特に公共財は非競合性と非排除性が強く，利益を生み出すことが難しいため，政府が供給することになる.

7.4 リンダール・メカニズム

非競合性の存在は，公共財の取引を難化させる．そこで政府は“疑似的な市場”を想定し，それぞれの消費者にとって最適な公共財供給量を定めようとする．そのためには，各消費者の公共財の便益水準に応じて費用負担額を割り振り，効率的な資源配分を実現する方法が用いられる．これを，**リンダール・メカニズム**と言う．本節ではリンダール・メカニズムの考え方について紹介する.

第6章に続き，消費者の効用を便益と呼ぶことにする．複数の消費者 $i(i = 1, 2, \cdots, n)$ が公共財取引に参加していると仮定する．各消費者 i の公共財供給量を g_i と書き，$G > 0$ を公共財の総供給量であるとする：$G = g_1 + g_2 + \cdots + g_n$. また χ_i を消費者 i の私的財消費量であるとする．消費者の便益は，公共財と私的財の消費によって高まるとする．そこで，消費者 i の便益関数を $u_i(\chi_i, G)$ と書けば，社会全体の総便益関数は式（7.1）のように各消費者の便益の和で与えられる[20].

$$u_1(\chi_1, G) + u_2(\chi_2, G) + \cdots + u_n(\chi_n, G) \tag{7.1}$$

次に各個人の予算制約について考えよう．消費者 i の所得を I_i と書き，私的財の価格を $P_i(i = 1, 2, \cdots, n)$ と書く．また公共財の生産関数を $C(G)$ と書く．以下では話を簡単にするため，各消費者の所得水準は同一であるとする．つまり，すべての $i = 1, 2, \cdots, n$ に対して $I_i = I$ とする.

各消費者は所得をすべて公共財と私的財の消費にあてると仮定する．彼らは，公共財の需要量を政府に申告する．政府は，その申告に基づいて消費者 i の費用負担割合を提示する．そこで，i の負担金額を P^g_i と書く．ただし各消費者の負担金額は負担割合として計算されることから，次の条件が満たされるとす

20　ここで各消費者が公共財を消費することで得る便益は，社会全体でどの程度の公共財が供給されているかに依存するため，便益関数の定義域は，$\chi_i \in R_+$ と $G \in R_+$ の直積集合で表されている.

る．

$$P^g_1 + P^g_2 + \cdots + P^g_n = 1,\ \text{各}\ i\ \text{に対し}\ P^g_i \geq 0$$

一方，すべての消費者の私的財価格を１で統一する．つまり，すべての i に対して $P_i = 1$ とする．以上より，消費者 i の予算制約式は

$$\chi_i + P^g_i C(G) = I,\ i = 1, 2, ..., n \tag{7.2}$$

として与えられる．

我々のゴールは，式（7.2）の条件下で，各消費者の便益を最大にする（$(P^{g}_1{}^*, ..., P^g_n{}^*)$，$(\chi^*_1, ..., \chi^*_n, G^*)$）を導出することである．これを**リンダール均衡**と呼ぶ．リンダール均衡は，各消費者の便益最大化問題を解くことによって求められる．以下では，具体例を使いながら，便益最大化問題の定式方法に慣れよう．

例７－１

２人の消費者（$i = 1, 2$）が公共財を需要しているとしよう．各消費者は公共財を消費するための費用を負担し，それぞれ便益を受ける．消費者 $i(i = 1, 2)$ の私的財消費量を $\chi_i > 0$，公共財消費量を $g_i > 0$, $g_1 + g_2 = G$ と書く．消費者１の便益関数を $u_1(\chi_1, G) = \chi_1 G^2$，消費者２の便益関数を $u_2(\chi_2, G) = \chi_2 G$ で特定化する．２人の便益関数を見比べると，消費者１は公共財の消費に対する選好が強いことが分かる．また彼らの予算はそれぞれ $I = 30$ で等しいとし，公共財の費用関数は $C(G) = G$ で与えられているとする．

公共財の負担価格を P^g_i, $i = 1, 2$, $P^g_1 + P^g_2 = 1$ と書けば，彼らの予算制約式は式（7.3）のように簡単化される．

$$\text{消費者１の予算制約式：}\ \chi_1 + P^g_1 G = 30$$
$$\text{消費者２の予算制約式：}\ \chi_2 + P^g_2 G = 30 \tag{7.3}$$

したがって，次の便益最大化問題を解くことにより，すべての消費者 $i = 1, 2$ にとって最適な公共財の負担価格（$P^g_1{}^*, P^g_2{}^*$），私的財の消費水準（$\chi_1{}^*, \chi_2{}^*$）および公共財供給量 G^* が導出される．

$$\text{［消費者１］}\quad \max_{\chi_1, g_1}\ \chi_1(g_1 + g_2)^2 \quad s.t.\ \ \chi_1 + P^g_1 G = 30$$

$$\text{［消費者２］}\quad \max_{\chi_2, g_2}\ \chi_2(g_1 + g_2) \quad s.t.\ \ \chi_2 + P^g_2 G = 30 \tag{7.4}$$

7.5　サミュエルソン条件

ここで n 人の消費者の合計便益，つまり社会的便益を最大化する公共財供給量について考えよう．この場合，以下の問題の答え G^* を求めることになる．

$$\max_{G} u_1(\chi_1, G) + u_2(\chi_2, G) + \cdots + u_n(\chi_n, G)$$
$$s.t. \quad \chi_1 + P^g{}_1 C(G) = I,$$
$$\chi_2 + P^g{}_2 C(G) = I,$$
$$\vdots$$
$$\chi_n + P^g{}_n C(G) = I,$$
$$g_1 + g_2 + \cdots + g_n = G,$$
$$P^g{}_1 + P^g{}_2 + \cdots + P^g{}_n = 1 \qquad (7.5)$$

式（7.6）は，一見複雑であるが，何（社会的便益を最大化するような G^*）を，どのような条件下（必要な条件は，$s.t.$ 以下にすべて表示されている）で導出するのかを主張しているだけである．実行することと，付帯条件が明確化されている宣言文に過ぎないと思っていただきたい．

第3章で効用最大化条件を用いて，最適な余暇と消費の組み合わせを求めたことを思い出したい．同じように，ここでは，各消費者 i の最適な公共財の負担割合，私的財消費量および公共財の組み合わせを求めるのである．そのためには，各消費者が公共財の消費からどの程度便益を受けているか特定する必要がある．そこで，消費者 i の**私的限界便益**（privately marginal benefit of customer i：PMB_i）を導入する．それは，消費者 i が公共財を消費することで得る限界的な便益と私的財を消費することで得る限界便益との交換比率を計算したものである．数式で表せば

$$PMB_i(G) = \frac{\partial u_i(\chi_i, G)}{\partial G} \Big/ \frac{\partial u_i(\chi_i, G)}{\partial \chi_i}, \; i = 1, 2, ..., n \qquad (7.6)$$

である．なお私的限界便益関数は，消費者 i の公共財の需要関数とは別ものであることを断っておく．

第3章で説明した効用最大化条件と同じように考えて，消費者 i の便益最大

化条件は，私的限界便益関数 $PMB_i(G)$ と公共財・私的財の価格比が一致するようにして求められる．

式（7.5）の予算制約式を書き換えて

$$\chi_i = I - P^g{}_iC(G), i = 1, 2, ..., n, P^g{}_1 + P^g{}_2 + \cdots + P^g{}_n = 1 \qquad (7.7)$$

MRT_i は，式（7.7）の予算制約の傾きであるから，価格比 $= \partial\chi_i / \partial G = P^g{}_iC'(G)$ と計算できる．この価格比は，消費者 i が同一の価格比を保ったまま公共財（私的財）の消費を増やす（減らす）ためには，私的財（公共財）の消費を何単位減らす（増やす）必要があるかを示しており，**限界変形率**（marginal rate of transformation of consumer i：MRT_i）と呼ばれる．つまり，$MRT_i = P^g{}_iC'(G)$ が成立する．さらに，第 4 章で説明したように，費用関数の導関数 $C'(G)$ は公共財の限界費用関数と一致することを思い出したい（$C'(G) = MC(G)$）．以上をふまえると，消費者 i の便益最大化条件（7.8）を得る．

$$PMB_i(G) = MRT_i = P^g{}_iMC(G), i = 1, 2, ..., n \qquad (7.8)$$

社会的便益最大化条件は，各消費者の便益最大化条件式（7.8）を足し合わせることで与えられる．

$$\begin{aligned} PMB_1 + \cdots + PMB_n &= MRT_1 + \cdots + MRT_n \\ &= P^g{}_1MC(G) + \cdots + P^g{}_nMC(G) \\ &= (P^g{}_1 + \cdots + P^g{}_n)MC(G) = MC(G) \end{aligned}$$

$P^g{}_nMC(G)$ は消費者 i の限界費用関数であり，他方，$MC(G)$ は社会全体の限界費用関数である．公共財の最適供給条件は，各消費者の私的限界便益関数の和が，公共財の限界費用関数と等しくなる，すなわち

$$PMB_1 + \cdots + PMB_n = MC(G) \qquad (7.9)$$

で与えられる．式（7.9）を**サミュエルソン条件**と言う．

サミュエルソン条件によって導出された社会的限界便益と公共財供給量の組み合わせは社会的に望ましい資源配分を実現する．次節では，それを図式的に確認しよう．

7.6　サミュエルソン条件下での便益分析

便益最大化問題（7.5）を考える[21]．ただし，消費者は２人であるとする（$i = 1, 2$）．彼らは私的財 χ_i と公共財 g_i を消費することにより便益を得る．**図７－１**の左端には，（g_1, PMB_1）平面上に消費者１の私的限界便益曲線が描かれており，中央には（g_2, PMB_2）平面上に消費者２の私的限界便益曲線が描かれている．以下では，消費者１と消費者２の私的限界便益関数の和 $PMB_1(G) + PMB_2(G)$ を**社会的限界便益**（socially marginal benefit：SMB）と呼ぶことにする．**図７－１**の右端には，（G, SMB）平面上に社会的限界便益曲線が示されている．図に見られるとおり，各消費者の私的限界便益を縦軸方向に加えることで，社会的限界便益が求められる．第３章で紹介した社会全体の需要関数は，各消費者の需要量を横軸方向に加えており，別ものであるから混同しないよう注意されたい．**図７－１**内の右端の図に限界費用曲線を加え，**図７－２**として表示する．**図７－２**を眺めると，サミュエルソン条件によって導出された最適公共財供給量と社会的便益の関係が分かる．

図７－２内で最適な公共財供給量は，SMB と MC の交点 E に対応する G^*

図７－１　消費者１と２の私的限界便益曲線，社会的限界便益曲線

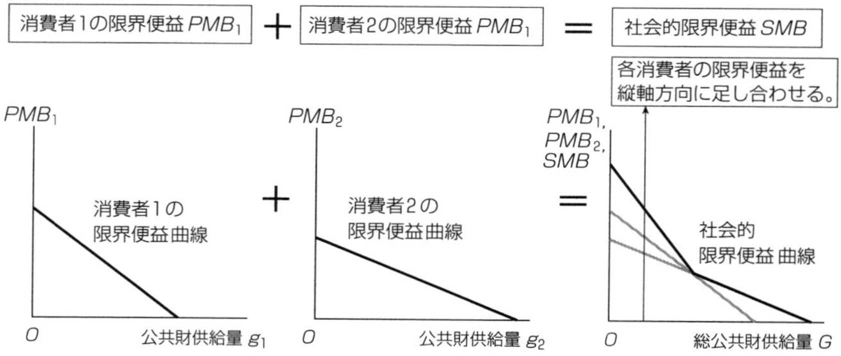

21　本節の分析方法は，多和田（2005）*pp.*195-200 を参考にしている．

図７－２　最適な公共財供給量は G^* である

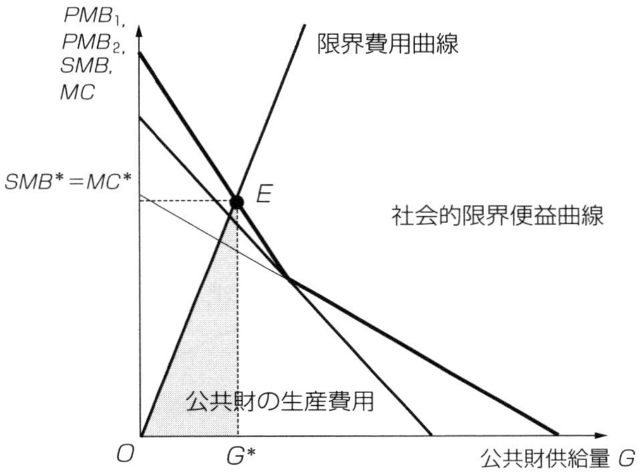

である．限界費用曲線の下側の図形の面積は，生産費用を表すことを思い出そう．**図７－２**内の陰影部は，公共財を G^* 単位生産するのに必要な費用を表す．生産費用を S で表せば，三角形の面積公式より

$$S = SMB^* \times G^* \div 2 = \frac{SMB^* \times G^*}{2}$$

である．S のうち消費者１が負担する大きさは $SMB^* \times G^* / 2 \times P^g_1$ であり，消費者２が負担する大きさは $SMB^* \times G^* / 2 \times P^g_2$ である．これらの負担の大きさは，$(P^g_1,\ P^g_2)$ の値に応じて変化し，各消費者は，公共財を消費するだけ費用を負担しなければならないのである．

ここでは，消費者１と２の消費者余剰と生産者余剰を合計した総余剰を社会的便益と呼ぶことにしよう．**図７－３**を見られたい．最適な公共財供給量は G^* で与えられ，均衡点は，$E = (G^*,\ SMB^*)$ である．消費者１と２が公共財を G^* 単位供給する場合に生み出される社会的便益の大きさは，社会的限界便益曲線の下側の面積□ $A0G^*E$ である．一方，公共財の生産費用は□ $0G^*E$ であることから，社会的便益から生産費用を除いた**純社会的便益**の大きさは△ $A0E$ である．

図7－3　公共財の最適供給条件下での便益分析

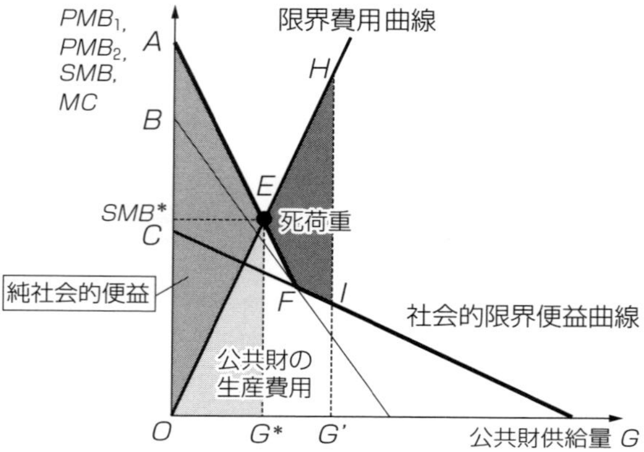

$$\text{純社会的便益} = \text{社会的便益} - \text{生産費用}$$
$$= \square A0G^{*}E - \square 0G^{*}E = \triangle A0E \qquad (7.10)$$

公共財が G^* よりも過剰に供給されているケースでは資源配分が非効率的であることを確認しよう．例えば，$G'(G' > G^*)$ だけ供給されている場合，△ $EFIH$ の死荷重が生じる．効率的な資源配分を実現するためには，式（7.7）を満たす G^* の水準まで引き下げなければならない．

7.7　リンダール均衡

前節では，サミュエルソン条件から導出された均衡では，パレート最適な資源配分が実現することを述べた．本節では，リンダール均衡がサミュエルソン条件を満足することを便益最大化問題（7.4）を使って説明しよう．便益最大化問題をもう一度掲示する．

［消費者 1］　$\max\limits_{\chi_1, g_1} \ \chi_1(g_1 + g_2)^2$

$\quad s.t. \quad \chi_1 + P^{g}{}_1 G = 30$

［消費者 2］　$\max\limits_{\chi_2, g_2} \ \chi_2(g_1 + g_2)$

$\quad s.t. \quad \chi_2 + P^{g}{}_2 G = 30$

ただし，$P^{g}_{1} + P^{g}_{2} = 1$. まず，各消費者にとって最適な私的財消費量と，最適な公共財需要量を求める．そのためには，第３章で説明した効用最大化条件を用いればよい．

$$\partial u_1(\chi_1, G) / \partial \chi_1 = (g_1 + g_2)^2 = G^2,$$
$$\partial u_1(\chi_1, G) / \partial g_1 = 2\chi_1(g_1 + g_2) = 2\chi_1 G$$

であるから，次にようになる．

$$MRS = \partial u_1(\chi_1, G) / \partial \chi_1 / \partial u_1(\chi_1, G) / \partial g_1$$
$$= (g_1 + g_2) / 2\chi_1 = G / 2\chi_1$$

価格比は，予算制約式の傾きであるため，

$$G_1 = 30\frac{1}{P^{g}_{1}} - \frac{1}{P^{g}_{1}}\chi_1 \qquad (7.11)$$

より，

$$価格比 = -\left(-\frac{1}{P^{g}_{1}}\right) = \frac{1}{P^{g}_{1}}$$

となる．便益最大化条件は MRS = 価格比であるから，

$$\frac{G}{2\chi_1} = \frac{1}{P^{g}_{1}}$$

χ_1 について整理すれば，$\chi_1 = GP^{g}_{1} / 2$ であるから，式（7.11）の χ_1 に代入し，P^{g}_{1} について解けば次のようになる．

$$P^{g}_{1} = \frac{20}{G}$$

同じようにして，消費者２の便益最大化問題を解くことで，

$$P^{g}_{2} = \frac{15}{G}$$

を得る．$P^{g}_{1} + P^{g}_{2} = 1$ であるから，

$$P^{g}_{1} + P^{g}_{2} = \frac{20}{G} + \frac{15}{G} = \frac{35}{G} = 1$$

よって，$G^* = 35$. このことから，公共財の負担割合は $P^{g}_{1}{}^* = 20 / 35 = 4 / 7$ および $P^{g}_{2}{}^* = 15 / 35 = 3 / 7$ と導出される．したがって，消費者１と２の

公共財の負担割合が４：３となるように割り振ればよい．最後に$\chi_1 = GP^{g_1}/2$であるから，

$$\chi^*_1 = 35 \times \frac{4}{7} \times \frac{1}{2} = 10$$

となる．同じようにして，$\chi^*_2 = 15$．以上より，リンダール均衡は$R = ((4/7, 3/7), (10, 15, 35))$である．この均衡が，パレート最適な資源配分を実現することを確かめよう．サミュエルソン条件の出番である．

まず各消費者の私的限界便益$PMB_i (i = 1, 2)$を計算する．上で計算したように$\partial u_1(\chi_1, G)/\partial g_1 = 2\chi_1 G$および$\partial u_1(\chi_1, G)/\partial \chi_1 = G^2$であるから，式（7.6）を適用し，$PMB_1 = 2\chi_1/G$である．同様に$PMB_2 = \chi_2/G$である．一方，限界費用関数は$MC(G) = C'(G) = 1$であり，サミュエルソン条件（7.9）を用いれば，リンダール均衡Rでは

$$PMB_1 + PMB_2 = 2\frac{\chi^*_1}{G^*} + \frac{\chi^*_2}{G^*} = 2\frac{10}{35} + \frac{15}{35} = 1 = MC(G) \quad (7.12)$$

が成立する．したがって，リンダール・メカニズムは，社会的に望ましい資源配分を達成することが確認できた．

本節の最後に，リンダール・メカニズムの限界について述べる．リンダール・メカニズムを適用して各消費者の費用負担割合を決定する場合，各消費者は生産費用の負担割合が０に近いほど効用を高められる（これについては本章の練習問題７－１で確認する）．そのため，リンダール・メカニズムを適用して公共財を供給すると，費用負担を免れようと便益を過少申告するフリーライダーが現れる．リンダール・メカニズムを実際の政策に適用した場合，効率的な資源配分が達成される可能性は低いのである．

事例⑥　森林環境税 ― リンダール・メカニズムを政策に適用した実例

リンダール・メカニズムに基づいて公共政策が実施されることはあるのだろうか．ここでは，地方自治体が徴収している森林環境税について紹介する．地方公共団体は森林整備費用として森林環境税を地域住民に求める．

第6章で森林が外部便益を生み出すことを説明した．漁業者や地域の住民など，多くの人々が森林から間接的に便益を受けている．しかし，森林の恩恵に対して費用を支払っている人はいないだろう．森林の公益的機能に関しては，ほとんどの人が（意図しようとしまいと）フリーライダーなのである．

森林の公益的機能は適切な管理を前提とするため，森林整備事業を担う公共団体は，費用の一部を「森林環境税」として住民に求めることでフリーライドを抑止しようとする．森林を多く保有する公共団体ほど，森林整備費用が高いと考えられる．そのため，住民はより多くの税金を負担する必要がある．

例えば，高知県では個人でも，法人でも年間500円であるのに対し，兵庫県では，個人は年間800円，法人は標準税率の均等割額の10％相当額と定められている．リンダール・メカニズムを正確に林業応用するのは難しいものの，その考え方を取り入れた林業政策は各地で実施されている．

参考ホームページ：緑のgoo「森林環境税」Q＆A解説：http://www.goo.ne.jp/green/business/word/Nature/S00231_ga.html2017年8月2日閲覧．

7.8　公共財の供給と囚人のジレンマゲーム

前節まで，公共財の供給にはフリーライダー問題が伴い，効率的な資源配分が達成されにくいことを見てきた．この問題はミクロ経済学のみならず，**ゲーム理論**の世界でもよく知られている．本節ではゲーム理論を用いて，人々が集団で意思決定した結果，全員がフリーライドする状態が社会に定着しやすいことを説明しよう．

ゲーム理論とは，人々が経済的・社会的交流（社会的相互作用という）を通し，最善の行動を選択した場合に，彼らにとって望ましい結果が実現するかどうかを分析する数学的方法である．ここで最善の行動とは，自分の利益を最大化する行動のことを言う．

読者が東京にお住まいならば，エスカレーターで左側に搭乗されるであろう．一方，大阪にお住いであれば，右側に搭乗するであろう．それは，他の人々もそうするから，自分自身もそうするとういう理由に基づいてはいないだろうか．このエスカレーターの例のように，人々が相手の取る行動を考慮して意思決定することにより，ある社会的な結果が実現する（例えば，エスカレーターで皆が同じ列に並ぶことにより，全員が便益を得る）状況を**ゲーム的状況**という．

ゲーム的状況を分析するには，誰（意思決定をする**プレイヤー**）が，何（エスカレーターで右と左，いずれに搭乗するのかという**戦略**）をした結果，どのような状況（ゲーム理論では，プレイヤーが意思決定をすることで得る金銭的・物質的な利益のことを効用の代わりに**利得**と呼ぶ．）が実現するのかを明確にする必要がある．

プレイヤーと戦略，利得が明示されるとゲームが定式化できる．以下では，M と H という 2 人プレイヤーからなるゲーム的状況を考える．プレイヤーの集合を $i \in \{M, H\}$ と書く．彼らは，ともに同じ電車に乗り合わせており，快適な時間を過ごしたいと考えている．この場合，彼らの取るべき行動としては，他の乗客の静かな時間を消費したいという気持ちを考慮し，静寂を保つ，つまり協力する（cooperation：C）か，時間がないために移動先の上司と連絡を取ろうと携帯電話を掛け，周りの乗客に背くか（defection：D）である．このゲームを静寂キープゲームと呼ぼう．各プレイヤーの戦略を S_i $(i \in \{M, H\})$ と書こう．ただし，S は戦略（strategy）の頭文字である．M の選択可能な戦略は $S_M = C$，または $S_M = D$ である．同様に H の選択可能な戦略は $S_H = C$，または $S_H = D$ である．なお，これらの戦略を集合を用いて表記するならば，$S_k \in \{C, D\}$，$k \in \{M, H\}$ である．これを**戦略集合**と呼ぶ．

2 人が電車内で静寂を保った状態で移動すれば，お互いに快適な時間を過ごすことができる（この場合，$S_M = C$，$S_H = C$ である）．このケースで，各プレイヤーの得る利得はそれぞれ 2 であるとしよう．しかし，どちらか片方のプレイヤーが（ここでは M としよう）仕事先に電話を掛けた場合（つまり $S_M = D$），彼は仕事が進み，静寂を保つよりも大きな利益を得る．なぜならば，静かな電車の中では自分の声が連絡先の相手によく届くためである．他方，静寂を保ち続けたプレイヤーは，騒音によって精神的損害を受ける．この場合，M の得る利得を 3，H の受ける利得を 0 としよう．それとは対照的に M が C(静寂）をとり，H が D(携帯電話）をとる場合，M の利得は 0，H の利得は 3 であるとしよう．お互いに仕事先に電話をする場合には，電車内に騒音が響き渡

表７－２　静寂キープゲームの利得表

		プレイヤー H の戦略	
		C	D
プレイヤー M の戦略	C	2，2	0，3
	D	3，0	1，1

り，不快な状態で連絡を取ることになる．このケースで両プレイヤーは，それぞれ１の利得を得るとする．

このように，各プレイヤーが意思決定をした結果，互いに利得を得る．そこで，プレイヤー i の利得を（利得も効用 u と概念上大差はないため）$u_i(Si, S_j)$（$i, j \in \{M, H\}$. ただし，$i \neq j$）と書こう．また，M と H がそれぞれに選択した戦略の組み合わせを**戦略プロファイル**と呼ぶことにしよう．このゲームの戦略プロファイルは，(C, C)，(C, D)，(D, C)，(D, D) である．ただし，各プロファイルの左側の記号は M のとる戦略であり，右側の記号は H のとる戦略を表す．

以上の状況を基にすれば，M が C をとるときの利得は，$u_M(C, C) = 2$，および $u_H(C, D) = 0$ と表すことができる．同じように，H が C をとるときの利得は，$u_H(C, C) = 2$, $u_H(C, D) = 0$ である．また彼らが D をとるときの利得は，$u_M(D, C) = 3$ かつ，$u_H(D, C) = 3$ および $u_M(D, D) = 1$ かつ $u_H(D, D) = 1$ である．これを表にして，視覚化したものを**利得表**と呼ぶ．**表７－２**には，このゲーム的状況における利得表が示されている．左側の縦の列には M のとる戦略が書かれており，横の列には H のとる戦略が書かれている．また各成分には２つの数字が並べられており，右側は M の利得，左側には H の利得が示されている．

M と H は都会に住んでおり，生涯に二度以上出会う可能性は少ないとする．

表７－３　静寂キープゲームの最適反応戦略とナッシュ均衡

── *M* の最適反応戦略
---- *H* の最適反応戦略

		プレイヤー *H* の戦略	
		C	*D*
プレイヤー *M* の戦略	*C*	2, 2	0, 3
	D	3, 0	1, 1

ナッシュ均衡は(*D*, *D*)

この場合，２人が自分の利益を追求すると，お互いにとって望ましい結果が導かれるのであろうか．その結果のことを**ナッシュ均衡**と言い，ナッシュ均衡を求めるには**最適反応戦略**という概念が必要になる．ナッシュ均衡は，ゲームに参加している各プレイヤーが，相手が戦略を変更しない限り，お互いに戦略を変更するインセンティブをもたない状態である．その名称は，ノーベル経済学賞を受賞した *J.* ナッシュにちなむ．最適反応戦略とは，相手の各戦略に対して最善の利得を得られるような戦略のことであり，すべてのプレイヤー（例えば *M* と *H*）が互いに最適反応戦略を取っている状態がナッシュ均衡である．

表７－２の利得表を参照しつつ，このゲームにおけるナッシュ均衡を求めてみよう．そのために，*M* と *H* のいずれかのプレイヤーの戦略に注目する．まずは *M* の戦略に着目しよう．読者は *M* の立場に立って考察されたい．*H* が電車内の静寂を保つ場合，彼に背いて電話をすれば，よりよい利得を得られる．つまり，*H* の *C* に対する *M* の最適反応戦略は *D* である．**表７－３**のように，左下セルの左側の数字の下に *M* の最適反応を表す下線を引こう．一方，*H* が電話を掛ける場合はどうであろうか．*M* は不快な思いをするくらいなら電話を掛けようとする（そうすることで，彼はより高い利得を得る）．つまり，*H* の *D* に対する *M* の最適反応戦略もまた *D* である．そこで右下セルの左側の

数字の下に M の最適反応を表す下線を引こう．

今度は H の立場に立って同じように考えよう．すると，M の C に対する H の最適反応戦略は D であり，M の D に対する H の最適反応戦略も D である．そこで，図のように右上セルの右側の数字の下と，右下セルの右側の数字の下に H の最適反応を表す破線を引こう．M と H が互いに最適反応戦略をとる状態，すなわち，(D, D) がこのゲームのナッシュ均衡である．ここでナッシュ均衡の定義を数学的に表示しよう．

定義７－１

２人プレイヤー $i, j(i \neq j)$ からなる，K 個の戦略をもつゲームにおいて，戦略プロファイル (S_i^*, S_j^*) がナッシュ均衡であるとは，i, j の，どの戦略 S_i，S_j に対しても以下の不等式が満たされる場合である．

$$u_i(S_i^*, S_j^*) \geq u_i(S_i, S_j^*),$$
$$u_j(S_j^*, S_i^*) \geq u_j(S_j, S_i^*) \quad (7.13)$$

この定義は少々複雑に見えるが，先ほど静寂キープゲームで実行した，下線を引く作業を数学的に述べているだけである．式（7.13）は，両プレイヤーの最適反応戦略を導出するための条件であり，その組み合わせ (S_i^*, S_j^*) がナッシュ均衡である．

定義７－１において，式（7.13）が等号も認めていることに注意したい．例えば，２人プレイヤー $i, j(i \neq j)$ からなる２戦略ゲームを考える．それらの戦略を A，B と書けば，$S_i \in \{A, B\}$ および $S_j \in \{A, B\}$ である．両プレイヤーがともに A をとるケースと，プレイヤー i が戦略 A をとり，プレイヤー j が戦略 B をとるケースに注目しよう．プレイヤー i にとって，A と B を選択することが無差別（同程度に望ましい）である，つまり

$$u_i(A, A) = u_i(B, A)$$

である場合，プレイヤー j の戦略 A に対するプレイヤー i の最適反応戦略は A と B の２つである．このように，ある戦略に対する最適反応戦略は複数あり得るため，ゲームによってはナッシュ均衡が１つ以上存在する場合がある（これを複数均衡という）．また，ナッシュ均衡が存在しないゲームもある（ただし，

混合戦略という戦略概念を導入すれば，どのようなゲームにもナッシュ均衡が存在する．混合戦略に関しては割愛するため，ゲーム理論の専門書を参照されたい）．

静寂キープゲームでは，両プレイヤーが電車内で騒音を立てる状態（*D, D*）がナッシュ均衡である．再び**表7－3**を参照されたい．各戦略プロファイル内の*M*と*H*の利得を足し合わせると，（*C, C*）では4，（*C, D*），（*D, C*）では3，そして（*D, D*）では2である．したがって，*M*と*H*が互いに静寂を保つならば，両者の利得の合計が最大化され，社会的に望ましい状態が実現する．つまり，戦略プロファイル（*C, C*）ではパレート最適な状態が実現する．ナッシュ均衡は社会的に定着しやすい状態であるが，それが必ずしもパレート最適な状態であるとは限らないのである．各プレイヤーが利得を高めるべく，合理的な選択を行った結果，（それよりもよい状態があるにもかかわらず）誰にとっても望ましくない状態が実現するため，静寂キープゲームは社会的ジレンマ状況を示している．

静寂キープゲームは，一般に**囚人のジレンマゲーム**と呼ばれる．公共財の供給は，公共財の生産に協力するか（*C*），しないか（*D*）という2つの戦略からなる囚人のジレンマゲームであり，誰かが自分の代わりに費用を負担してくれるのであれば，全てのプレイヤーがそれに便乗しようとする．結果的に，公共財はまったく供給されず，社会的に非効率な状態になる．囚人のジレンマゲームは，経済学のみならず，生物学，心理学でも研究されている，興味深いテーマである[22]．

ところで，電車やバスで通勤すると，静寂を乱す乗客もいれば，静寂を保つ乗客がいる光景も目にする．それはなぜであろうか．その理由の1つとして，静寂を乱す乗客は，他の乗客と二度と同じ電車内で出会うことがないと考えているからである（我々のモデルでは，*M*と*H*が一度しかゲームをプレイしていない）．例えば*M*が電話をしている姿を何度も他の乗客に観察される（同じ

---

22 「囚人のジレンマゲーム」と呼ばれる理由については，*Core econ* Economics *for changing world unit* 4：*http://www.core-econ.org/the-economy/book/text/*0-3-*contents.html*に詳しく説明されている．Core-econはオープンアクセス可能な経済学の英文テキストを公開しており，是非一読されたい．

電車内で何度も居合わせる）とすれば，他の乗客もMに便乗し，電話をすることで利得を高めようとするだろう．他の乗客は，非協力を選択して得をし続けているMに出し抜かれないようにするのである．また我々のモデルでは，MとHは互いに利得を高めようとする性格（タイプ）の持ち主という条件のみを課した．しかし，Hが協力好きでMの協力的な行動に対し，何か見返りをしてくれる（席を譲る，傘の置忘れを指摘してくれるなどの）性格の持ち主であるとしよう．Mがこのことを知っていれば，協力は維持されるであろう．協力が維持される第二の理由として，自分は静寂を保っているにも関わらず，相手が静寂を破るならば制裁を課すという，第三の戦略が存在することが挙げられる．これについては本章の練習問題７－３で紹介する．

以上のように，公共財の供給においては，市場参加者が他人に対してフリーライドする状態が定着しやすいものの，ゲーム理論を応用することにより，それを避けるための方法も提案できる．

練習問題７－１

ある政府は，２人の消費者$i(i = A, B)$に対し，公共財を最適に割り振ろうとしている．各消費者は私的財$\chi_i > 0$と公共財$g_i > 0$を消費することにより便益を得るとする．また公共財の総供給量を$G = g_1 + g_2$と書くことにしよう．消費者AとBの便益関数$u_i(\chi_i, G)$ $(i = 1, 2)$，公共財の費用関数$C(G)$はそれぞれ次のように与えられており，消費者AとBの予算I_iを$I_A = I_B = 10$，各消費者の私的財の価格を１に特定化する：以下の問に答えよ．

$$u_A(\chi_A, G) = \chi_A + 5G - G^2 / 2,$$

$$u_B(\chi_B, G) = \chi_B + 10G - G^2,$$

$$C(G) = 3G$$

問　$P^g{}_i(i = A, B)$，$P^g{}_A + P^g{}_B = 1$を消費者iの公共財の負担割合とする．各消費の便益最大化問題を解き，リンダール均衡$R = ((P^g{}_A{}^*, P^g{}_B{}^*), (\chi^*{}_1, \chi^*{}_2, G^*))$を求めよ．また，この均衡がサミュエルソン条件を満たすことを確認し，各消費者は公共財の負担金額を過少申告するインセンティブをもつことを確かめよ．

［執筆者によるオリジナル問題］

練習問題７－２

(1). 以下の空欄（　あ　）～（　お　）に当てはまる語句を答えよ.
(2). （　い　）と（　う　）に類別される財をそれぞれ１つずつ述べよ. ただし, 本章の**表７－１**に掲載されている例は避けよ.

我々が市場で取引する財は, 排除性と競合性という２つの性質を基準にして４種類に類別される. 排除性とは, 財を消費するための費用を負担しない市場参加者を排除できる性質である. 競合性とは（　あ　）性質をいう. 競合的であり, 排除的な財を私的財とよぶ. 私的財は市場で取引される一般的な財である. 排除的であり, 非競合的な財を（　い　）という. 一方, 非排除的であり, 競合的な財を（　う　）という. 非排除的であり, かつ非競合的な財を公共財と言う. 公共財を市場で取引するのは困難である. その理由は, 競合性をもつため利益を生み出すのが難しく, また誰もが利用できることから, 対価を負担しない（　え　）が現れることによる. そこで, 公共財利用者の需要量に応じて政府が負担金額を割り振る, （　お　）という方法が考案されている.

［執筆者によるオリジナル問題］

練習問題７－３

表７－４の利得表をもつ２人プレイヤー・３戦略ゲーム（制裁戦略を加えた囚人のジレンマゲーム：Weibull and Salomonsson, 2006）を考える. プレイヤー i(i = 1, 2) の戦略は, 公共財の供給に協力する（cooperation and nopunishment to the defector：CN), 相手が協力するならば協力するが, 協力しない場合には $0 < c < 1/2$ のコスト負担し, 制裁を課す（cooperation and punishment to the defector：CP), 協力しない（defection：D）である. D 対 CP の対戦において, D を選択したプレイヤーは $0 < d < 3$ だけ利得を低める. 以下の問に答えよ.

(1). 制裁が効果をもつケース（$c = 1/4$, $d = 14/5$）を考える. この場合のナッシュ均衡を求めよ.
(2). 制裁が割に合わないケース（$2 < 3 - d$）のナッシュ均衡は, 問（1）と異なるか確認せよ.

表７－４　制裁を加えた囚人のジレンマゲームの利得表

		プレイヤー２の戦略		
		CN	CP	D
プレイヤー１の戦略	CN	2, 2	2, 2	$\frac{1}{2}$, 3
	CP	2, 2	2, 2	$\frac{1}{2}-c$, $3-d$
	D	3, $\frac{1}{2}$	$3-d$, $\frac{1}{2}-c$	1, 1

［執筆者によるオリジナル問題］

第 8 章

国際貿易モデルと余剰分析

8.1 国際貿易の経済モデル化

第7章までは，経済主体が自国内でのみ取引を行う閉鎖経済モデルを紹介した．本章では，外国との貿易を加えた開放経済モデルを導入する．国際貿易が経済効率性を高めることは，古典派経済学者・D.リカードが17世紀に論じている．現代では，国際機関のWTOが自由貿易の促進を目指して活動している．本章では自由貿易と保護貿易についてモデル化し，その上で余剰分析を行う．

市場参加者は一国内の消費者，生産者と政府であるとする．さらに国際貿易をする国家自体も経済主体であるとする．経済主体の数が増えるため，注意深く読み進めて欲しい．国内市場と国際貿易市場は，完全競争市場であると仮定する．そのため，すべての国家はプライステイカーであり，それぞれの国家は自由に財の価格を決定することができず，貿易取引で決定された価格に応じて生産量を調整するとしよう．このようにプライステイカーとして経済活動を営む国家を**小国**と呼び，それに対して，価格決定力をもつ国家を**大国**と呼ぶ．我々は小国の貿易についてのみ分析する．

完全競争市場で取引される同質的な財の価格は，価格の調整プロセスを経て，同一の水準に定まる．1つの財につき，1つの価格が定まることを**一物一価の法則**と呼ぶ．日本とアメリカにおける自動車貿易を考えてみよう．日本の消費者は，国産の自動車を「日本車」，アメリカ産の自動車を「外車」と区分し，各社のブランドを志向する．しかしここでは，日本とアメリカの間で同質的な自動車が取引されると仮定する．自動車の価格は，両国間の取引を通して超過需要と超過供給が発生しない均衡価格に到達する．話を簡単にするため，国家

図８－１　自給自足市場

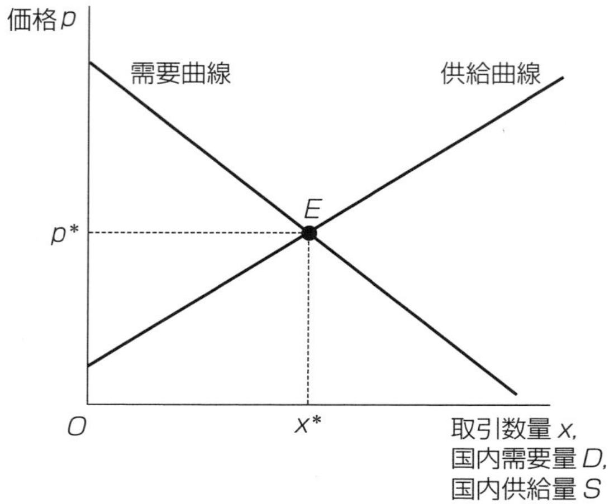

間の通貨レートや輸送費用などの機会費用については考えないこととする．

以下では，米の貿易を例に挙げて説明する．国際貿易が行われていない小国の米市場，つまり**自給自足市場**を考える．自給自足市場の需要曲線と供給曲線を**図８－１**に表示する．米は国内需要量と国内供給量が一致するときの価格 P^* で取引される．この P^* と，均衡取引数量 χ^* の組み合わせ $E=(\chi^*,\ P^*)$ を**自給自足均衡**と言う．

8.2　自由貿易（輸入のケース）

最初に小国が輸入を行うケースについて考える．小国内には自給自足の米市場が存在し，市場価格はただ１つに定まる．国内の消費者は，海外米の価格が自国米の価格よりも低い場合に海外米を購入しようとする．米の値段は各国においてそれぞれ１つに定まるものの，国家を超えて同一であるとは限らない．

国家間で同質的な財が貿易取引されている場合，自国以外の，すべての国家の取引によって価格が一通りに定まる．これを**国際価格**と呼ぶ．今，国産米の均衡生産量が 300 グラムであり，均衡価格が 120 円であるとしよう．その国家は，国際価格が100円であれば，米を輸入するだろう．では，閉鎖経済を営む国家が米の輸入を開始した場合，国内の米市場はどのような影響を受けるのであろうか．国内の消費者は安価な輸入米を購入しようとするため，国産米需要は減少し，国内市場は米の超過供給状態となる．そこで国内の生産者は売り残りを減らすために価格を下げようとする．国産米が100円まで値下がりすれば，国内の消費者は輸入米と同じように需要し始める．このようなプロセスを経て，国内価格は最終的に国際価格と同じ水準になる．**図８－１**に国際価格線を加え，**図８－２**として再度示す．図中の下付け文字 F は外国（foreign），D は国内（domestic）を表す．

この例では，国際価格 $P_F^* = 100$ 円である．国内における財の需要量は，国際価格線を基準にして定まる．財の価格が低いほど，それを需要する消費者が多いため，需要曲線と供給曲線との交点 E ではなく，需要曲線と国際価格線との交点 G に対応する数量 χ_F^* で取引される．国内生産者（企業）は，価格 P^* で販売すれば売れ残りが生じる．すると，価格の調整メカニズムにより，価格は P_F^* まで低下する．企業は価格 P_F^* を基準にして利潤を最大化しようとするため，結果的に χ_D だけ生産する．貿易が開始されると，消費者の需要量

図８－２　輸入が開始された場合の国内需要と供給水準

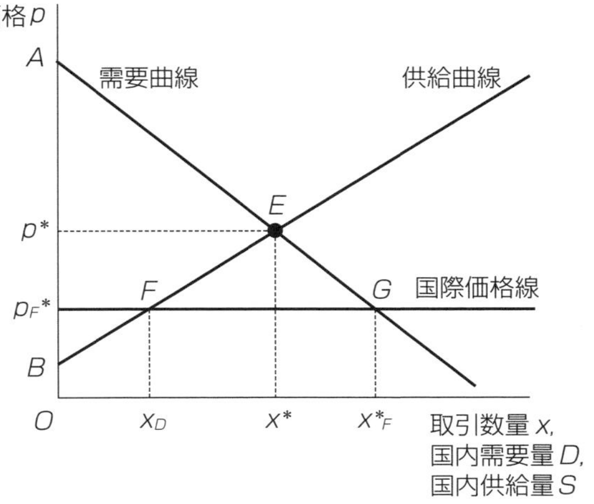

図8－3　輸入が開始された場合の国内市場均衡

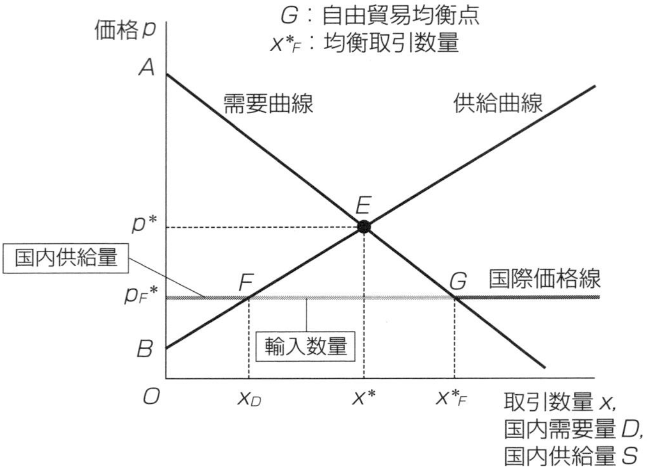

は増加し，企業は供給量を減少させる．そのため，国内では需要と供給が一致しなくなる．

図8－3を参照されたい．国内供給量はχ_Dであるため，線分$P_F{}^*F$の長さに一致するとして表すことができる．一方，海外から輸入する財の数量は，国内市場の取引数量$\chi_F{}^*$から供給量χ_Dを除いた$\chi_F{}^* - \chi_D$，すなわち線分FGの長さとして与えられる．均衡取引数量は，需要曲線と国際価格線との交点Gに対応する$\chi_F{}^*$である．点Gは**自由貿易均衡**と呼ばれている．

8.3　自由貿易の余剰分析（輸入のケース）

閉鎖経済を営む小国が輸入を開始した場合，国内市場の資源配分が効率化するかどうか余剰分析してみよう．

図8－3を見られたい．消費者余剰は，国内消費者の総支払意思金額□$A0\chi_F{}^*G$から実際に支払った総額□$P_F{}^*0\chi_F{}^*G$を除いたものである．一方，生産者余剰は，国内の企業の売り上げ□$P_F{}^*0\chi_DF$から総費用□$B0\chi_DP_F{}^*$を除いたものである．総余剰はこれらの余剰の和である．

消費者余剰	$= \square A0\chi_F{}^*G - \square P_F{}^*0\chi_F{}^*G = \triangle AP_F{}^*G$
生産者余剰	$= \square P_F{}^*0\chi_DF - \square B0\chi_DF = \triangle P_F{}^*BF$
総余剰	$= \triangle AP^*G + \triangle P_F{}^*BF = \square ABFG$

一方，小国が自給自足経済を営む場合の消費者余剰，生産者余剰と総余剰は以下のとおりである．

消費者余剰	$= \square A0\chi^*E - \square P^*0\chi^*E = \triangle AP^*E$
生産者余剰	$= \square P^*0\chi^*E - \square B\chi^*0E = \triangle P^*BE$
総余剰	$= \triangle AP^*E + \triangle P^*BE = \triangle ABE$

輸入開始後，小国の総余剰は開始前を上回ることが分かる．

輸入開始後の総余剰$\square ABFG >$ 輸入開始前の総余剰$\triangle ABE$

$\square ABFG = \triangle ABE + \triangle EFG$であるから，国際貿易によって総余剰が$\triangle EFG$だけ増加している．$\triangle EFG$は，国際貿易によって生じた経済的な利益であり，**貿易利益**と呼ばれている．

消費者は低価格で財を購入できるようになるため，貿易開始後の消費者余剰$\triangle AP_F{}^*G$は貿易開始前$\triangle AP^*E$よりも大きい．一方，生産者余剰は貿易によって$\square P^*P_F{}^*FE$だけ減少する．$\square P^*P_F{}^*FE$は，生産者から消費者へ移転した余剰の大きさだと考えられる．輸入は消費者の経済厚生を高めるが，生産者の経済厚生を低下させるのである．

8.4　自由貿易（輸出のケース）

次に閉鎖経済を営む国家が輸出を開始した場合について考えよう．国内の総余剰は，輸入の場合と同じように増加するのであろうか．先ほどと同様，米を例に挙げて説明する．国産米が100円で取引されているのに対し，外国では120円で取引されていたとしよう．すると，米の生産者には，生産量を増加させるインセンティブが生じる．

図８－４　輸出が開始された場合の国内需要と供給水準

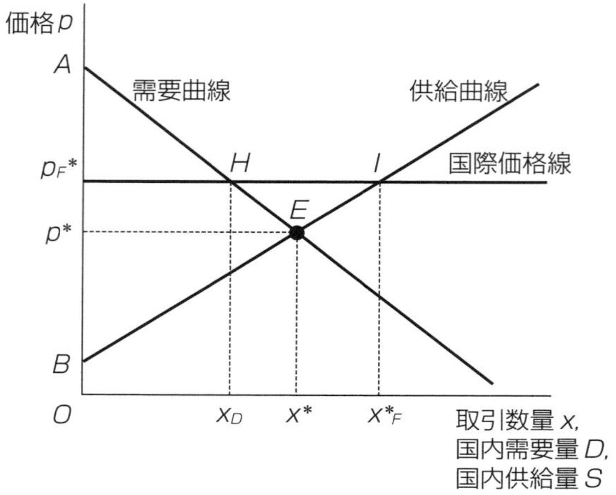

輸出が開始されるのは，国外の取引価格が国内の取引価格を上回る場合である．**図８－４**は，国内市場における需要量と供給量，国際価格を示したものである．**図８－２**とは対照的に，国外の取引価格 P_F^* は国内の取引価格 P^* を上回る．

この場合，米の生産者は輸出によって利益を高めることができるため，国産米の生産量を増加させる．米の供給量増加により，価格の調整メカニズムが作用し，国内価格が次第に上昇する．国内価格は最終的に国際価格と同じ水準まで調整される．結果的に，国内価格が国際価格を上回る場合であっても，下回る場合であっても国際価格と同じ水準まで推移する．

図８－５を参照されたい．閉鎖経済を営む国家が輸出を開始した場合，均衡取引数量は供給曲線と国際価格線との交点（自由貿易均衡点）I に対応する供給量 χ_F^* である．**図８－５**における需要曲線と供給曲線は，国内需要と国内供給を表す．よって国内需要量は需要曲線と国際価格線との交点 H に対応する X_D であり，国内供給量は自由貿易均衡点 I に対応する χ_F^* である．企業の供給量が消費者の需要量を上回ることが分かる．

ここで財の輸出数量は供給量 χ_F^* から国内需要量 χ_D を差し引いた大きさで

図８－５　輸出が開始された場合の国内市場均衡

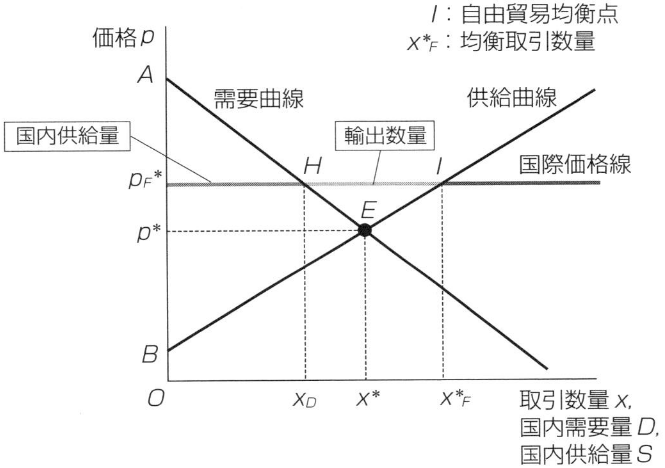

あるため，線分 HI の長さに相当する．一方，財の国内供給量は χ_D であるため，線分 $P_F{}^*H$ の長さに相当する．

8.5　自由貿易の余剰分析（輸出のケース）

今度は国家が輸出を開始する場合の余剰分析をしよう．**図８－５**を参照し，消費者余剰，生産者余剰と総余剰を幾何学的に求める．

消費者余剰 ＝ □ $A0\chi_DH$ － □ $P_F{}^*0\chi_DH$ ＝ △ $AP_F{}^*H$
生産者余剰 ＝ □ $P_F{}^*0\chi_F{}^*I$ － □ $B0\chi_F{}^*I$ ＝ △ $P_F{}^*BI$
総余剰　　 ＝ △ $AP_F{}^*H$ ＋ △ $P_F{}^*BI$ ＝ □ $ABIH$

次に小国が自給自足経済を営む場合の消費者余剰，生産者余剰と総余剰を再掲する．

消費者余剰 ＝ □ $A0\chi^*E$ － □ $P^*0\chi^*E$ ＝ △ AP^*E
生産者余剰 ＝ □ $P^*0\chi^*E$ － □ $B0\chi^*E$ ＝ △ P^*BE

総余剰	$= \triangle AP^{*}E + \triangle P^{*}BE = \triangle ABE$

輸入のケースと同様，輸出開始後の小国の総余剰は，輸出開始前を上回る．

輸出開始後の総余剰□ $ABIH$ > 輸出開始前の総余剰△ ABE

□ $ABIH = \triangle ABE + \triangle HEI$ であることから，国際貿易によって総余剰が貿易利益△ HEI だけ増加している．生産者は財を高価格で販売できるため，輸出開始後の生産者余剰△ $P_F^{*}BI$ は開始前の△ $P^{*}BE$ と比べて大きい．一方，消費者余剰は輸出によって□ $P_F^{*}P^{*}EH$ だけ減少する．これは，消費者から生産者へ移転された余剰だと考えられる．輸出は生産者にとっては望ましく，消費者にとっては望ましくない．しかし，いずれにしろ輸出入の開始により，総余剰は最大化され，効率的な資源配分が実現する．

8.6　関税政策が導入された場合の市場均衡

小国間の自由貿易は国内の総余剰を最大化するため，積極的に推進される．ところが実際の国際貿易では，多くの国家が保護貿易をとっている．保護貿易とは，財の輸出入に関税を課すことであり，取引数量を間接的に規制することでもある．日本と環太平洋諸国間における *TPP* の協議では，自由貿易を推進するため，自動車や保険などに課せられている関税率を低下させるための交渉が行われていた．

ここでも米の輸入を例に挙げて説明しよう．国家は米に 20 円の輸入関税を課しているとする．また自国米の均衡価格は 150 円であり，米の国際価格は 100 円であるとする．この場合，消費者は関税 20 円を上乗せした 120 円で海外米を購入するものの，国内価格は 150 円であるため，海外米を購入しようとする．

次に自国米の均衡価格が 200 円，国際価格が 300 円であり，輸出米に 50 円の関税が課せられているとする．企業は海外に米を輸出することで利潤を高めることができる．米には 50 円の関税が課せられており，企業は 250 円で海外で供給することになる．国内の均衡価格 200 円に対し，海外の取引価格は 250 円であるため，企業は生産量を増加させようとする．

国家が輸入関税を課すか，輸出関税を課すかは，消費者と生産者のいずれの利益を保護するかに依存する．国家が輸入米に 20 円の関税を課す場合，消費者は海外米を 120 円で購入する．極端な例として，米の輸入関税が 100 円である場合を考えてみよう．消費者は海外米を国際価格 100 円 ＋ 輸入関税 100 円 ＝ 200 円で購入することになる．すると，消費者は海外米を購入しようとはせず，国産米を需要する．消費者が国産米のみを需要するならば，超過供給は発生しない．国内企業は米の価格を引き下げる必要はないため，輸入関税は**生産者保護**と呼ばれている．一方，輸出に関税をかけることを**消費者保護**と言う．例えば，国産米の国内価格が 100 円であり，国際価格が 150 円であったとする．企業は国産米の生産量を増加させるインセンティブをもち，供給量を増加させる．その結果，国産米の国内価格は 150 円まで上昇し，国内の消費者にとって不利な状態になる．しかし政府が米の輸出に 100 円の関税を課すならば，国産米の国際価格は 150 円 － 輸出関税 100 円 ＝ 50 円に低下し，国内企業は米の生産量を増加させるインセンティブを失う．その結果，消費者は国産米を低価格で購入できるようになり，彼らにとって有利な状態となる．

一般的に先進国は生産者を保護するために輸入関税を課し，新興国は消費者を保護するために輸出関税を課す傾向がある．

図８－６は，国内市場における需要・供給と政府が輸入関税を課した場合に国際価格が変化する様子を示している．国際価格 P_F^* は輸入関税 t だけ上方シフトするため，関税賦課後の国際価格は $P_F^* + t$ である．国内市場では，関税賦課後の国際価格を基準にして需要量と供給量が定まる．

図８－６を参照しながら関税賦課後の均衡取引数量を導出しよう．関税賦課前の市場均衡は G であり，それに対応する $\chi_F{}^0$ が均衡取引数量である．また国内供給量は $\chi_D{}^0$ である．関税が賦課されたことにより，国際価格は $P_F^* + t$ に増加するものの，$P_F^* + t < P^*$ であるため，依然国内の均衡価格を下回る．したがって消費者は輸入財を需要するため，関税賦課後の均衡取引数量は，需要曲線と国際価格線との交点 K に対応する数量 χ_F^* である．また均衡国内供

図８－６　輸入関税が課せられた後の国内市場均衡

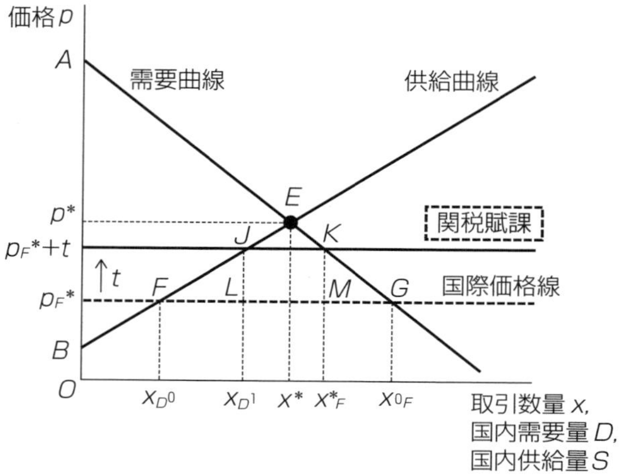

給量は$\chi_D{}^1$である（Dは国内（domestic）の頭文字であり，需要（demand）のDとは異なることに注意したい）.

8.7　関税政策の余剰分析

政府によって輸入・輸出関税が導入された場合，国内市場における資源配分が効率化するかチェックしよう．政府は市場参加者に関税を賦課することで税収を得る．この税収の大きさを幾何学的に示すため，**図８－７**を用意する．

関税賦課後の均衡取引数量は$\chi_F{}^*$（＝線分（$P_F{}^*+t)K$）であり，国内供給量は$\chi_D{}^1$（＝線分（$P_F{}^*+t)J$）である．さらに輸入数量は均衡取引数量－国内供給量で与えられる．

財の輸入数量＝均衡取引数量$(P_F{}^*+tK)$－国内供給量$(P_F{}^*+tJ)$＝JK

政府の関税収入は，財の輸入数量に関税tを掛け合わせたものと定義される．すなわち，次式である．

図８－７　輸入関税が導入された場合の余剰分析

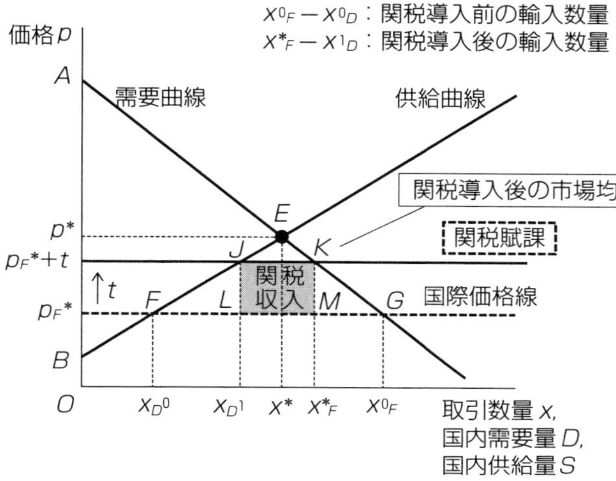

政府の関税収入 ＝ 財の輸入数量 × 関税 t ＝ $JK \times t$

図８－７内で政府の関税収入は四角形 $JLMK$ の面積に相当する．関税導入前の国内供給量は $P_F{}^*F$ であり，輸入数量は FG である．関税の導入によって，財の輸入数量は FG から JK に減少し，国内供給量は $P_F{}^*F$ から $P_F{}^* + tJ$ に増加する．輸入関税が導入された場合の消費者余剰と生産者余剰はそれぞれ以下のように与えられる．

消費者余剰 ＝ $\square A0\chi_F{}^*K - \square(P_F{}^* + t)0\chi_F{}^*K = \triangle AP_F{}^* + tK$
生産者余剰 ＝ $\square(P_F{}^* + t)0\chi_D{}^1J - \square B0\chi_D{}^1J = \triangle(P_F{}^* + t)BJ$

総余剰は消費者余剰と生産者余剰の和に政府の関税収入を加えることで求められる．

政府の関税収入 ＝ $\square JLMK$
総余剰 ＝ $A(P_F{}^* + t)K + \triangle(P_F{}^* + t)BJ + \square JLMK$
＝ $\square ABJK + \square JLMK$

つまり総余剰は，□ $ABJK$ に関税収入□ $JLMK$ を加えた面積に相当する．

輸入が開始された場合（自由貿易）の総余剰と，輸入関税を課す場合（保護貿易）の総余剰を比較してみよう．政府が自由貿易のもとで輸入を開始した場合の消費者余剰，生産者余剰と総余剰を以下に再掲する．

消費者余剰	= □ $A0\chi_F0G$ − □ $P_F^*0\chi_F0G$ = △ AP_F^*G
生産者余剰	= □ $P_F^*0\chi_F0G$ − □ $B0\chi_F0G$ = △ P_F^*BF
総余剰	= △ AP_F^*G + △ P_F^*BF = □ $ABFG$

政府が輸入を開始した場合の総余剰 ＞ 政府が輸入関税を課した場合の総余剰

□ $ABFG$ ＞ □ $ABJK$ + □ $JLMK$

図8－6を参照されたい．□ $ABJK$ + □ $JLMK$ = △ $ABFG$ − △ FLJ − △ KMG であることから，政府が輸入関税を導入した場合，△ FLJ + △ KMG の大きさの死荷重が発生する．政府が自由貿易をする場合の総余剰は，保護貿易をする場合の総余剰よりも大きい．以上より，閉鎖経済を営む小国が輸入を開始することは，例え保護貿易であったとしても，国内の総余剰を大きくすることができる．しかし保護貿易下の総余剰は，自由貿易下の総余剰を下回る．

自由貿易政策では，死荷重が発生せず，総余剰は最大化されており，パレート最適な資源配分が達成される．一方，保護貿易は死荷重を生み出すため，資源配分は非効率的である．小国が国内市場の資源配分の効率性を高めるには，自由貿易を実施する必要がある．

8.8　セカンド・ベストの視点に立った場合の余剰分析

前節で余剰分析をした結果，自由貿易は小国にとって望ましいことが示された．しかし，実際に自由貿易をしている国家は少数であり，多くの国家が保護貿易をしている．その理由について考えてみたい．余剰分析をする際には，2つの視点に立つことがある．

視点１（ファースト・ベストの視点）

資源配分の効率性を第一に考える．つまり，市場において総余剰が最大化されている状態を望ましいとする視点である．また総余剰が大きいほど望ましいとする．

視点２（セカンド・ベストの視点）

余剰の分配方法を第一に考える．つまり，消費者余剰と生産者余剰の大きさのバランスがとれている状態を望ましいとする．

これまでの章でも度々触れてきたが，我々は視点１に立脚した余剰分析だけでなく，視点２に立った余剰分析をする必要もある．例えば，総余剰の大部分を消費者余剰が占めており，生産者余剰が極端に少ない状態は生産者にとって望ましいとは言えない．実際の国家は市場参加者の資源配分のバランスを考慮するため，保護貿易を推進するのである．

視点２に立って余剰分析をするため，**図８－７**を参照されたい．輸入関税は生産者を保護するために実施される．政府が輸入関税を t だけ課すことにより，保護貿易下での生産者余剰は自由貿易時よりも□$(P_F^* + t)P_F^*FJ$ だけ上回る．

先進国が生産者保護政策をとる傾向があるのは，２つの理由による．１つは，国内生産者の人口割合が国内消費者の人口割合と比べて少なく，総余剰の大きさのバランスをとることに求められる．２つめは，先進国内では生産者間，あるいは企業間の結びつきが強く，彼らが政治的影響力をもつことに求められる．

事例⑦　トランプ大統領の保護貿易政策

しばしば批判されているトランプ大統領の保護貿易政策について考えてみよう．政策の本質は，米国内の雇用を生み出すために財の輸入数量を減少させることである．この政策は小国の貿易モデルを前提とし，視点２に立って余剰分析をした場合には説得力をもつ．

図８－７を参照されたい．小国が輸入を開始した場合の生産者余剰は△ P_F^*BF

である．一方，閉鎖経済下の生産者余剰は△ P^*BE である．すなわち，輸入によって生産者余剰が□ $P^*P_F^*FE$ だけ減少するため，企業の利潤は低下する．すると企業は利潤の低下を抑えるため，生産費用の縮小，例えば社内のリストラクチャリングを開始する（トランプ大統領はこれを雇用の危機と呼んでいる）．

以上の理由から，トランプ大統領は米国内の生産者保護政策として高率の輸入関税を導入しようとする．関税を賦課すると，生産者余剰は□ $(P_F^* + t)P_F^*FJ$ だけ増加するため企業は生産費用の縮小を中止し，失業が抑えられる．同時に企業は，生産量を増加させるために必要な労働力を需要し始める．

ただし，輸入関税の導入により消費者余剰が減少することに注意したい．消費者余剰は，△ AP_F^*G から△ $A(P_F^* + t)K$ に減少する．また，総余剰を比較すると，保護貿易政策は△ FLJ ＋ △ KMG の死荷重を発生させる．視点１に立てば，保護貿易は米国内の効率的な資源配分を損なうため，望ましい政策であるとは言えない．

世界各国の政府は，市場参加者の資源配分のバランスを考慮して貿易政策をとる．しかし政策決定においては，常に望ましさの基準に関するジレンマに直面するのである．

練習問題８－１

小国の需要関数と供給関数が，それぞれ以下のように与えられているとする．

$D : P = 32 - \chi$

$S : P = 8 + 2\chi$

ただし P は財の価格であり，χ は財の数量である．小国は国際価格 $P_F^* = 12$ のもとで輸入をしている．今，政府が財の数量１単位あたり８の輸入関税を課したとする．関税賦課前の消費者余剰，生産者余剰と総余剰を求めよ．また関税賦課後の消費者余剰，生産者余剰，政府の関税収入と総余剰を求めた上で本文の視点２に立ち，関税賦課政策が生産者にとって望ましいことを示せ．

［執筆者によるオリジナル問題］

練習問題８－２

閉鎖経済を営む小国の需要曲線と供給曲線が**図８－８**のように表されており，財の国際価格は P^*，国内価格は P_D の水準である．今，この国家は輸入を開始し，1単位当たり t の関税を課すことにしたとする．**図８－８**を参照し，消費者余剰，生産者余剰と関税収入の組み合わせとして正しい選択肢を１～６から選択せよ．

図８－８　練習問題８－２の国内市場

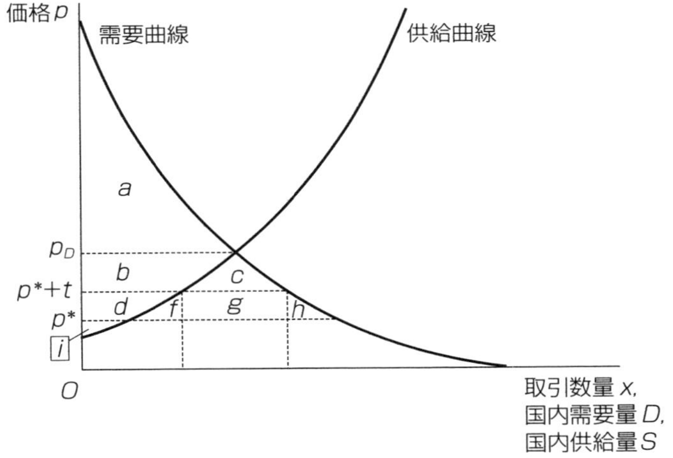

選択肢	消費者余剰	生産者余剰	関税収入
1	a	$b+d+i$	$f+g+h$
2	a	$d+i$	g
3	$a+b$	i	$g+h$
4	$a+b$	$b+d+i$	$f+g+h$
5	$a+b+c$	$d+i$	g
6	$a+b+c$	i	$g+h$

［国家一般職［大卒］平成23年度出題問題を改変］

付録1

解析学の基礎

本巻末の「付録1」は，数学付録である．論理と集合，写像と数列の極限という，解析学（微分積分学）を理解するために最低限必要な知識を説明する．本付録を一読されることにより，本書で必要な数学をすべてカバーすることができる．ただし，全射，単射および逆関数など，本書の内容と直接関係のない項目に関しては割愛させていただいた．また，数列と関数の収束・連続性に関しては直観的な説明を与えた．さらに進んで学ばれたい読者は，和久井（1978）や難波（1996）を参照されたい．

本付録を読む際の注意事項を述べておく．1つは，定義，定理と命題（数学的に真偽がはっきりしている主張）を区別することである．定理や命題は定義から証明される数学的な事実であるが，定義（や公理）といった“約束事”を証明しようとする，あるいは命題と取り違えるなどすると，理解が難しくなる．また，定理や命題が与えられることにより，直ちに証明される命題が存在する．それを系という．一方，ある命題を証明するためにあらかじめ証明される命題が存在する．これを補題という．定義は系や補題とも異なる．

第二の注意点として，定義，命題や定理などの数学的な主張が与えられた場合，それらの具体例を作りながら読み進めることである．筆者は数学的な主張を設けた後に具体例を設けている．しかし，読者自身でも，例えば集合や関数の具体例を考え，定義に合致していることを確認しながら読み進めてほしい．

A.1　論理と命題

本書の本文では，命題を証明するために**背理法**を用いることがある．背理法による証明は，数理経済学の分野で多用される．本節の目的は，背理法を用いた証明がなぜ論理的に正しいのか理解することである．読者は本節を一読されることで，後に説明する集合の演算と論理の演算がほぼ同じものであることがお分かりいただけるだろう．

誰が判断しても必ず“正しい（真）”か，“誤っている（偽）”かがはっきりしている主張を**命題**という．例えば，命題 p を p:「柴犬は哺乳類である」，命題 q を q:「柴犬は植物である」，命題 r を r:「柴犬はかわいい」とおく．（「：」は，「次のような」という意味である）p は真の命題であり，q は偽の命題である．r は人によって見方が異なるため，命題ではない．真であることを T，偽であることを F という記号で表す．T，F を**真偽値**という．

A.2　論理演算

2つの命題 p, q の真偽値（T，F）に応じて，命題 $p \vee q$(p または q）と $p \wedge q$(p かつ q）の真偽値を以下の表のように定義する．

表 A.2－1　$p \vee q$ と $p \wedge q$ の真偽表

P	q	$p \vee q$	$p \wedge q$
T	T	T	T
T	F	T	F
F	T	T	F
F	F	F	F

この表を**真偽表**と呼ぶ．例えば，命題 p を p:「柴犬は哺乳類である」，q を q:「3は7で割り切れる」であるとしよう．p は真の命題であり，q は偽の命題であるから，**表 *A.2*－1**の3行目より，$p \vee q$:「柴犬は哺乳類であるか，または3は7で割り切れる」は真の命題である．$\vee$によって構成される命題は，2つの命題の両方が偽でない限り，真である．一方，A.2－1の2行目から，$p \wedge q$:「柴犬は哺乳類であり，かつ3は7で割り切れる」は偽の命題である．$\wedge$によって構成される命題は，2つの命題のうち，少なくとも（どちらか）一方が偽である場合，偽となる．

例 A.2 − 1

次の命題 p, q の真偽を述べよ．また $p \vee q$ と $p \wedge q$ の真偽を確認せよ．

p：「柴犬は甲虫類である」

q：「J.M. ケインズは経済学者である」

p は偽の命題であり，q は真の命題であるから，$p \vee q$ は真，$p \wedge q$ は偽の命題である（**表** A.1 − 1，4 行目）．

A.3　否定

命題 p の真偽について，p の**否定** $\neg p$ を表のように定義する．

表 A.3 − 1　否定 ¬ p の真偽表

P	$\neg p$
T	F
F	T

例えば，先ほど用いた命題 q：「柴犬は植物である」の否定 $\neg q$ は，「柴犬は植物ではない」である．**表 *A*.3 − 1** の 3 行目に注目すれば，この命題は真である．ただし，注意していただきたいのは，否定 $\neg q$ は，「柴犬は植物でない」と述べているだけであって，何であるかは述べていないことである．「植物ではない」ことが真なのである．少しわき道にそれるが，否定を取る場合の注意点として，例えば「僕は君のことが好き」という命題の論理学的な否定は，「僕は君のことが好き以外のすべて」である．つまり，「嫌い」ではないのである[23]．命題の否定 $\neg p$ をさらに否定した命題 $\neg(\neg p)$ の真偽値は元の命題の真偽値と一致する．読者は真偽表を作成し，それを確かめられたい．

定理 A.3 − 1

2 つの命題 p, q に関し，$\neg(p \vee q)$ と $\neg p \wedge \neg q$ の真偽値（T, F）は一

23　この例は，野矢（2006）『論理学』にて説明されている．

致し，また $\neg(p \wedge q)$ と $\neg p \vee \neg q$ の真偽値（T, F）は一致する．

【証明】

真偽表を作成することによって確認しよう．**表 *A*.2 − 1** と**表 *A*.3 − 1** から**表 *A*.3 − 2** を用意する．**表 *A*.3 − 2** における $\neg(p \vee q)$ と $\neg p \wedge \neg q$ の真偽値は一致していることが分かる．

表 A.3 − 2　$\neg(p \vee q)$ と $\neg p \wedge \neg q$ の真偽値は一致する．

p	q	$\neg p$	$\neg q$	$p \vee q$	$\neg(p \vee q)$	$\neg p \wedge \neg q$
T	T	F	F	T	F	F
T	F	F	T	T	F	F
F	T	T	F	T	F	F
F	F	T	T	F	T	T

同じようにして $\neg(p \wedge q)$ と $\neg p \vee \neg q$ が等値であることを証明する．**表 *A*.2 − 1** と**表 *A*.3 − 1** の真偽値に基づいて，**表 *A*.3 − 3** を用意する．$\neg(p \wedge q)$ と $\neg p \vee \neg q$ の真偽値は一致している．

表 A.3 − 3　$\neg(p \wedge q)$ と $\neg p \vee \neg q$ の真偽値は一致する．

p	q	$\neg p$	$\neg q$	$p \wedge q$	$\neg(p \wedge q)$	$\neg p \vee \neg q$
T	T	F	F	T	F	F
T	F	F	T	F	T	T
F	T	T	F	F	T	T
F	F	T	T	F	T	T

□

A.4　条件命題

p, q を命題であるとする．命題 $p \rightarrow q$ を「p ならば q」と呼び，p を**条件**，q を**結論**と言う．特に，p を q の**十分条件**という．$p \rightarrow q$ の真偽表を**表 A.4 −**

1のように定義する．一方，**表A.4－2**の右側に見られるように，$p \to q$は，命題$\neg p \vee q$と同じ真偽値をもつ．条件命題$p \to q$が真であり，条件命題$q \to p$も真である場合，$p \leftrightarrow q$とかき，pとqは**同値**であるという．

表A.4－1　条件命題$p \to q$の真偽表

P	Q	$p \to q$
T	T	T
T	F	F
F	T	T
F	F	T

表A.4－2　命題$\neg p \vee q$の真偽表

P	Q	$\neg p \vee q$
T	T	T
T	F	F
F	T	T
F	F	T

例A.4－1

命題pをp:「ケインズは経済学者である」，qをq:「柴犬は植物である」としよう．**表A.4－1**の2行目より，命題$p \to q$「ケインズは経済学であるならば，柴犬は植物である」は，偽の命題である．

例A.4－1の条件命題は，条件は正しいものの，結論が誤っているため，偽の条件命題である．なお命題$q \to p$においてqをpの**必要条件**という．$p \to q$が成立し，さらに$q \to p$が成立する（つまり，pとqが同値である）場合，pはqの**必要十分条件**であるという．

A.5 命題関数および「すべて」と「ある」

「χは哺乳類である」のように，ある対象χが与えられて，真偽が判別できる命題を命題関数といい，$p(\chi)$ と書く．χが犬であれば，この命題は真になり，スズメであれば偽となる．命題関数は，いかに説明する全称命題，および存在命題と深いつながりを持つ．

本書では，所々に「任意の」や「すべての」，「適当に」，あるいは「ある」，「存在する」という言葉が登場する．「すべての」とは，「対象としているものならば，どのようなものでも」という主張である．一方，「ある」は，「対象としているものが1つでも存在する」という意味で用いられる．これらの言葉が数学用語であることに注意していただきたい．「すべての」が用いられている命題を**全称命題**と言い，「ある」が用いられている命題を**存在命題**という[24]．

例 A.5 － 1

全称命題pをp:「すべての実数χに対し，$\chi+1=2$」とする．この命題は偽の命題である．なぜならば，実数$\chi=-1$に対しては$-1+1=0\neq 2$である．しかし，命題q:「ある実数χに対し，$\chi+1=2$」は真である．それは，$\chi=1$という実数が存在するためである．

例 A.5 － 2

命題「どのような二等辺三角形も正三角形である」の真偽を判別する際，全称命題が役に立つ．この命題を正しく言い換えると，「どのような二等辺三角形χも**すべて**正三角形である」であり，1つでも正三角形ではないχが存在してはならないことを示せばよい．Xは任意の三角形であるから，3辺に挟まれた角度が30°，30°，120°のようなXを考えると，この命題が偽であると分かる．

ところで，第1章で説明する厚生経済学の第1定理は，次のような条件命題で書

24　全称命題「すべてのpに対してqである」を記号を用いて表示するならば，$\forall p, q$である．“$\forall$”は，すべての（for all）の，Aを反転し表示した記号である．一方，存在命題「すべてのpに対してqである」を記号を用いて表示するならば，$\exists p, q$である．“$\exists$”は，存在する（exist）の，Eを横倒しに表示した記号である．本書では，これらの記号は用いないこととする．

くことができる．$p(\chi)$：「χは完全競争市場均衡である」→$q(\chi)$：「χでは効率的な資源配分が実現する」．ただしχは，任意の価格と取引数量の組み合わせである．$p(\chi)$ は$q(\chi)$ の十分条件であって必要条件ではない．なぜなら，第５章で導入するMC形成原理による価格規制が反例になるからである．この価格規制で実現する均衡χでは，効率的な資源配分が実現するが，この市場は不完全競争市場（寡占市場）であるためである．この説明においては，否定「あるχに対し，$q(\chi)$ であるが$\neg p(\chi)$」が用いられたことに注意したい．

なお，全称命題「すべてのχに対し$p(\chi)$」の否定を「あるχに対し$\neg p(\chi)$」と定義し，存在命題「あるχに対し$p(\chi)$」の否定を「すべてのχに対し$\neg p(\chi)$」であると定義する．

例 A.5 − 3

すべての実数m, nと正の実数aに対して，次の**指数法則**が成立する．

$$a^m \cdot a^{\pm n} = a^{m \pm n}$$

「すべての」は，「実数m, n」と「正の実数a」のいずれにもかかっていることに注意したい．例 A.5 − 3は，実数の指数計算に関する定理である．一方，次の全称命題を用いた例 A.5 − 4は，実数の絶対値に関する定義である．

例 A.5 − 4

すべての実数aに対して，aの**絶対値記号**を以下のように定義する．

$$|a| = \begin{cases} a : a \geq 0 \\ -a : a < 0 \end{cases}$$

例 A.15 − 3より，適当に二つの実数χ，yを用意すると，

$$|\chi - y| = \begin{cases} \chi - y : \chi - y \geq 0 \\ -(\chi - y) : \chi - y < 0 \end{cases}$$

さらに整理して，

$$|\chi - y| = \begin{cases} \chi - y : \chi \geq y \\ -(\chi - y) : \chi < y \end{cases}$$

が導かれる．この演算を通して，我々が何気なく用いている実数の四則演算自体も定義であるとお気づきの読者もおられるだろう．気になる方はぜひ一度，実数の公理に触れられたい．

A.6　背理法

条件命題 $p \rightarrow q$ が真であることを証明するために $p \rightarrow q$ の否定命題をとり，p と q が同時に成立しないこと，つまり矛盾を示す方法がある．これを**背理法**と言う．$\neg(p \rightarrow q)$ は $\neg(\neg p \vee q)$ と同値であり，したがって $p \wedge \neg q$ と同値である．**表 *A*.6 － 1** には命題 $p \wedge \neg q$ の真偽値が表されている．通例，命題は $p \rightarrow q$ の形で与えられる．そこで，背理法は $\neg(\neg p \vee q)$，つまり $p \wedge \neg q$ が成立すると仮定することで，命題 $r \wedge \neg r$ が真となるような命題 r を導くことにより，矛盾を示すのである．

表 *A*.6 － 1 より，$p \wedge \neg q$ が偽である場合，否定をとる前の命題 $p \rightarrow q$ が真であることが分かる．背理法を用いた証明が真実を導くのは，このためである．

表 A.6 － 1　条件命題 $p \rightarrow q$ と命題 $p \wedge \neg q$ の真偽値

p	q	$p \rightarrow q$	$p \wedge \neg q$
T	T	T	F
T	F	F	T
F	T	T	F
F	F	T	F

経済学では，背理法をしばしば用いるため，是非マスターしたい．練習として，次の命題を証明してみよう．なお，実数の集まりから有理数の集まりを取り除いたものを**無理数の集合**と言う（実数と有理数については，次節で簡単に定義する）．無理数の集合に含まれる数を無理数と言う．また，ここでは実数の和もまた実数であることを認める．

例 *A*.6 － 1

条件命題：「$\sqrt{2}$は無理数である→$\sqrt{2}-1$は無理数である」を証明せよ．

【証明】

$\sqrt{2}-1$は無理数ではないとする．すると$\sqrt{2}-1$は有理数 χ として表すことができ

る．つまり

$$\sqrt{2}-1=x$$

であるから，

$$\sqrt{2}=x+1$$

に書き換えられる．$x+1$ は有理数どうしの和であるから，$\sqrt{2}$ もまた有理数である．これは $\sqrt{2}$ が無理数であることに矛盾する．したがって，条件命題は成立する．

□

A.7　集合

ある明確な対象（要素）を寄せ集めたものを**集合**と言う．集合を記述するには，個々の要素を｛　｝(括弧）で挟む．例えば「犬種の集合」は｛ダックスフント，レトリバー，…｝と書くことができる．集合の表記方法として，$\{x \mid x$ は犬種の集合｝と，要素 x を先に宣言し，その性質を｜以下で説明する方法（｜は付帯条件（such that）と読む）もある．要素数が多く，括弧内に書ききれない場合には省略記号“…”を用いる．要素が集合に含まれることを明示する場合，記号∈（∈は in（イン）とよぶ）を用いる．例えば，「日本犬種の集合」を X と書けば，紀州犬 $\in X$，四国犬 $\in X$ である．

個人の解釈によって様々な要素が存在する場合，あるいは要素が明確ではない対象の集まりは集合ではない．「0 以上 10 以下の正数の集合」，「爬（は）虫類の集合」は集合であるが，「美女の集合」，「みんなの人気アイドルの集合」は集合ではない．

ある要素が集合に含まれていないことを明記するために記号∉（ノットイン）を用いる．例えば，爬虫類の集合を Y と書けば，トカゲ $\in Y$ であるものの，スズメ $\notin Y$ である．対象としているすべての要素を含む集合を**全体集合** U という．それに対し，要素を1つももたない集合を Φ（ギリシア文字の「ファイ」）と書くこととする．

有限個の要素からなる集合を**有限集合**，無限個の要素からなる集合を**無限集合**という．例えば，**自然数**の集合を $N=\{1, 2, 3, 4, \ldots\}$ と書き，**整数**の集合を

$\boldsymbol{Z} = \{..., -3, -2, -1, 0, 1, 2, 3, ...\}$ と書くと約束する．ただし，$\boldsymbol{N}$ は自然数（natural number）の頭文字 $\boldsymbol{N}$ を意味し，$\boldsymbol{Z}$ は整数（ドイツ語で整数を Zahlen と呼ぶ）の頭文字 $\boldsymbol{Z}$ を意味する．$\boldsymbol{N}$ と $\boldsymbol{Z}$ はいずれも無限集合である．整数 m（ただし，$m \neq 0$）と整数 n を使い n / m として表すことができる数を**実数**と呼ぶことにする．実数の集合 $\boldsymbol{R} = \{x \mid -\infty < x < \infty\}$ は無限集合である[25]．ただし，$\boldsymbol{R}$ は実数（real number）の頭文字であり，また記号∞は「限りなく大きな数」を示しており，1,000 や 1,000,000 などの特定の数字ではない．

例 A.7 − 1

-2 以上 2 以下の整数からなる集合を X と書くことにしよう．X を 2 通りの書き方で表せ．また，X の要素を書き並べよ．

（解答）$X = \{-2, -1, 0, 1, 2\}$，もしくは $X = \{x \mid x$ は $-2 \leq x \leq 2$ を満たす整数$\}$．X の要素は $-2, -1, 0, 1, 2$．

A.8　部分集合

上で述べた日本犬種の集合は，犬種の集合の一部分だとお気づきであろう．ここでは，集合の大小関係について考えよう．

定義 A.8 − 1

2 つの集合 A，B を考える．A のすべての要素を B が含む場合，$A \subseteq B$ と書き，A は B の**部分集合**であるという（$B \supseteq A$ とも書く）．B のすべての要素を A が含むのであれば $B \subseteq A$ であり，さらに $A \subseteq B$ である場合，A と B は全く同じ要素からなる集合であるから，$A = B$ と書く．また，どのような集合 X も空集合 Φ を部分集合にもつ（$\Phi \subseteq X$）と定義する．

25　本書では，紙面の都合上，自然数，整数，実数の性質を厳密には論じない．興味のある読者は，田島（1978）を一読されることをお勧めする．なお，集合 X の要素数を $|X|$ や $Card\ X$ などと表すことがある．

例 A.8－1

区間 $[0, 1] = \{\chi \mid \chi$ は $0 \leq \chi \leq 1$ を満たす実数$\}$ は，$[0, 1] \subseteq \boldsymbol{R}$ であるため，**部分区間**などと呼ばれる．数学において「空間」と「区間」という言葉は集合を意味する．実数の区間が集合であることを是非覚えておきたい．

定義 A.8－2

実数の部分区間 $[a, b] \subseteq \boldsymbol{R} = \{\chi \mid \chi$ は $a \leq \chi \leq b$ を満たす実数$\}$(ただし，a, b は実数ならば，どのような値であってもよい）を**閉区間**と呼ぶ．一方，実数の部分区間 $(a, b) \subseteq \boldsymbol{R} = \{\chi \mid \chi$ は $a < \chi < b$ を満たす実数$\}$ を**開区間**と呼ぶ．

例 A.8－2

集合 $A = \{2\chi + 1 \mid \chi \in \boldsymbol{R}\}$ を考える．$B = \{0, 1, 2\}$ が $B \subseteq A$ を満たすことを示せ．

（解答）$0 \in B$ に対しては，$\chi = -1/2 \in \boldsymbol{R}$ をとれば，$0 \in A$，$1 \in B$ に対しては，$\chi = 0 \in \boldsymbol{R}$ をとれば，$0 \in A$，さらに $2 \in B$ に対しては，$\chi = 1/2 \in \boldsymbol{R}$ をとれば，$2 \in A$ であるから，$B \subseteq A$.

例 A.8－3

集合 $C = \{2y \mid y \in Z\}$ を定義する．$A = C$ を満たすことを示せ．

【証明】

任意に $a \in A$ をとる．a は A の要素であるから，整数 b を用いて $a = 2b + 2 = 2(b + 1)$ と書くことができる．このとき，整数 c を使い，$b + 1 = c$ と書くことができるから，$a = 2c$ と表せる．$a = 2c \in C$ より，$A \subseteq C$. 同様に，適当に $d \in C$ をとる．このとき，整数 z を使い，$d = 2z$ と書くことができる．整数 b を用いれば，$b + 1$ も整数であり，$d = 2(b + 1) \in A$ であるから，$C \subseteq A$. したがって，$A = C$.

□

定義 A.8－3　直積集合

2つの集合 A，B に対し，集合 $A \times B = \{(\chi, y) \mid \chi \in A, y \in B\}$ を定義する．これを**直積集合**と言う．直積集合は，2つの集合の要素をペアー（組み合わせ）にして寄せ集めた集合である．

例えば，第７章で取り上げている囚人のジレンマゲームの戦略プロファイルの集合 $\{(C,\ C),\ (C,\ D),\ (D,\ C),\ (D,\ D)\}$ は，直積集合である．

例 A.8 − 4

集合 $A = \{-1, 0, 1\}$, $B = \{0, 1\}$ に対し，直積集合 $A \times B = \{(-1, 0), (-1, 1), (0, 0), (0, 1), (1, 0), (1, 1)\}$.

二次元平面上の座標も直積集合である．なぜならば，$\{(x,\ y) \mid x \in \boldsymbol{R}, y \in \boldsymbol{R}\}$ と書けるためである．直積集合 $\{(x,\ y) \mid x \in \boldsymbol{R}, y \in \boldsymbol{R}\}$ を $\boldsymbol{R}^2$ と書く．同様に３次元平面上の点の集合は $\boldsymbol{R}^3 = \{(x, y, z) \mid x \in \boldsymbol{R}, y \in \boldsymbol{R}, z \in \boldsymbol{R}\}$ と表される．一般に，$\boldsymbol{R}^n = \{(x_1, \cdots, x_n) \mid x_1, \cdots, x_n \in \boldsymbol{R}\}$ の各要素 $x \in \boldsymbol{R}^n$ を ***n* 次元ベクトル**と呼ぶ．例えば，$(1, 2) \in \boldsymbol{R}^2$ は２次元ベクトルである．これらは，上級ミクロ経済学の教科書で多用される記号であるため，覚えておきたい．

A.9　集合の演算

四則演算と同じように，集合にも演算を定義できる．U を全体集合であるとし，２つの部分集合 A, $B \subseteq U$ をとる．集合 A, B の**和集合** $A \cup B$, **共通部分** $A \cap B$, **補集合** A^c を定義しよう．２つの集合に含まれている，すべての要素からなる集合を導出するとき，演算記号 $\cup$ を使う．$\cup$ は“または”という．一方，２つの集合に共通して含まれる要素からなる集合を導出するとき，演算記号を $\cap$ を用いる．$\cup$ を“かつ”とよぶ．c は全体集合のうち，A に含まれていない要素からなる集合を導出する演算である（「c」は補集合（complement）の頭文字である）．さらに，A と B に含まれている要素のうち，B に含まれている要素を除いた集合を**差集合** $A - B$ という．差集合の演算 −（マイナス）も定義しておこう．

図A－１　例A.9－１のベン図

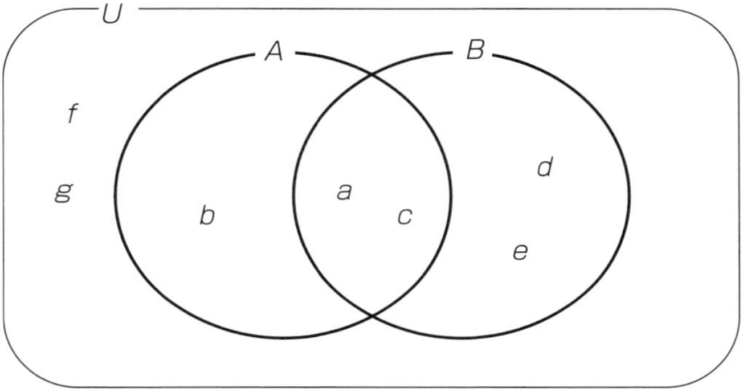

定義A.9－１

$A \cup B = \{\chi \mid \chi \in A$ または $y \in B\}$，$A \cap B = \{\chi \mid \chi \in A$ かつ $\chi \in B\}$, $A^c = \{\chi \mid \chi \notin A\}$，$A - B = \{\chi \mid \chi \in A$ かつ $\chi \notin B\}$（$= \{\chi \mid \chi \in A$ かつ $\chi \in B^c\}$）.

なお，差集合の記号を用いれば $A^c = \{\chi \mid \chi \in U - A\}$ と書ける.

例A.9－１

全体集合 $U = \{a, b, c, d, e, f, g\}$, $A = \{a, b, c\}$, $B = \{a, c, d, e\}$ に対し，
$A \cup B = \{a, b, c, d, e\}$，$A \cap B = \{a, c\}$，$A^c = \{f, g, d, e\}$，$A - B = \{b\}$ である.

集合の演算には，集合と要素の包含関係を示した図（ベン図）を用いると分かりやすい．**図A－１**に例A.9－１の全体集合，および A と B に含まれる要素を視覚的に示す．なお，$A - B = \{b\}$ のように，ただ１つの要素からなる集合を**シングルトン**と呼ぶ.

定理A.9－１

（**ド・モルガンの定理**）２つの集合を A，B と書く．$A \cup B$ の否定と $A \cap B$ の否定に関し，以下の等式が成立する.

1. $(A \cup B)^c = A^c \cap B^c$,
2. $(A \cap B)^c = A^c \cup B^c$ (A.1)

【証明】

まず$(A \cup B)^c \subseteq A^c \cap B^c$を示す．任意に$\chi \in (A \cup B)^c$をとる．これは「$\chi \notin A$または$B$」と同値であり，定理A.3－1から，「$\chi \notin A$または$B$」は「$\chi \in A^c$かつ$\chi \in B^c$」と同値である．したがって，$\chi \in A^c \cap B^c$であり，$(A \cup B)^c \subseteq A^c \cap B^c$[26].

次に$A^c \cap B^c \subseteq (A \cup B)^c$を示す．任意に$\chi \in A^c \cap B^c$をとる．これは「$\chi \notin A$かつ$\chi \notin B$」と同値であり，定理A.3－1より，「$\chi \notin A$かつ$\chi \notin B$」は，「$\chi \in A^c$または$\chi \in B^c$」と論理的に等値である．したがって，$\chi \in (A \cup B)^c$であり，$A^c \cap B^c \subseteq (A \cup B)^c$．$(A \cup B)^c \subseteq A^c \cap B^c$および$A^c \cap B^c \subseteq (A \cup B)^c$であるから，$(A \cup B)^c = A^c \cap B^c$．2に関しては，練習問題とする．

□

A.10 写像と関数

2つの集合X，Yを考える．Xの任意の要素からYの要素をただ1つだけ対応付ける規則fを与える．これを$f: X \to Y$と書き，集合XからYへの**写像**と呼ぶ．このとき，集合Xを**定義域**，集合Yを**終域**と呼ぶ．要素$\chi \in X$に対応させられた要素$y \in Y$をfによるχの像と呼び，$y = f(\chi)$と書く．この写像を

$$f: X \to Y;\ \chi \to f(\chi) \tag{A.2}$$

と表記する．部分集合$A \subseteq X$に含まれる要素の像を寄せ集めてできる集合を改めて**像**と呼ぶことにしよう．すなわち，Aの像は$f(A) = \{f(\chi) \mid \chi \in X\}$であり，$f(A) \subseteq Y$である．**図A.2**は，この関係を示している．

例えば，ある飲料水メーカーがオレンジジュース（以下，Oという記号で

26　ここでは，命題「AならばB」が真であり，さらに「BならばC」が真であるならば，「AならばC」も真であるという論法が用いられている．これは三段論法などと呼ばれているが，正確には，**推移律**と言う．

図A－2　Xの部分集合Aの像f（A）

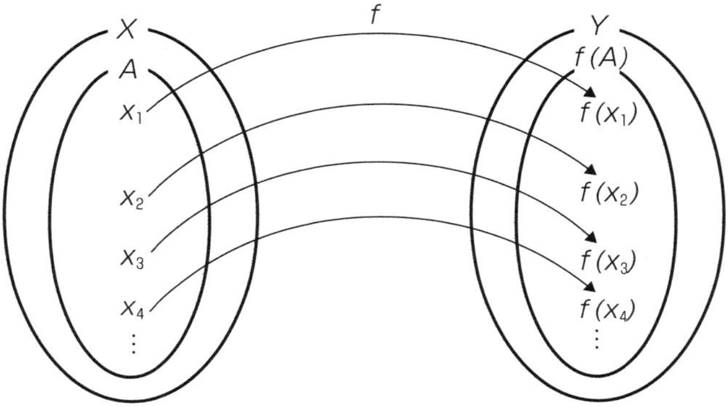

表す）とコーラ（以下，Cという記号で表す）を生産しており，それをいくらで販売するか検討しているとしよう．販売価格の選択肢は140円，あるいは160円であるとする．この飲料水メーカーは，コーラを140円と160円で流通させ，オレンジジュースは140円で一律に流通させたとしよう．この意思決定は，写像だと考えられる．なぜなら，飲料水の集合を$D = \{O, C\}$，販売価格の集合を$P = \{140円，160円\}$と書けば，対応関係$f : D \to P$が与えられるからである．この場合，$f(O) = 140$円および$f(C) = 140$円，160円であり，コーラという要素のみからなる集合$\{C\} \subseteq D$の像は$f(\{C\}) = \{140円，160円\} \subseteq P$である．したがって，$\{C\}$の像は$P$の部分集合となっている．もちろん，シングルトン$\{O\}$の像に関しても$f(\{O\}) = \{140\} \subseteq P$である．

図A－3　集合XからYへの写像f

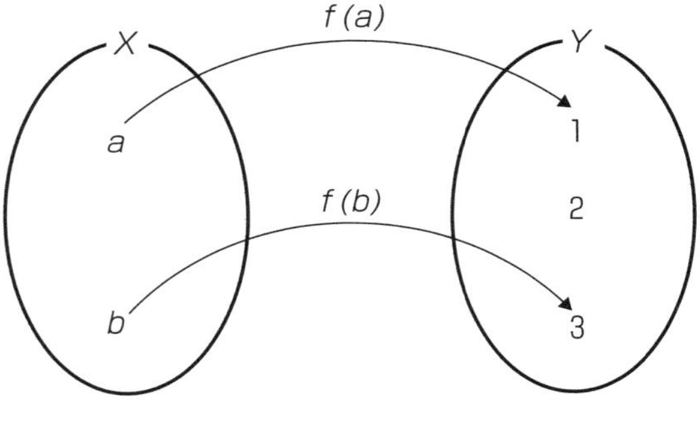

図 A－4　集合 A から集合 B への写像は全部で 4 通りである

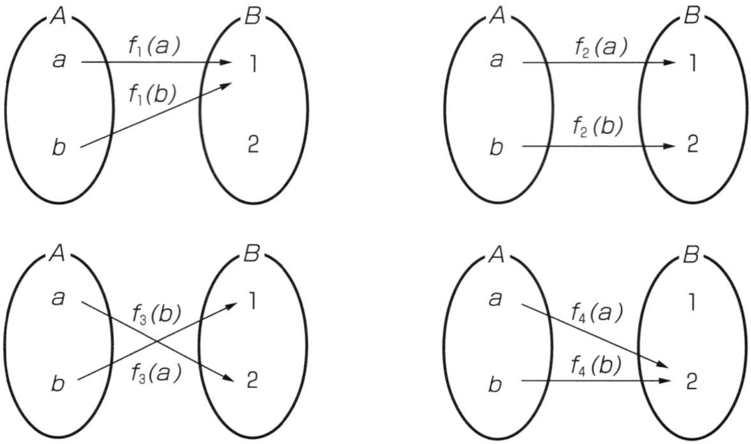

例 A.10 － 1

2つの集合 $X = \{a, b\}$, $Y = \{1, 2, 3\}$ を考える．写像 $f : X \to Y$ を $f(a) = 1$，写像 $f : X \to Y$ を $f(b) = 3$ とおけば，1 は f による a の像であり，3 は f による b の像である（**図 A － 3** を参照）．

例 A.10 － 2

2つの集合を $A = \{a, b\}$, $B = \{1, 2\}$ とおく．集合 A から B への写像は全部で何通り存在するか．

（解答）f_1 を $f_1(a) = 1$, $f_1(b) = 1$ とする．f_2 を $f_2(a) = 1$, $f_2(b) = 2$ とする．また f_3 を $f_3(a) = 2$, $f_3(b) = 1$ とし，最後に f_4 を $f_4(a) = 2$, $f_4(b) = 2$ とすれば，f_1, f_2, f_3, f_4 の 4 通り存在する（**図 A － 4** を参照）．

例 A.10 － 3

$[-1, 1] \subseteq \boldsymbol{R}$ に対し，$f(\chi) = -\chi^2 + 2$ を定義する．すると，$f : [-1, 1] \to \boldsymbol{R} : \chi \to -\chi^2 + 2$ と書くことができ，区間 $[-1, 1]$ の像は $f([-1, 1]) = \{-\chi^2 + 2 \mid \chi \in [-1, 1]\}$ である．もう少し変形すると，$\{-\chi^2 + 2 \mid \chi \in [-1, 1]\} = [1, 2]$．**図 A － 5** に示されているように，f によって区間 $[-1, 1]$ の要素は区間

図 A － 5　区間［－ 1, 1］の像 $f([-1, 1])$ は，区間［1, 2］である

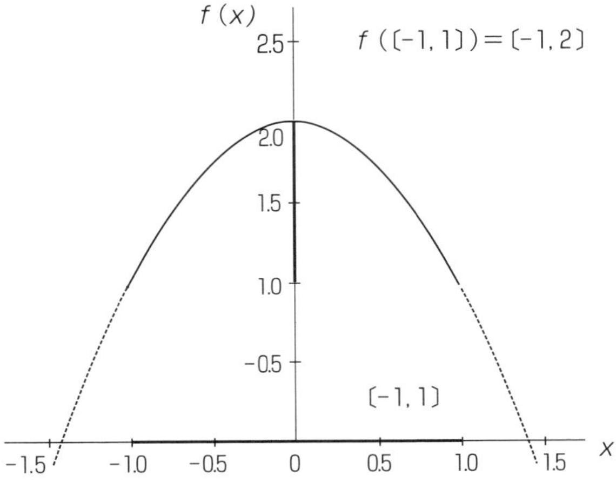

［1, 2］内の要素に対応付けられる.

写像が関数と類似した概念であることがお分かりいただけるだろう．しかし，飲料水メーカーの箇所で例示した写像 f を関数と呼ぶことはできない．その理由は次節で明らかになる.

A.11　関数

定義 A.11 － 1

実数の部分区間［a, b］を考える．すべての $x \in [a, b]$ に対し，写像 $f(x) = y$ が**ただ 1 通りに定まる**のであれば，f を**一変数関数**と言う．一方，平面上の部分区間（x, y）$\in [a_1, b_1] \times [a_2, b_2] \subseteq \boldsymbol{R}^2$ に対し，写像 $g(x, y) = z$ がただ 1 通りに定まる場合，g を**二変数関数**と言う．一般に（$x_1, x_2, \cdots, x_n$）$\in [a_1, b_1] \times [a_2, b_2] \times \cdots \times [a_n, b_n] \subseteq \boldsymbol{R}^n$ に対し，$h(x_1, x_2, ..., x_n) = w$ がただ一通りに定まるのであれば，h を**多変数関数**と呼ぶ.

図A−6　円の方程式は関数ではない

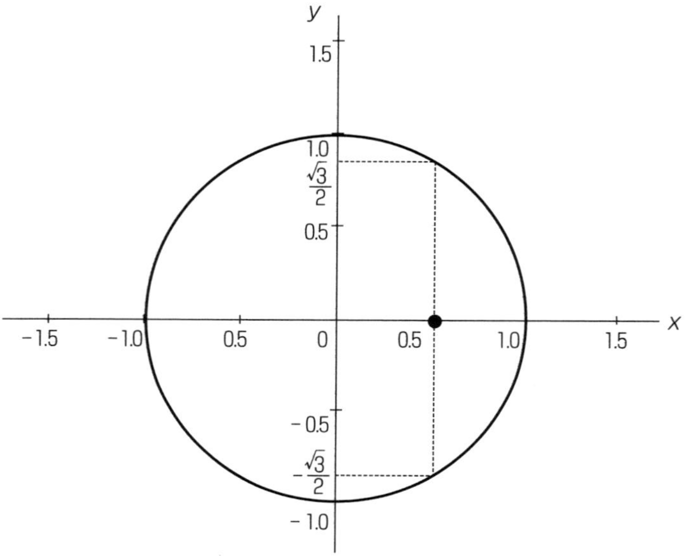

例A.11 − 1

　写像 $f: \mathbf{R} \to \mathbf{R}; \chi \to 2\chi + 1$ は，関数 $f(\chi) = 2\chi + 1$ に他ならない．なぜなら，$\chi \in \mathbf{R}$ を与えたとき，写り先 $2\chi + 1 \in \mathbf{R}$ はただ1通りに定まるからである．もし1通りに定まらないとすれば，2つの実数 χ_1 と $\chi_2 (\chi_1 \neq \chi_2)$ が存在して，$f(\chi_1) = f(\chi_2)$ が成立するはずである．しかし，$f(\chi_1) = 2\chi_1 + 1$ および $f(\chi_2) = 2\chi_2 + 1$ であるから，$f(\chi_1) = f(\chi_2)$ ならば，$\chi_1 = \chi_2$ である．これは $\chi_1 \neq \chi_2$ と矛盾し，$f(\chi)$ の移り先はただ1通りである．

　読者は，高等学校において"円の方程式"を学ばれたと思われる．例えば，$\chi^2 + y^2 = 1$ の (χ, y) 平面上における概形は**図A−6**のような点 $(0, 0)$ を中心とする半径1の円として描かれる．これは，**方程式であって関数ではない**．なぜならば，$\chi = 1/2$ を取れば，y の写り先が $\sqrt{3}/2$ と $-\sqrt{3}/2$ の2通り存在するからである．関数は写像の特殊なケースであり，それを規定する定義があることを覚えておきたい．

　図A−5において，グラフを示したが，グラフにも具体的な定義が存在する．

定義 A.11 − 2

一変数関数 $f: \boldsymbol{R} \to \boldsymbol{R}$ の**グラフ**とは，直積集合 $\boldsymbol{R}^2$ の部分集合

$$\{(x, f(x)) \mid x \in \boldsymbol{R}\}$$

である．二変数関数 $g: \boldsymbol{R}^2 \to \boldsymbol{R}$ のグラフとは，直積集合 $\boldsymbol{R}^3$ の部分集合である．

$$\{(x, y, g(x, y)) \mid (x, y) \in \boldsymbol{R}^2\}$$

読者は4次関数のグラフを視覚的に示すことができないことを御存じであろう．しかし，視覚化できないにもかかわらず，その偏導関数（後述）のグラフは描くことができる場合がある．これは，考えてみれば不思議なことである．

例 A.11 − 2

関数 $f(x) = 2x + 1$ のグラフとは，集合

$$\{(x, 2x + 1) \mid x \in \boldsymbol{R}\}$$

である．また二変数関数 $g(x, y) = 2xy + x - y$ のグラフは集合

$$\{(x, y, 2xy + x - y) \mid (x, y) \in \boldsymbol{R}^2\}$$

に他ならない．

A.12　数列の極限

自然数 $n = 1, 2, \ldots$ に対し，実数の列 a_1，$a_2, \ldots$, が定まる場合，この列を**数列**と呼び，$\{a_n\}_{n=1}^{\infty}$ と表記する．数列の最初の項 a_1 を**初項**と呼び，第 k 番目に並ぶ項 a_k を第 k 項と呼ぶ．

例 A.12 − 1

自然数 $n \in \boldsymbol{N}$ に対し，奇数の数列 $\{1, 3, 5, \cdots\} = \{2n - 1\}_{n=1}^{\infty}$ を定義できる．

例 A.12 − 1の数列は，自然数 n を次第に大きくしていくと，無限に大きくなる（これを発散するという）．しかし興味深いのは，$n \in \boldsymbol{N}$ を次第に大きくしていくと，ある値に近づく（収束する）ような数列 $\{a_n\}_{n=1}^{\infty}$ である．

定義 A.12 − 1

数列 $\{a_n\}_{n=1}^{\infty}$ が実数 α に**収束**するとは，n を徐々に大きくしたときに，a_n が α に徐々に近づく場合をいう．α を $\{a_n\}_{n=1}^{\infty}$ の**極限値**と呼び，$\lim_{n\to\infty} a_n \to \alpha$，あるいは $a_n \to \alpha$（$n \to \infty$）と表記する．

ただし，これは数列の収束に関する厳密な定義ではない．なぜならば，「徐々に近づく」とはどういったことなのかを明確にしていないためである．そこで本書では，この近づき方に関して具体例を使いつつ，直観的に説明する．一般的な定義に関しては田島（1978）や和久井（2013）を参照されたい．

例 A.12 − 2

数列 $\{a_n\}_{n=1}^{\infty}$ を式（A.3）として与える．

$$a_n = \frac{n-1}{2n+1} = 0, \frac{1}{5}, \frac{2}{7}, \frac{3}{9}, ... \tag{A.3}$$

$\{a_n\}_{n=1}^{\infty}$ は，$a_n \to 1/2 (n \to \infty)$ である．実際，$(n-1)/(2n+1)$ の分母と分子を n で割ることにより，

$$\lim_{n\to\infty} a_n = \lim_{n\to\infty} \frac{1-\frac{1}{n}}{2+\frac{1}{n}}$$

であるから，$\lim_{n\to\infty} 1/n \to 0$ より，$a_n \to 1/2 (n \to \infty)$ である．つまり，n を大きくすると，a_n は $1/2$ に収束する．このとき，$a_1 < a_2 < \cdots < a_n$ であるものの，どのような a_n に対しても，$a_n < 1/2$ であることが分かる．このように，すべての $n \in \boldsymbol{N}$ に対し，$|a_n| \leq k$ なる実数 k を見つけることができる場合，$\{a_n\}_{n=1}^{\infty}$ は**有界**であるという．

さて，例 A.12 − 2 を使い，数列 a_n が極限値 $1/2$ に「徐々に近づく」ことを直感的に説明しよう．極限値から，適当な幅 ε（ギリシア文字の「イプシロン」）をとる．この幅は極限値の **ε 近傍**と呼ばれる．ここでは便宜的に $\varepsilon = 0.4$ としておく．$n = 2$ の場合，$a_2 = 0.2$ だから，極限値との距離を絶対値計算によって求めると，$|0.5 - 0.3| = 0.2 < 0.4$ であり，ε よりも小さい．同様に，$n = 1$ を上回る，どのような自然数に対しても，a_n と極限値との距離

図A－7 数列 a_n が自然数 n に応じてとる値

n	a_n
1	0
2	0.2
3	0.286
4	0.333
5	0.364
6	0.385
7	0.4
8	0.412
9	0.421
10	0.429
11	0.435
12	0.44
13	0.444
14	0.448
15	0.452
16	0.455
17	0.457
18	0.459
19	0.462
20	0.463

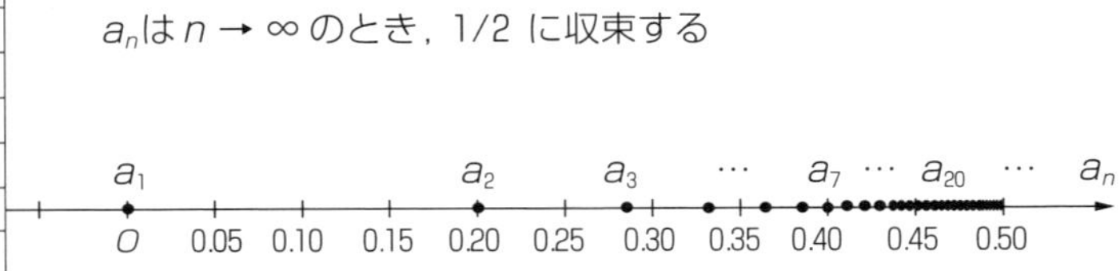

図A－8 数列 a_n が極限値に収束することの直感的な説明

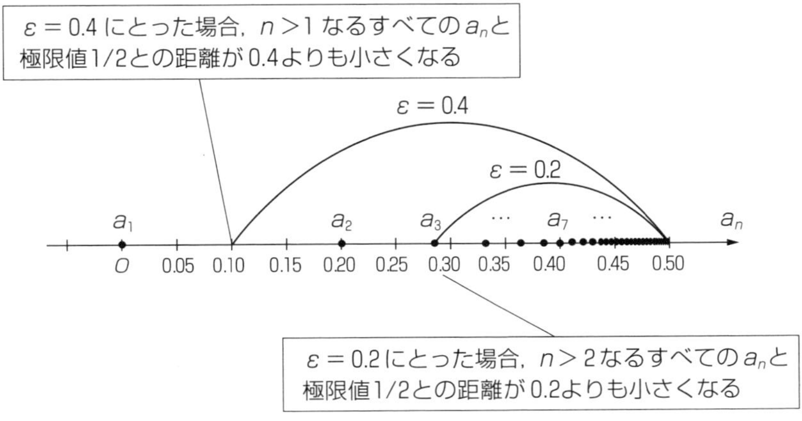

はε未満である．例えば，$n = 3$の場合，**図 A.7**の表より$a_3 = 0.286$であるから，極限値との距離は$|0.5 - 0.286| = 0.214 < 0.4$である．そこで今度は，$\varepsilon = 0.2$をとってみる．すると$n = 2$を上回るすべての自然数$n$に対して，$a_n$と極限値0.5との距離は$\varepsilon$未満におさまる．$\varepsilon$の取り方は適当，つまりどんなに小さくとってもよい．εをどんなに小さくとったとしても，第N番目以降の自然数$n > N$に対応する数列a_nと極限値との距離がε未満であるならば，a_nは徐々に極限値に近づく（収束する）と定義する．この定義を踏まえるならば，上で紹介した例について$n = 1$，あるいは$n = 2$ではなく，$N = 1$あるいは$N = 2$と書くべきであった．定義のエッセンスは，εの値を0.01や0.0001など，どんなに小さくとったとしても，それに応じて，下線部の条件を満たすような自然数$n > N$を発見できることである．数列a_nと極限値との距離がε近傍内に収まるようなnが見つからなければ，数列a_nは極限値に近づかないのである．

さて，例 A.12 − 2では$n \to \infty$のとき，$1/n \to 0$を何の断りもなく用いた．これは一見自明なことであるが，上記の収束の定義を用いることで証明できる．数列$\{a_n\}_{n=1}^{\infty}$の極限値をαと書こう．以上で説明した数列の収束の定義を記号を用いて書く．

定義 A.12 − 2　数例 $\{a_n\}_{n=1}^{\infty}$ の収束

任意の$\varepsilon > 0$に対し，$n > N$なる自然数nが存在し，$|a_n - \alpha| < \varepsilon$である場合，$\lim_{n \to \infty} a_n \to \alpha$である．

この定義と以下の**アルキメデスの公理**を用いて，

$$\lim_{n \to \infty} \frac{1}{n} \to 0 \tag{A.4}$$

を証明してみよう[27]．

公理 A.12 − 1（アルキメデスの公理）

27　なお公理とは，「2次元平面上の2つの平行線は互いに交わらない」などの，証明を与えずに真であるとされる数学的主張のことである．

正の実数 χ, y に対し

$\chi < ny$

を満たす自然数 n が存在する．

【証明】

任意に $\varepsilon > 0$ をとる．2つの自然数 n, $n'(n > n')$ の間には，次の不等式が成立する．

$$\left|\frac{1}{n} - 0\right| = \frac{1}{n} < \frac{1}{n'} \tag{A.5}$$

公理 A.12 − 1 より，$\chi = 1$，$y = \varepsilon$ とおけば，

$$1 < n'\varepsilon$$

つまり

$$\frac{1}{n'} < \varepsilon \tag{A.6}$$

をみたす $\varepsilon > 0$ をとることができる．式（A.5）と式（A.6）を結び合わせると，

$$\left|\frac{1}{n} - 0\right| < \varepsilon \tag{A.7}$$

なる $\varepsilon > 0$ をとることができる．したがって，定義 A.12 − 2 から，式（A.4）が成立する．

□

ここで，**図 A − 7** 内の表の $n = 7$ に注目しよう．$a_7 = 0.4$ である．n を 1, 2, ..., 6 と n 軸の左側方向から 7 に近づけたとしても，..., 10, 9, 8 と右側方向から 7 に近づけた場合にも 0.4 に収束する．左側方向から 7 に近づけることを $n \to -7$ と書き，右側から 7 に近づけることを $n \to +7$ と書く．左から近づけた場合の極限値を**左極限**という．一方，右側からづけた場合の極限値を**右極限**という．例 A.12 − 2 では，左右の極限値が 0.4 で一致しているから，

$$\lim_{n \to +7} a_n = \lim_{n \to -7} a_n = 0.4$$

と表される．

A.13　数学的帰納法

すべての自然数 $n = 1, 2, \cdots$ に対し，偶数の数列 2, 4, 6, …は，$\{2n\}_{n=1}^{\infty}$ と書くことができる．自然数 $n = 1, 2, \cdots$ は無限に続く列であり，それらに対応する a_n もまた，無限に続く列である．そこで，第 k 項においても $2k$ が成立していることを示す必要性がある．そのためには，**数学的帰納法**が用いられる．数学的帰納法は，数列 $\{a_n\}_{n=1}^{\infty}$ に関して，$n = 1$ のとき，a_1 が成立していれば，$n = k \in N$ の場合にも a_n が成立すると仮定し，a_{k+1} も成立することにより，どのような $n \in N$ に対しても an が成立することを証明する方法である．この方法がなぜ論理学的に正しい理由について興味のある読者は，和久井（2013）の証明を参照されたい．

例 A.13 － 1

奇数の数列 $\{2n-1\}_{n=1}^{\infty} = \{1, 3, 5, ..., 2n-1, ...\}$ の各項の和 S_n に関し

$$S_n = 1 + 3 + 5 + \cdots + 2n - 1 = n^2 \tag{A.8}$$

が成立する．

例えば，$S_2 = 1 + 3 = 4 = 2^2$ であり，$S_3 = 1 + 3 + 5 = 9 = 3^2$ である．

（証明）$n = 1$ のとき，

$$S_1 = 1 = 1^2 = 1$$

により，式（A.8）は成立する．

$n = k$ のときにも式（A.8）が成立すると仮定すれば，

$$S_k = 1 + 3 + 5 + \cdots + 2k - 1 = k^2 \tag{A.9}$$

であり，$n = k + 1$ のとき，数学的帰納法の仮定（式（A.9））を用いて，

$$\begin{aligned} S_{k+1} &= 1 + 3 + 5 + \cdots + 2k - 1 + 2(k+1) - 1 \\ &= k^2 + 2(k+1) - 1 = k^2 + 2k + 1 = (k+1)^2 \end{aligned}$$

よって $n = k + 1$ の場合にも等式は成立し，すべての $n \in N$ に対して式（A.4）が成立する．　□

A.14　関数の微分可能性と導関数の定義

関数 $f(\chi)$ の各点 $\chi \in \boldsymbol{R}$ における微少な変化を捉える操作を**微分**という．関数は，微分可能な関数と微分不可能な関数に分けられる．我々が公務員試験・大学学部の経済学の講義などで見かける関数は，ほぼすべて微分可能な関数である．実は，それらは特定の強い条件を満たす関数であり，多くのケースにおいて関数は微分できない．その強い条件について定義しよう．

定義 A.14 − 1

実数直線上の閉区間 $[a, b] \subseteq \boldsymbol{R}$ 上で定義された関数 $f(\chi)$ が**微分可能であるとは**，

1. $[a, b]$ 内の任意の点 c に対し，$f(\chi)$ が極限値 $f(c)$ をもつ，言い換えれば

$$\lim_{\chi \to c} f(\chi) \to f(c) \tag{A.10}$$

であり，さらに

2. $f(\chi)$ が**滑らか**な場合

である．

定義 A.14 − 1 は，関数の**連続性**と呼ばれる．ただし，この定義だけでは不十分である．その理由は，数列の極限について説明したときと同じく，χ が c に近づくことを明確に定義していないからである．ただし，その定義は複雑であるため，最初に直観的な説明を与える．$f(c)$ と，その周りの $f(\chi)$ との距離を正の実数 ε 以内に抑え込めるとしよう．その ε に応じて，$c \in [a, b]$ とその周りの χ との距離を正の実数 δ（ギリシア文字の「デルタ」）で抑え込めるのであれば，$f(\chi)$ は点 $c \in [a, b]$ において連続であるという．そして，その場合に限り式（A.10）が成立すると定義する．この定義の中で最も重要なのは，（適当に与えた）ε の値に応じて **δ の値を 1 つでもとることができる**ことである．視覚的に説明することにしよう．**図 A − 9** と**図 A − 10** に，実数直線上の部分区間上のある点において，連続な関数と連続でない関数のグラフを

図A－9　連続な関数の例：f(χ) はχ＝1で連続である

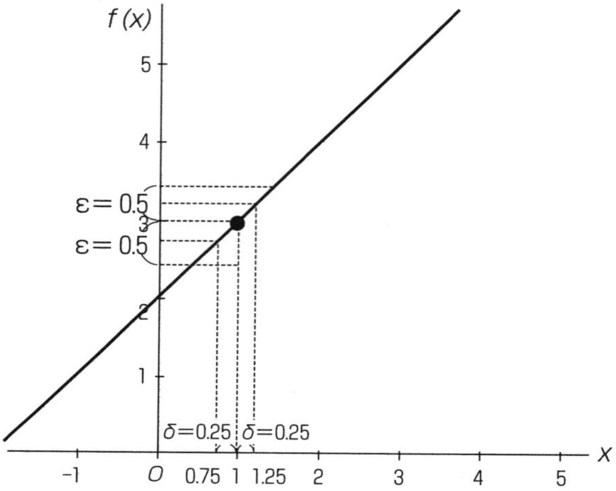

図A－10　連続ではない関数の例：g（χ）はχ＝1で連続ではない

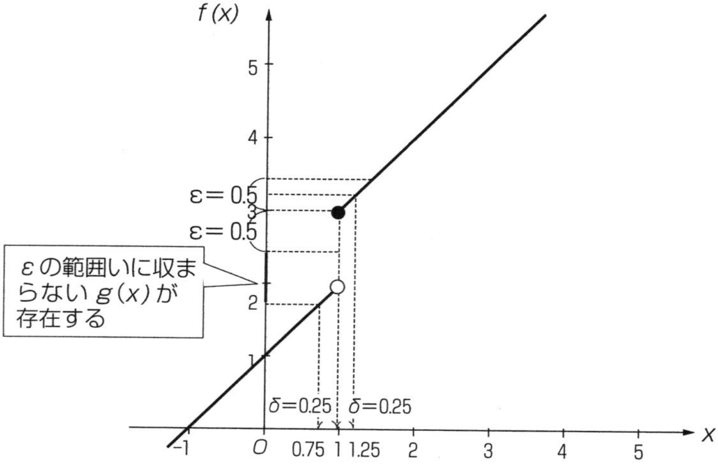

それぞれ示す.

例 A.14 － 1

$[a, b] \subseteq \boldsymbol{R}$ で定義されている関数 $f(\chi)$ を考える.

$$f(\chi) = \chi + 2 \tag{A.11}$$

今, 点 (1, 3) に注目し, $\lim_{\chi \to 1} f(\chi) = 3$ であることを説明する. 例として $f(\chi) = 3$ の周囲に $\varepsilon = 0.5$ の幅をとる（なお ε のとり方は任意, つまり自由であるから 0.5 に限らず, 正の実数なら, 何であってもよい). この幅のことを近傍と呼ぶ. すると, この近傍内には, 区間 [2.5, 3.5] 上のすべての点が含まれる. そこで, $\chi = 1$ の周りに例えば $\delta = 0.25$ をとると, δ の近傍内には, 区間 [0.75, 1.25] 上のすべての点が含まれる. すると**図 *A* − 9** に示されているように, $\chi \in [0.75, 1.25]$ に対応する $f(\chi)$ は, すべて区間 [2.5, 3.5] 内に含まれている. ポイントは, 0.25 に限らず, ε の大きさに応じて, δ の値を 1 つでもとることができるかどうかである. そして, どのような ε のとり方に対しても, それに応じて δ の幅をとることができるため（読者は ε と δ の大きさを変えることにより, これを確かめられたい), $f(\chi)$ は $\chi = 1$ で連続であり, $\lim_{\chi \to 1} f(\chi) = 3$ である.

次に連続ではない関数の例として, $[a, b] \subseteq \boldsymbol{R}$ 上で定義されている次の関数を考えてみよう.

例 *A*.14 − 2

$\chi = 1$ で連続ではない関数 $g(\chi)$

$$g(\chi) = \begin{cases} \chi + 1 : \chi < 1 \text{ の場合} \\ \chi + 2 : \chi \geq 1 \text{ の場合} \end{cases} \tag{A.12}$$

図 *A* − 10 を参照されたい. $g(\chi)$ は $\chi = 1$ で連続ではない. 先ほどと同じように $g(\chi) = 3$ の周囲に $\varepsilon = 0.5$ の幅（近傍）をとり, $\chi = 1$ の周りに $\delta = 0.25$ の幅をとる. $\chi \in [0.75, 1.25]$ に対応するのは, $g(\chi) \in [1.75, 3.5]$ である. そこで例えば, $\chi = 0.8$ をとると, $g(0.8) = 1.8$ である. $g(0.8)$ と $g(1)$ との距離は, $|g(1) - g(0.8)| = 1.2$ より, ε 以内に収まらない（0.7 だけはみ出してしまう). 同じようにして, δ の大きさをいかに小さくしようとも, $\varepsilon = 0.5$ 以内に収まらない $g(\chi) \in [1.75, 3.5]$ が存在する. したがって, $g(\chi)$ は $\chi = 1$ で連続ではない.

以上で説明してきた連続性の定義は, 正の実数 ε の値に応じて, ある δ をとるという意味合いから, **ε − δ**（イプシロン・デルタ）**論法**と呼ばれる.

$\varepsilon - \delta$ 論法にしたがい, 関数の連続性の定義を厳密に書くと, 次のようになる.

定義 A.14 − 2　関数 $f(\chi)$ の点 a における連続性

$[b, c] \subseteq \boldsymbol{R}$ 上で定義されている関数 $f(\chi)$ を考える．このとき，任意の $\varepsilon > 0$ に対し，ある $\delta > 0$ が存在して，

$$|\chi - a| < \delta \text{ ならば，} |f(\chi) - f(a)| < \varepsilon \qquad (A.13)$$

が満たされる場合，関数 $f(\chi)$ は点 a において連続であり，$\lim_{\chi \to 0} f(\chi) = f(a)$ である．すべての $a \in [b, c] \subseteq \boldsymbol{R}$ に対し，式（A.14）が成立する場合，$f(\chi)$ は区間［b, c］上の連続関数であるという．

この定義にしたがい，$f(\chi) = \chi^2$ が連続関数であることを証明してみよう．まず式（A.13）より，任意の $a \in \boldsymbol{R}$ に対して

$$|f(\chi) - f(a)| = |\chi^2 - a^2| = |\chi + a||\chi - a| \qquad (A.14)$$

と変形する．続いて $|\chi + a| = |\chi - a + 2a|$ へ，三角不等式 $|\chi - a + 2a| < |\chi - a| + 2a$ を適用する[28]．そうすることにより，式（A.14）は式（A.15）に書き換えられる．

$$|f(\chi) - f(a)| < (|\chi - a| + 2a)|\chi - a| \qquad (A.15)$$

定義 A.14 − 2 の条件に注目し，$|\chi - a| < \delta$ を用いれば，定義 A.14 − 1 式（A.15）は式（A.16）に書き換えられる．

$$|f(\chi) - f(a)| < (|\chi - a| + 2a)|\chi - a| < (\delta + 2a)\delta \qquad (A.16)$$

すると，定義 A.14 − 2 の結論から，式（A.16）の $(\delta + 2a)\delta$ を ε と一致するようにとればよいことが分かる．すなわち，

$$(\delta + 2a)\delta = \varepsilon \qquad (A.17)$$

より，

$$\delta^2 + 2a\delta = \varepsilon$$

を解けばよい．右辺を変形すれば式（A.18）を得る．

$$(\delta + a)^2 - a^2 = \varepsilon \qquad (A.18)$$

28　三角不等式とは，任意の $\chi \in \boldsymbol{R}$ と $y \in \boldsymbol{R}$ に対し，$|\chi + y| \leq |\chi| + |y|$ が成立することをいう．その証明については，練習問題とする．

図A－11　f(χ）の導関数（微分係数）の導出方法

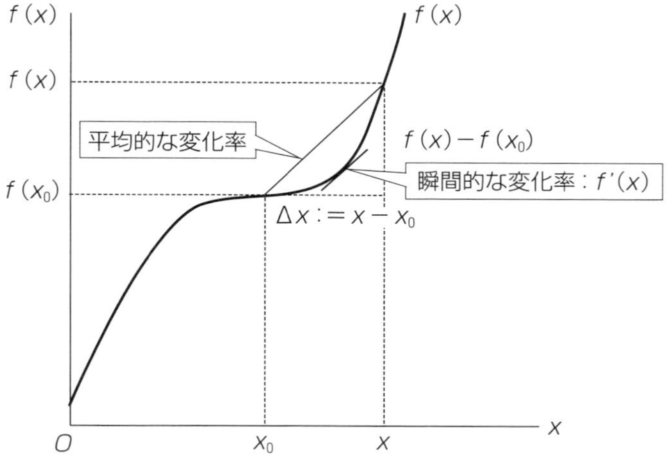

式（A.18）をδについて解くことにより（絶対値の定義から，δは正の実数であることに注意したい），

$$\delta = -a + \sqrt{a^2 + \varepsilon} \tag{A.19}$$

にとればよい．式（A.19）を式（A.16）のδへ代入することで，

$$|f(\chi) - f(a)| < (\delta + 2a)\delta$$
$$= (a + \sqrt{\varepsilon + a^2})(-a + \sqrt{\varepsilon + a^2}) < \varepsilon$$

が満たされることを確認できる．つまり，任意の$a \in \boldsymbol{R}$に対して，$|f(\chi) - f(a)|$を正の実数ε以内に収めることができる．したがって，$f(\chi)$は連続関数である．

関数$f(\chi)$が微分可能であるためには，連続性の他に滑らかさの条件があった．関数が滑らかであることを理解するためには，$f(\chi)$の微分係数を知る必要がある．そこで，先にそれを紹介しよう．

定義A.14－1を満たす関数$f(\chi)$は微分可能であり，**導関数**$f'(\chi)$をもつという．“′”は，微分演算を表す記号であり，「ダッシュ」と呼ぶ．関数$f(\chi)$の点χ_0における導関数（微分係数）$f'(\chi_0)$は点χ_0における瞬間的な変化率を表す．導関数を計算するための方法を説明しよう．

定義A.14－1を満たす閉区間［a, b］上で定義された関数$f(\chi)$が与えられているとする．今，［a, b］内の1点（$\chi_0, f(\chi_0)$）を任意にとる（**図A－11**を参照）．χ_0の周りの任意の点χとχ_0との差を$\Delta\chi := \chi - \chi_0$と書けば，この2点間の平均的な変化率は式（A.20）として与えられる[29]．

$$\frac{f(\chi) - f(\chi_0)}{\chi - \chi_0} = \frac{f(\chi_0 + \Delta\chi) - f(\chi_0)}{\Delta\chi} \tag{A.20}$$

今，点χ_0とχとの差$\Delta\chi$を限りなく小さくする（$\Delta\chi \to 0$）と関数$f(\chi)$の点χ_0における瞬間的な変化率が求められる．この瞬間的な変化率を$f'(\chi_0)$と書き，χ_0における**微分係数**，または**導関数**と呼ぶ．つまり，$\chi \to \chi_0$のとき，$\Delta\chi \to 0$であるから，

$$\begin{aligned} f'(\chi_1) &= \lim_{\chi \to \chi_1} \frac{f(\chi) - f(\chi_0)}{\chi - \chi_0} \\ &= \lim_{\Delta\chi \to 0} \frac{f(\chi_0 + \Delta\chi) - f(\chi_0)}{\Delta\chi} \end{aligned} \tag{A.21}$$

と表される．χ_0の取り方は任意であるから，式（A.21）で定義している導関数$f'(\chi_0)$を［a, b］内における任意の点χに拡張し，関数$f'(\chi)$の導関数と呼ぶことにする．$f'(\chi)$は$df(\chi)／d\chi$とも書く．すると，式(A.21)は式(A.22)に一般化される．

$$f'(\chi) = \frac{df(\chi)}{d\chi} = \lim_{\chi \to 0} \frac{f(\chi + \Delta\chi) - f(\chi)}{\Delta\chi} \tag{A.22}$$

式（A.22）は，2点間の幅$\Delta\chi$を徐々に狭めていき，$f(\chi)$の瞬間的な変化率を捉えている．

少々遠回りしたが，ここで滑らかな関数の定義に戻ろう．関数$f(\chi)$が連続であったとしても，必ずしも微分可能とは言えない．

閉区間上の一点dを固定し，dの左側の点からdに近づけることで微分係数をとったとしても（これを**左微分係数**という），右側の点からから近づけること で微分係数をとったとしても（**右微分係数**），これらの値が一致する場合

29「：」は，右辺のように定義するという意味である．

図A－12　滑らかでない関数の例（左）:X＝0での左右微分係数が一致しない（右）

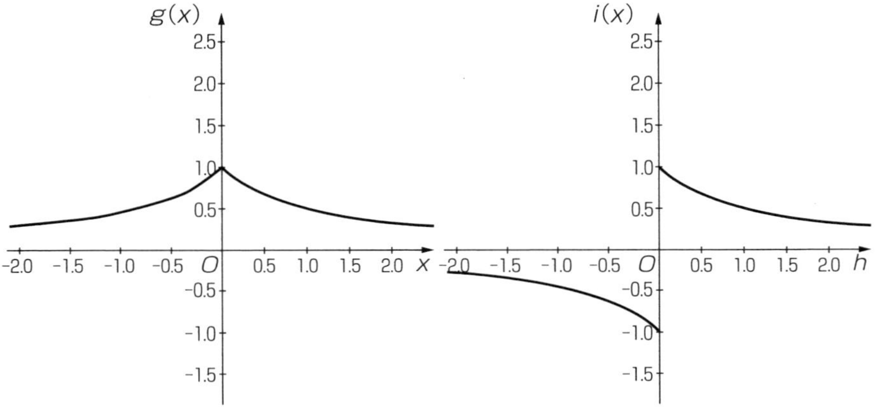

に限り $f(\chi)$ は微分可能である．この条件を満たす $f(\chi)$ は滑らかであるという．例えば，以下のような実数値関数 $g(\chi)$ を考えてみよう．

$$g(\chi) = \frac{1}{1 + |\chi|} \tag{A.23}$$

$\lim_{\chi \to 0} g(\chi) = 1 = g(0)$ であり，$g(\chi)$ は $\chi = 0$ で連続である．そこで，$g(\chi)$ の $\chi = 0$ にける微分係数を求めると

$$\lim_{h \to \pm 0} \frac{g(0+h) - g(0)}{h} = \lim_{h \to \pm 0} \frac{\frac{1}{1+|h|} - 1}{h} \lim_{h \to \pm 0} \frac{|h|}{h(1+|h|)}$$

ここで，$g(\chi)$ の $h \to -0$（左微分係数）および $h \to +0$（右微分係数）の各ケースにおける極限値を図式的に確認するため，$i(h) = |h| / h(1 + |h|)$ とおいて，$i(h)$ のグラフを描いた**図A－12**（右図）を参照されたい（なお，左側の図は，$g(\chi)$ のグラフを描いている．）図より，

$$\lim_{h \to -0} \frac{|h|}{h(1+|h|)} = -1 \neq 1 = \lim_{h \to +0} \frac{|h|}{h(1+|h|)} \tag{A.24}$$

となることが分かる．つまり，$g(\chi)$ の左右微分係数が一致せず，連続でないことが分かる．したがって，$g(\chi)$ は $\chi = 0$ で微分不可能である．このよ

うに，微分可能な関数は，導関数の左右極限が一致している場合に限られる．

A.15　微分の演算

前節で述べた導関数の定義に沿って，具体的な関数の微分計算をしていこう．

例 *A*.15 － 1

第４章で登場した，独占企業の総費用関数 $TC(\chi) = \chi^2 + 2\chi + 1$ の導関数を求めてみよう．関数 $TC(\chi)$ に式（A.24）を適用する．

$$TC'(\chi) = \lim_{\Delta\chi\to 0}\frac{(\chi + \Delta\chi)^2 + 2(\chi + \Delta\chi) + 1 - \chi^2 - 2\chi - 1}{\Delta\chi}$$
$$= \lim_{\Delta\chi\to 0}\frac{2(\Delta\chi) + 2\chi(\Delta\chi) + (\Delta\chi)^2}{\Delta\chi}$$
$$= \lim_{\Delta\chi\to 0} 2 + 2\chi + \Delta\chi = 2 + 2\chi$$

区間 $[a, b]$ 内の各点を導関数 $f'(\chi)$ に代入することにより，各点における瞬間的な変化率が導出される．例えば，例 A.15 － 1 で求めた導関数の $\chi = 1$ における瞬間的な変化率は $TC'(1) = 4$ である．この瞬間的な変化率を用いることで，区間 $[a, b]$ 上の点 χ^* 付近で $y = f(\chi)$ を近似することができる．これを**接線の方程式**と言う．

定義 A.15 － 1

区間 $[a, b]$ 内で定義された関数 $y = f(\chi)$ の点 χ^* における接線の方程式は次式である．

$$y - f(\chi^*) = f'(\chi^*)(\chi - \chi^*)$$

例 *A*.15 － 2

関数 $TC(\chi) = \chi^2 + 2\chi + 1$ の点（1, 4）における接線の方程式を求めてみよう．
$TC(1) = 4$，$TC'(1) = 4$ より

$$y - 4 = 4(\chi - 1)$$

であるから，次のようになる．

図 A − 13　$TC(\chi)$ の点（1, 4）における接線の方程式

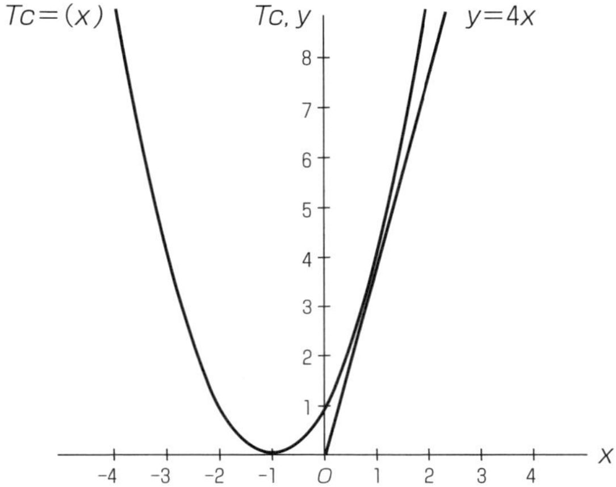

$$y = 4\chi$$

図 A − 13 に $TC(\chi)$ と y のグラフを示す．$f'(\chi^*)$ は点 χ^* における接線の傾きを示すため，これを用いれば関数の局所的な最大値，すなわち極大値と極小値（関数の局所的な最小値）を判定することが可能である．極大値と極小値を合わせて，関数の**極値**という．本巻末の目標の１つは，関数の極値計算により，グラフを描くことである．

極値の分析に入る前に，導関数の計算に慣れておこう．定義 A.14 − 1 を満たす，閉区間 $[a, b]$ 上で定義された関数 $f(\chi)$ が与えられているとする．$f(\chi)$ の導関数 $f'(\chi)$ の計算に関して，次の定理 A.15 − 1 が成立する．

定理 A.15 − 1

1. 関数の和と差に関する微分公式．定義 A.14 − 1 を満たす関数 $g(\chi)$ に対し次式が成立する．

$$(f(\chi) \pm g(\chi))' = f'(\chi) \pm g'(\chi)$$

2. 関数の定数倍に関する微分公式．任意の実数 c に対し，次式が成立する．

$$(cf(\chi))' = cf'(\chi)$$

3. 積関数の微分公式．定義 A.14 − 1 を満たす関数 $g(\chi)$ に対し，次式が成立する.

$$(f(\chi)g(\chi))' = f'(\chi)g(\chi) + f(\chi)g'(\chi)$$

4. 商関数の微分公式．定義 A.14 − 1 を満たす関数 $g(\chi) \neq 0$ に対し，次式が成立する.

$$\left(\frac{f(\chi)}{g(\chi)}\right)' = \frac{f'(\chi)g(\chi) - f(\chi)g'(\chi)}{(g(\chi))^2}$$

1つずつ証明していこう.

【証明】

1. 式（A.22）より次のように計算される.

$$(f(\chi) \pm g(\chi))'$$

$$= \lim_{\Delta\chi \to 0}\left(\frac{f(\chi + \Delta\chi) - f(\chi)}{\Delta\chi} \pm \frac{g(\chi + \Delta\chi) - g(\chi)}{\Delta\chi}\right)$$

$$= \lim_{\Delta\chi \to 0}\frac{f(\chi + \Delta\chi) - f(\chi)}{\Delta\chi} \pm \lim_{\Delta\chi \to 0}\frac{g(\chi + \Delta\chi) - g(\chi)}{\Delta\chi}$$

$$= f'(\chi) \pm g'(\chi)$$

2. 式（A.22）より次のように計算される.

$$(cf(\chi))' = \lim_{\Delta\chi \to 0}\left(\frac{cf(\chi + \Delta\chi) - cf(\chi)}{\Delta\chi}\right)$$

$$= c\lim_{\Delta\chi \to 0}\frac{f(\chi + \Delta\chi) - f(\chi)}{\Delta\chi}\,cf'(\chi)$$

3. 式（A.22）を用いることにより次のように計算される.

$$(f(\chi)g(\chi))'$$

$$= \lim_{\Delta\chi \to 0}\left(\frac{f(\chi + \Delta\chi)g(\chi + \Delta\chi) - f(\chi)g(\chi)}{\Delta\chi}\right)$$

$$= \lim_{\Delta\chi \to 0}\left(\frac{(f(\chi+\Delta\chi)-f(\chi))g(\chi+\Delta\chi)+(g(\chi+\Delta\chi)-g(\chi))f(\chi)}{\Delta\chi}\right)$$

ここで，$\Delta\chi \to 0$ のとき，$g(\chi + \Delta\chi) \to g(\chi)$ であるから，次式となる.

$$(f(\chi)g(\chi))' = f'(\chi)g(\chi) + f(\chi)g'(\chi)$$

4. 式（A.22）を用いることにより次のように計算される．

$$\left(\frac{f(x)}{g(x)}\right)' = \lim_{\Delta x \to 0}\left(\frac{\dfrac{f(x+\Delta x)}{g(x+\Delta x)} - \dfrac{f(x)}{g(x)}}{\Delta x}\right)$$

$$= \lim_{\Delta x \to 0}\left(\frac{f(x+\Delta x)g(x) - g(x+\Delta x)f(x)}{\Delta x(g(x+\Delta x)g(x))}\right)$$

$$= \lim_{\Delta x \to 0}\left(\frac{\{f(x+\Delta x)-f(x)\}g(x)-\{g(x+\Delta x)-g(x)\}f(x)}{\Delta x(g(x+\Delta x)g(x))}\right)$$

ここで$\Delta x \to 0$のとき，$g(x+\Delta x) \to g(x)$ であるから，次式となる．

$$\left(\frac{f(x)}{g(x)}\right)' = \lim_{\Delta x \to 0}\left(\frac{\{f(x+\Delta x)-f(x)\}g(x)}{\Delta x(g(x))^2}\right)$$

$$- \lim_{\Delta x \to 0}\left(\frac{\{g(x+\Delta x)-g(x)\}f(x)}{\Delta x(g(x))^2}\right)$$

$$= \frac{f'(x)g(x) - f(x)g'(x)}{(g(x))^2}$$

本書では，関数 $f(x) = x^n$，$n \in \boldsymbol{N}$ の微分公式を多用するため，以下の系を証明しておく．ただし系とは，定理から直ちに導かれる命題をいう．

系 A.15 − 1

n を自然数であるとする．$f(x) = x^n$ の導関数は

$$f'(x) = nx^{n-1} \tag{A.25}$$

である．

【証明】

帰納法を用いて証明する．$n = 1$ のとき，$f(x) = x$ であるから，

$$f'(x) = \frac{(x+\Delta x) - x}{\Delta x} = 1$$

が成り立つ．$n = k$ の場合に式（A.9）が成立すると仮定すれば，

$$f'(x) = kx^{k-1}$$

である．$k = n + 1$ のとき

$$f'(\chi) = (\chi^{k+1})' = (\chi^k \chi)'$$

である．式（A.25）が成立するという仮定により，$(\chi^k)' = k\chi^{k-1}$ であり，また積関数の微分公式を適用すれば，

$$(\chi^k \chi)' = k\chi^{k-1}\chi + \chi k(\chi)' = k\chi^k + \chi^k$$
$$= (k+1)\chi^k = (k+1)\chi^{(k+1)-1}$$

したがって，任意の自然数 n に対し，

$$(\chi^n)' = n\chi^{n-1}$$

が成立する．

次に，関数 $f(\chi) = \sqrt{\chi}$ の微分係数を導出してみよう．これには少々技術的な計算方法を要する．式（A.22）より次のようになる．

$$f'(\chi) = \lim_{\Delta\chi \to 0} \frac{\sqrt{\chi+\Delta\chi} - \sqrt{\chi}}{\Delta\chi} = \lim_{\Delta\chi \to 0} \frac{\sqrt{\chi+\Delta\chi} - \sqrt{\chi}}{\Delta\chi} \cdot \frac{\sqrt{\chi+\Delta\chi} + \sqrt{\chi}}{\sqrt{\chi+\Delta\chi} + \sqrt{\chi}}$$

$$= \lim_{\Delta\chi \to 0} \frac{\Delta\chi}{\Delta\chi(\sqrt{\chi+\Delta\chi} + \sqrt{\chi})} = \lim_{\Delta\chi \to 0} \frac{1}{\sqrt{\chi+\Delta\chi} + \sqrt{\chi}} = \frac{1}{2\sqrt{\chi}}$$

A.16　関数の極大・極小値とグラフの描写方法

定義 A.16 － 1

極大値 $f(\chi)$ を開区間［a, b］上で定義された関数であるとする．［a, b］内の１点 c を固定し，［a, b］内の任意の点 χ に対し

$$f(c) \geq f(\chi)$$

が満たされる場合，$f(c)$ を f の**極大値**と呼ぶ．また，［a, b］内の１点 d を固定し，［a, b］内の任意の点 χ に対し

$$f(d) \leq f(\chi)$$

が満たされる場合，$f(d)$ を f の**極小値**と呼ぶ．また，閉区間［a, b］内において $f(\chi)$ の取る最大の値を**最大値**，最少の値を**最小値**と呼び，それぞれ $max\, f(\chi)$，$min\, f(\chi)$ と書くこととする．

図 A − 14　区間［0, 1］における $TC(\chi)$ の最小値と最大値

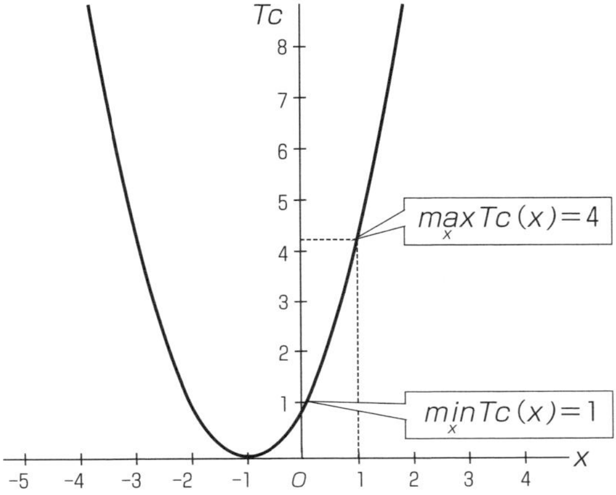

例 *A*.16 − 1

図 *A* − 14 を参照されたい．関数 $TC(\chi) = \chi^2 + 2\chi + 1$ は閉区間［0, 1］で，$\min_x TC(\chi) = TC(0) = 1$，$\max_x TC(\chi) = TC(1) = 4$ をとる．

ここで重要な定理を紹介する．ただし，証明は志賀（1988）を参照されたい．

定理 A.16 − 1

（最大値・最小値の定理）閉区間［a, b］が $f(\chi)$ で連続ならば，$f(\chi)$ はこの区間内で最大値と最小値をとる．

定理 A.16 − 1 の主張を直感的に説明しよう．関数 $f(\chi)$ のグラフは区間［a, b］上で凹凸状のカーブ，もしくは正・負の傾きをもつ直線として表される．その中には，必ず最大値と最小値が存在するのである．水平線（つまり定数値関数）である場合には，最大値と最小値が一致している．直感的には明らかな定理である．この定理により，次の**ロルの定理**が証明される．

定理 A.16 − 2（ロルの定理）

関数 $f(\chi)$ が閉区間［a, b］$\subseteq \boldsymbol{R}$ で連続であり（ただし，$f(\chi)$ は定数値関数ではないとする），開区間（a, b）で微分可能であり，さらに $f(a) = f(b)$

が成立する場合，$f'(\chi^*)=0$ を満たす $\chi^* \in (a, b)$ が存在する．

【証明】

最大値・最小値の定理より，閉区間［a, b］上に，$\min_{\chi} f(\chi)$ と $\max_{\chi} f(\chi)$ を満たす点が存在する．それらを $\min_{\chi} f(\chi)=f(\chi_m)$，$\max_{\chi} f(\chi)=f(\chi_M)$ と書くこととする．これらのうち，いずれか一方は $f(a)$ と異なる値をもつ．ここで $f(\chi)$ は端点 a ではなく（$f(\chi_M) \neq f(a)$），関数 f は $\chi^* \in (a, b)$ において最大値をとる，つまり $f(\chi_M)=f(\chi^*)$ であると仮定する．すると，すべての $\chi \in [a, b]$ に対し，$f(\chi) \leq f(\chi^*)$ である．また $f(\chi)$ は微分可能であり，十分小さな $\Delta\chi := \chi^* - \chi$ の左右から $f(\chi)$ の極限を求めると（**図 A − 15** を参照し，$f(\chi) \leq f(\chi^*)$ であることに注意して），左右極限において，以下の符号をもつはずである．

$$f'_-(\chi^*)=\lim_{\Delta\chi \to -0} \frac{f(\chi^*+\Delta\chi)-f(\chi^*)}{\Delta\chi} \geq 0,$$

$$f'_+(\chi^*)=\lim_{\Delta\chi \to +0} \frac{f(\chi^*+\Delta\chi)-f(\chi^*)}{\Delta\chi} \leq 0$$

つまり，$f'_+(\chi^*) \leq 0$ および $f'_-(\chi^*) \geq 0$ が同時に成立しなければならず，

図 A − 15　ロルの定理

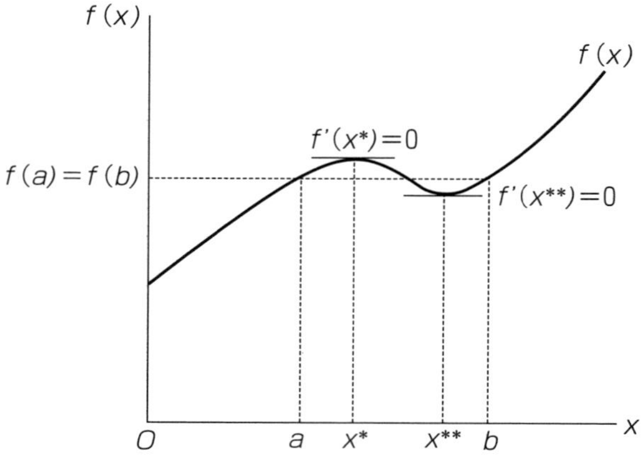

$$f'(\chi^*) = 0$$

しかあり得ない．$f(\chi_m) \neq f(a)$ とおいた場合も同様に証明する[30]．

□

ここで数学的に重要な点を述べておく．ロルの定理は，$f'(\chi^*) = 0$ を満たす $\chi^* \in (a, b)$ の存在を保証するが，χ^* が何個存在するかについては言及していない．**図 A－15** に示されている $f(\chi)$ のグラフを参照されたい．区間 $[a, b]$ 内で $f'(\chi) = 0$ を満たす χ は χ^* と χ^{**} の2つである．ロルの定理は，区間 $[a, b]$ 内に χ^* **が少なくとも（最小で）1つ存在する**ことを保証しており，その意味で**存在定理**と呼ぶことができる．ロルの定理から，以下の**平均値の定理**を示すことができる．

定理 A.16－3（平均値の定理）

関数 $f(\chi)$ が閉区間 $[a, b] \subseteq \boldsymbol{R}$ で連続であり（ただし，$f(\chi)$ は定数値関数ではないとする），開区間 (a, b) で微分可能ならば，

$$\frac{f(b) - f(a)}{b - a} = f'(c) \tag{A.26}$$

なる $c \in (a, b)$ が存在する．

平均値の定理の主張を言い換えるならば，ある区間の端点 a と b の間に点 c がが存在して，そこにおける微分係数 $f'(c)$ と区間全体の平均変化率 $(f(a) - f(b))／(a - b)$ とが一致する．読者は，関数 $f(\chi)$ のグラフを適当に描き，曲線上の2点間を直線で結ばれたい．それと平行になる直線が曲線と接していることがお分かりいただけるだろう．

【証明】[31]

閉区間 $[a, b] \subseteq \boldsymbol{R}$ において連続であり，開区間微分可能な関数 $g(\chi)$ を式（A.27）のように与える．

30　証明は内田・仲田（1996）を参考にした．
31　証明は内田・仲田（1996）を参考にした．

図 A － 16　平均値の定理

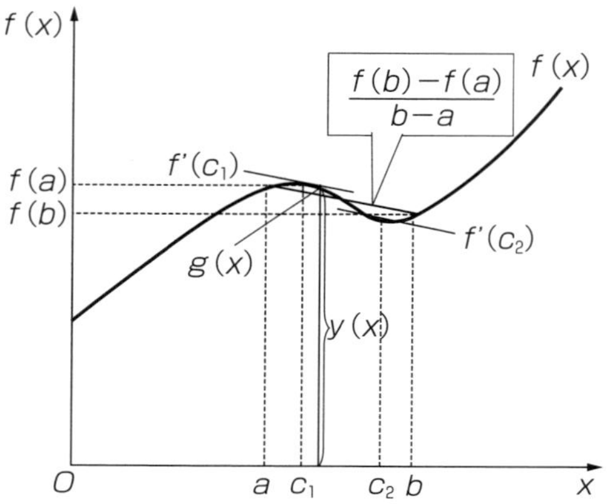

$$g(\chi) = f(\chi) - f(a) - \frac{f(b) - f(a)}{b - a}(\chi - a) \tag{A.27}$$

$g(\chi)$ は 2 点 $(a, 0)$ と $(b, 0)$ を通過する関数であり，**図 *A* － 16** に見られるとおり，その値は $f(\chi)$ から，$y(\chi) := f(a) - [f(b) - f(a)](\chi - a) / (b - a)$ を除いた部分である．

$g(\chi)$ は閉区間 $[a, b]$ において連続であるから，極限値 $g(a)$，$g(b)$ が存在して，

$$g(a) = g(b) = 0$$

を満たす．したがって，ロルの定理から，$g'(c) = 0$ を満たす点 $c \in (a, b)$ が存在する．次に $g'(\chi)$ を計算すれば，

$$g'(\chi) = f'(\chi) - \frac{f(b) - f(a)}{b - a} \tag{A.28}$$

であり，$g'(c) = 0$ であるから，

$$g'(c) = f'(c) - \frac{f(b) - f(a)}{b - a} = 0$$

が成り立つ．したがって，

$$\frac{f(b)-f(a)}{b-a}=f'(c)$$

を満たす $c \in (a, b)$ が存在する．

□

ロルの定理と同様に平均値の定理も存在定理であり，区間［a, b］内において，式（A.26）を満たす c が最小１つ存在することを保証する（**図 *A* − 16** を参照されたい．区間［a, b］内には，式（A.26）を満たす点が c_1 と c_2 の２つ存在する）．

例 *A*.16 − 2

関数 $TC(\chi) = \chi^2 + 2\chi + 1$ に平均値の定理を適用してみよう．区間［$-1, 2$］内において，式（A.26）を満たす点 c を求める．

$$\frac{9-0}{2-(-1)}=TC'(c)=2c+2$$

つまり

$$3=2c+2$$

を解くことにより，c を得る．

$$c=\frac{1}{2}$$

関数 $TC(\chi)$ の点（$1/2, 9/4$）における接線の方程式は，定義 A.15 − 1 より，

$$y=3\chi+\frac{3}{4}$$

である．これは，２点（$-1, 0$）と（$2, 9$）を通過する一次関数

$$y=3\chi+\frac{3}{4}$$

のグラフと平行の一関係にある（**図 *A* − 17** を見よ）．

ここまで，関数のグラフの概形を捉える方法を紹介するため，最大値・最小値の定理から平均値の定理を紹介してきた．それにより，関数が極値をもつための条件が明らかになった．しかしながら，それらの極値が極大値であるのか，極小値であるのかについても調べる必要がある．次にその方法を照明しよう．

図 A − 17　$TC(\chi)$ に平均値の定理を適用する

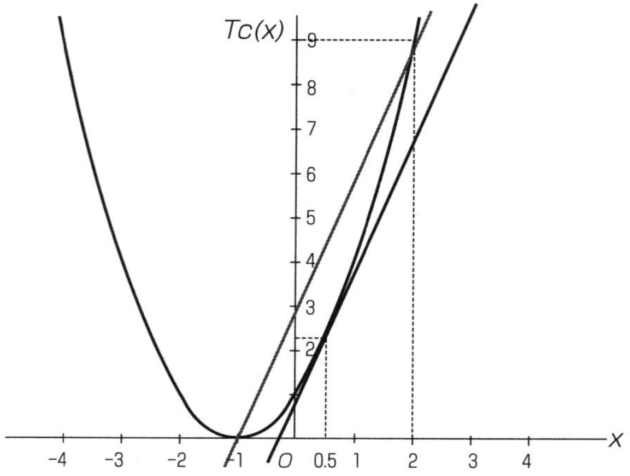

関数は，増加関数と減少関数に分けられる．閉区間［a, b］で定義された関数 $f(\chi)$ が増加関数であるとは，どのような 2 点 χ_1，$\chi_2 \in [a, b]$ に対しても，$\chi_1 < \chi_2$ ならば $f(\chi_1) < f(\chi_2)$ が満たされる場合である．一方，$f(\chi)$ が減少関数であるとは，どのような 2 点 χ_1，$\chi_2 \in [a, b]$ に対しても，$\chi_1 < \chi_2$ ならば $f(\chi_1) > f(\chi_2)$ が満たされる場合である．

関数 $f(\chi)$ の局所的な増減を分析することにより，関数のグラフを描くことが容易になる．そのために次の定理を証明する[32]．

定理 A.16 − 4

閉区間［$a, b] \subseteq R$ において連続であり，閉区間（a, b）で微分可能な関数 $f(\chi)$ を考える．開区間（a, b）で $f'(\chi) = 0$ である場合, $f(\chi)$ は（a, b）上で定数値関数である．（a, b）で $f'(\chi) > 0$ である場合，$f(\chi)$ は（a, b）上で増加関数であり，（a, b）で $f'(\chi) < 0$ である場合，$f(\chi)$ は（a, b）上で減少関数である．

【証明】

32　証明は内田・仲田（1996）を参考にした．

図 A − 18　関数 $f(x)$ の極大値と極小値

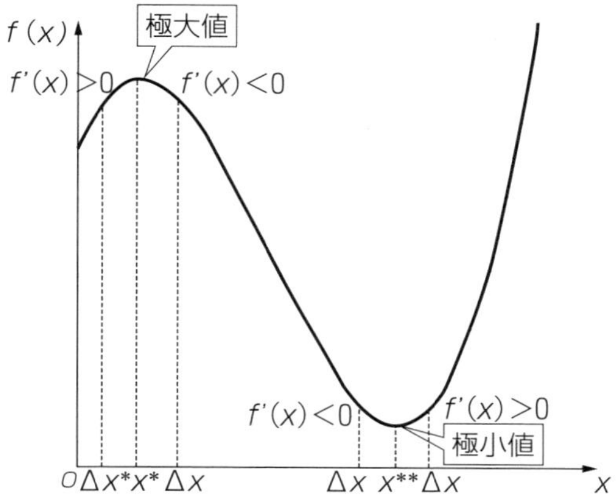

2 点 $x_1, x_2 \in (a, b)$（ただし $x_1 < x_2$）をとる．平均値の定理から，この 2 点に関して

$$\frac{f(x_2) - f(x_1)}{x_2 - x_1} = f'(c)$$

を満たす点 $c \in (a, b)$ が存在する．$f'(x) = 0$ の場合，$(f(x_2) - f(x_1))/(x_2 - x_1) = 0$ より，$f(x_2) - f(x_1) = 0$．$f'(x) < 0$ の場合，$(f(x_2) - f(x_1))/(x_2 - x_1) < 0$ より，$x_1 < x_2$ に対し，$f(x_2) < f(x_1)$ であるから，$f(x)$ は減少関数である．反対に，$f'(x) < 0$ の場合，$(f(x_2) - f(x_1))/(x_2 - x_1) > 0$ より，$x_1 < x_2$ に対し，$f(x_2) > f(x_1)$ であるから，$f(x)$ は増加関数である．□

今，閉区間 $[a, b] \subseteq \boldsymbol{R}$ において連続であり，開区間 (a, b) で微分可能な関数 $f(x)$ を考える．**図 A − 18** に見られるように，Δx を非常に小さな正の実数であるとし，$f(x)$ は区間 $(x^* - \Delta x, x^*)$ において $f'(x) > 0$ であり，点 $(x^*, x^* + \Delta x)$ において $f'(x) < 0$ であるとする．この場合，$f(x)$ は $x = x^*$ で最大値をとる．局所的な最大値であることから，x^* は**極大値**と呼ばれる．反対に，$f(x)$ が区間 $(x^{**} - \Delta x, x^{**})$ において $f'(x^*) < 0$ であり，区間 $(x^*, x^* + \Delta x)$ において $f'(x^*) > 0$ であるならば，$f(x)$ は $x = x^*$

で最小値をとるため，x^* は**極小値**と呼ばれる．

例 A.16 − 3

3次関数 $f(x) = x^3 - 2x^2 + x$ の極値を調べ，増減を確かめた後，グラフ $\{(x, x^3 - 2x^2 + x) \mid x \in \boldsymbol{R}\}$ の概形を描け．

（解答）まず，極大値を極小値の候補を求める．

$$f'(x) = 3x^2 - 4x + 1 = (x - \frac{1}{3})(x - 1) = 0$$

したがって，

$$x = \frac{1}{3}, 1$$

である．続けて，これらの候補が極大値であるのか，極小値であるのかを判定しよう．

$$f'(x) = 3x^2 - 4x + 1 > 0 : x < \frac{1}{3} \text{の場合}$$

$$f'(x) = 3x^2 - 4x + 1 < 0 : x > \frac{1}{3} \text{の場合}$$

したがって，$f(x)$ は $x = 1/3$ は極大値 $f(1/3) = 4/27$ をとる．一方，

$$f'(x) = 3x^2 - 4x + 1 < 0 : x < 1 \text{の場合}$$
$$f'(x) = 3x^2 - 4x + 1 > 0 : x > 1 \text{の場合}$$

より，$f(x)$ は $x = 1$ で極小値 $f(1) = 0$ をとる．以上より，関数 $f(x)$ の増減を示した表を描くことができる．この表を**増減表**と言う．**表 A.16 − 1** の増減表の2行目には，$f'(x)$ の符号が示されている．3行目には，2行目の符号をもとに，$f(x)$ が増加する（↗）か，減少するか（↘）が示されている．

表 A.16 − 1 を使い，**図 A − 17** にグラフ $\{(x, x^3 - 2x^2 + x) \mid x \in \boldsymbol{R}\}$ の概形を描く．

表 A.16 − 1　$f(x) = x^3 - 2x^2 + x$ の増減表

x	…	$\frac{1}{3}$	…	1	…
$f'(x)$	減	0	増	0	減
$f(x)$	↘	$\frac{4}{27}$	↗	0	↘

A.17　二階導関数

導関数 $f'(\chi)$ を χ で微分することにより得られる導関数 $f''(\chi)$ を**二階導関数**と呼ぶ．一方，導関数 $f'(\chi)$ は**一階導関数**とも呼ばれる．二階導関数 $f''(\chi)$ は関数 $f'(\chi)$ の瞬間的な変化を示す．２回続けて微分できる関数は，**二階微分可能**であると言う．なお，関数 $f(\chi)$ が二階微分可能であり，二階導関数 $f''(\chi)$ が連続な関数である場合，$f(\chi)$ は C^2 級関数であると言う．なお，二階導関数は，$d^2f(\chi)／d\chi^2$ とも表記する．

図A－19は，正の実数直線上で定義された２つの関数 $f(\chi) = \chi^2$ と $g(\chi) = \sqrt{\chi}$ のグラフをそれぞれ示したものである．それらの関数の一階導関数はそれぞれ $f'(\chi) = 2\chi > 0$，$g'(\chi) = 1／2\sqrt{\chi} > 0$ であり，二階導関数はそれぞれ $f''(\chi) = 2 > 0$，$g''(\chi) = -(\chi)^{-\frac{3}{2}}／4 < 0$ である．ただし，$g''(\chi)$ の導出には商の微分公式を用いる．

図A－19　関数 $f(\chi)$ のグラフ

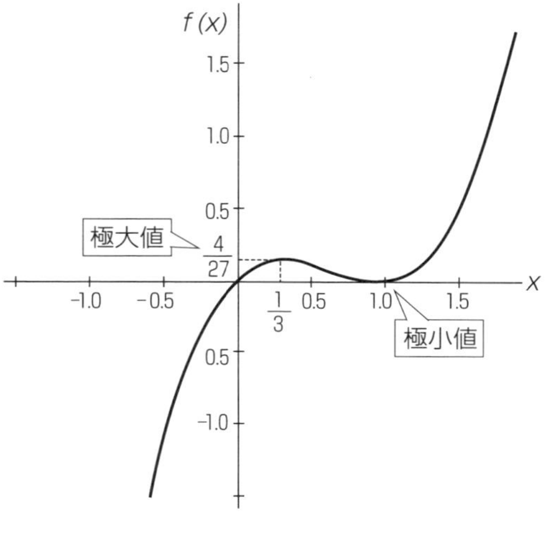

図 A − 20　f(χ) と g(χ) の二階導関数の符号

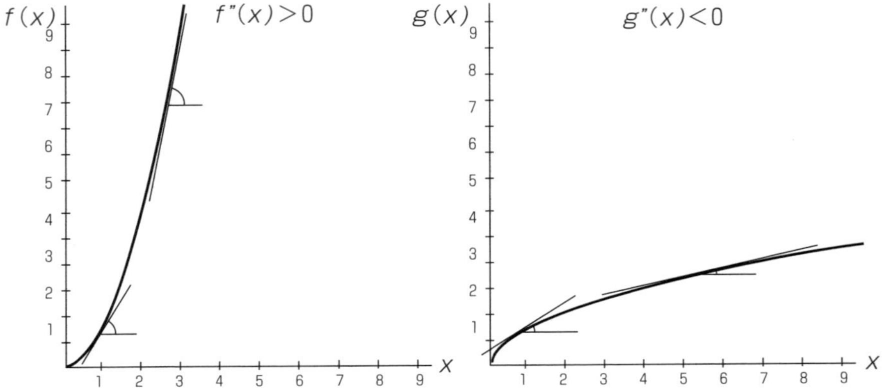

$$g''(\chi) = \frac{1}{2}\cdot\left(\frac{1}{\sqrt{\chi}}\right)' = \frac{1}{2}\cdot\frac{\left(0\cdot 1 - \frac{1}{2\sqrt{\chi}}\cdot 1\right)}{(\sqrt{\chi})^2}$$

$$= -\frac{1}{2}\cdot\frac{1}{2\chi\sqrt{\chi}} = -\frac{1}{4}\cdot\frac{1}{\chi^{\frac{3}{2}}} = -\frac{1}{4}\chi^{-\frac{3}{2}}$$

前節で説明したとおり，一階導関数は各関数のグラフ上における接線の傾きを示している．それに対し，二階導関数は，$f(\chi)$ の増加具合が χ の増加とともに高まるのか低下するのかを確かめるために用いられる．$f(\chi)$ と $g(\chi)$ のいずれの一階導関数も正の値をもつものの，$f''(\chi) > 0$ に対し，$g''(\chi) < 0$ である．このことから，$g(\chi)$ は χ が増加するにつれて増加し続けるものの，その増加スピードは徐々に低下する．これらの増加具合は，**図 A − 20** のように $f(\chi)$ と $g(\chi)$ の接線の傾きを見ることで分かる．$g(\chi)$ と $g(\chi)$ の接線とがなす角度は，χ の増加とともに小さくなる．反対に，$f(\chi)$ の増加の程度は，χ の増加とともに大きくなることが分かる．

例 A.17 − 3

三次関数 $f(\chi) = \chi^3 - 2\chi^2 + \chi$ の一階導関数は $f'(\chi) = 3\chi^2 - 4\chi + 1$ であり，二階導関数は $f''(\chi) = 6\chi - 4$ である．したがって，$\chi > 2/3$ のとき，$f''(\chi) >$

0 であるから，χ が増加するにつれ，$f(\chi)$ の増加スピードは高まる．反対に $\chi < 2/3$ のとき，$f''(\chi) < 0$ であるから，$f(\chi)$ が増加するにつれ，$f(\chi)$ の増加スピードは徐々に低下する．以上の分析結果を踏まえれば，**表 *A*.16－1** は**表 *A*.17－2** に書き換えられる．表中の上矢印（↑）は，$f(\chi)$ の増加スピードが徐々に高まることを意味し，下矢印（↓）は，徐々に低下することを意味する．

表 A.17－1　$f(\chi)=\chi^3-2\chi^2+\chi$ の増減表（修正版）

χ	…	$\frac{1}{3}$	…	$\frac{2}{3}$	…	1	…
$f'(\chi)$	負	0	正	0	負	0	正
$f''(\chi)$		↓		0		↑	
$f(\chi)$	↘	$\frac{4}{27}$	↗	0	↘	0	↗

A.18　二変数関数の偏微分

n 次元の実数の部分空間 $[a_1, b_1]\times[a_2, b_2]\times\cdots\times[a_n, b_n]\subseteq \boldsymbol{R}^n$ で定義された多変数関数 $h(\chi_1, \chi_2, ..., \chi_n)$ を考える．ただし，h は各区間 $[a_i, b_i]$, $i = 1, 2, ..., n$ 上で連続であり，滑らかな関数であるとする．h を各変数 χ_i で微分して得られる関数を h の**偏導関数**と呼ぶ．h の変数 χ_i に対する偏導関数を $h_{\chi i}$，あるいは，$\partial h(\chi_1, \chi_2, ..., \chi_n)/\partial \chi_i$ という記号で表す．∂ は「ラウンド」，「デル」あるいは「パーティシャル」と呼ぶ．

本書では，二変数以上の関数を用いることはないため，以下では二変数関数の偏微分についてのみ紹介する．まず，二変数関数が連続であることの定義について解説しよう．関数 $f(\chi, y)$ の定義域を D と書く：$[c, d]\times[e, f] = D \subseteq \boldsymbol{R}^2$．このとき，関数 $f(\chi, y)$ が点 $(a, b)\in D$ において連続であるとは，

$$f(\chi, y)\to f(a, b),\quad (\chi, y)\to(a, b) \tag{A.29}$$

の場合である．一変数関数と同じく，点 (a, b) への近づき方を $\varepsilon-\delta$ 論法にしたがって議論する必要があるものの，その定義は複雑であることから，ここでは図を用いて直感的な説明をするにとどめよう．

図 A − 20　関数 $f(x, y)$ の点（a, b）における連続性の直感的なイメージ

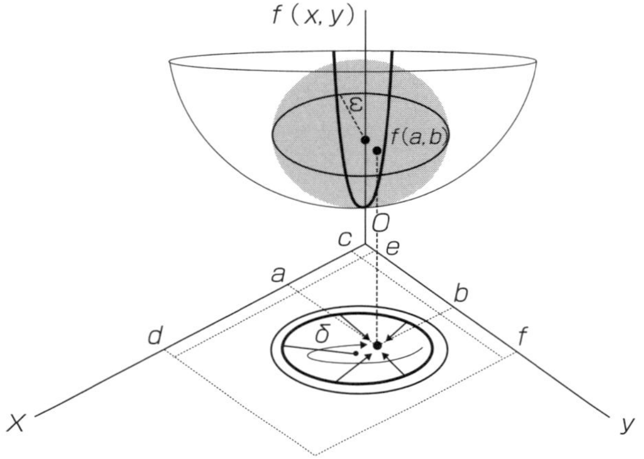

二次元平面上の部分区間 $[c, d] \times [e, f] \subseteq \boldsymbol{R}^2$ で定義された二変数関数 $f(\chi, y)$ を考える．点 $(a, b) \in D$ に対応する $f(a, b)$ と，その周りの $f(\chi, y)$ との距離が正の実数 ε 以内に収まるとしよう．**図 A − 20** を参照されたい．$f(a, b)$ と $f(\chi, y)$ との差が ε 未満であるような $\boldsymbol{R}^3$ の部分空間は集合 $D = \{(\chi, y, f(\chi, y)) \in \boldsymbol{R}^3 \mid |f(\chi, y) - f(a, b)| < \varepsilon\}$ として表すことができる．この集合の概形は，$f(a, b)$ を中心とする，半径 ε の球体に他ならない．さて，適当にとった ε の値に応じて，点 $(a, b) \in D$ とその周りの $(\chi, y) \subseteq \boldsymbol{R}^2$ との距離を半径 δ の円の内側に抑え込めるのであれば，$f(\chi, y)$ は点 (a, b) において連続であるという．そして，その場合に限り式（A.29）が成立すると定義する．

一変数の場合，ε に応じて直線上に δ の幅をとることができれば，関数の連続性が保証された．しかし，二変数関数の場合は ε の値に応じて，半径 δ の円をとる必要があり，条件が強くなる．二変数関数のケースでは，**図 A − 20** の矢印が示しているように，点 (χ, y) が様々な方向から点 (a, b) に近づく．そこで δ の大きさを調整することにより，それらすべての点を円の内部に含めることができれば，連続性が保証される．

例 A.18 − 1

二変数関数

$$f(x, y) = \begin{cases} \dfrac{y}{x} : (x, y) \neq (0, 0) \\ 0 : (x, y) \neq (0, 0) \end{cases}$$

は点（0, 0）で連続ではないことを示せ．
（解答）$\varepsilon = 1/2$, $y = x$をとれば，どのような$x > 0$に対しても$f(x, y) = x/x = 1 > 1/2$である．したがって，$|f(x, y)| - f(0, 0) = |f(x, y) - 0| > \varepsilon$となるから，$f(x, y)$は（0, 0）で連続ではない．

連続な二変数関数$f(x, y)$は，変数xとyのそれぞれで偏微分することができる．偏導関数の導出方法を定義しよう．

定義 A.18 − 1

二変数関数$f(x, y)$の変数xに関する偏導関数は，

$$f_x\ (x, y) = \frac{\partial f(x, y)}{\partial x} = \lim_{\Delta x \to +0} \frac{f(x + \Delta x, y) - f(x, y)}{\Delta x} \quad \text{(A.30)}$$

同じようにして，変数yに関する偏導関数は，

$$f_y(x, y) = \frac{\partial f(x, y)}{\partial y} = \lim_{\Delta y \to +0} \frac{f(x, y + \Delta y) - f(x, y)}{\Delta y} \quad \text{(A.31)}$$

式（A.30），式（A.31）より，偏導関数を求める場合，一方の変数のみに着目し，その変数に対して一変数関数の微分計算を適用すればよいことが分かる．つまり，偏導関数の計算方法のポイントは，注目していない変数を定数とみなし，注目している変数のみで微分することである．偏導関数を計算するにあたっては，上で紹介した一変数関数の微分公式をすべて応用できる．

例 A.18 − 2

$f(x, y) = x^2 - xy$を考える．定義にしたがって$f_x\ (x, y), f_y(x, y)$を計算せよ．ただし，本書の本文では，二変数関数の偏微分には記号$\partial f(x, y)/\partial x$，$\partial f(x, y)/\partial y$を用いるため，今後はこれらの記号を用いて計算する．

（解答）$\partial f(x, y) / \partial y$ を求める場合，変数 y を定数とみなし，x に一変数関数の微分を適用すればよい．

$$\frac{\partial f(x, y)}{\partial x} = \lim_{\Delta x \to 0} \frac{(x + \Delta x)^2 - x^2}{\Delta x} - \lim_{\Delta x \to 0} \frac{(x + \Delta x)y - xy}{\Delta x}$$

$$= \lim_{\Delta x \to 0} \frac{2x(\Delta x) + (\Delta x)^2}{\Delta x} - \lim_{\Delta x \to 0} \frac{(\Delta x)y}{\Delta x} = 2x - y \qquad \text{(A.32)}$$

一方，$\partial f(x, y) / \partial y$ を求める場合，変数 x を定数とみなす．

$$\frac{\partial f(x, y)}{\partial y} = 0 - \lim_{\Delta y \to 0} \frac{x(y + \Delta y) - xy}{\Delta y}$$

$$= -\lim_{\Delta y \to 0} \frac{x(\Delta y)}{\Delta y} = -x \qquad \text{(A.33)}$$

例 A.18 − 3

二変数関数 $g(x, y) = \sqrt{y} / x$ の偏導関数 $\partial g(x, y) / \partial x$，$\partial g(x, y) / \partial y$ をそれぞれ求めてみよう．

（解答）$g(x, y)$ を変数 x で偏微分する場合，$\sqrt{y}$ を固定し，$1 / x$ の導関数を求めればよい．そのためには商の微分公式を用いる．

$$\frac{\partial g(x, y)}{\partial x} = \sqrt{y}\left(\frac{0 \cdot x - 1 \cdot 1}{x^2}\right) = -\sqrt{y}\,\frac{1}{x}$$

$g(x, y)$ を変数 y で偏微分する場合，$1 / x$ を固定し，$\sqrt{y}$ の導関数を求めればよい．

$$\frac{\partial g(x, y)}{\partial y} = \frac{1}{x}\left(\frac{1}{2\sqrt{y}}\right) = \frac{1}{2x}\,y^{-\frac{1}{2}}$$

A.15 節で説明したように，一変数関数 $f(x)$ の点 a における微分係数 $f'(a)$ は，点 a における $f(x)$ の接線の傾きを表す．そして $f'(a)$ を用いることにより，点 a における接線の方程式を導くことができる．一方，二変数関数の偏導関数を用いることにより，関数 $f(x, y)$ の**接平面の方程式**が導出される．一変数関数の微分係数は，2 次元平面上の直線を示し，二変数関数の微分係数は，2 次元平面上の曲面を示すのである．

定義 A.18 − 1

二次元平面上の部分区間 $D \subseteq \boldsymbol{R}^2$ で定義されている連続な関数 $f(\chi, y)$ を考える．$f(\chi, y)$ の点 $(a, b) \in D$ における接平面の方程式 z は，式（A.34）として与えられる．

$$z = f(a, b) + \frac{\partial f(a, b)}{\partial \chi}(\chi - a) + \frac{\partial f(a, b)}{\partial y}(y - b) \qquad \text{(A.34)}$$

例 *A*.18 － 4

例 A.18 － 2 で導入した関数 $f(\chi, y) = \chi^2 - \chi y$ の点（4, 2, 8）における接平面の方程式を導出せよ．

（解答）式（A.32）および式（A.33）より，次のようになる．

$$\frac{\partial f(4, 2)}{\partial \chi} = 2 \cdot 4 - 2 = 6,\ \text{および}\ \frac{\partial f(4, 2)}{\partial y} = -4$$

また，$f(4, 2) = 4^2 - 4 \cdot 2 = 8$ より，式（A.34）を用いれば次式となる．

$$z = 8 + 6(\chi - 4) - 4(y - 2) = 6\chi - 4y - 8$$

図 *A*.21 に $f(\chi, y)$ のグラフ $\{(\chi, y, f(\chi, y)) \mid \chi \in \boldsymbol{R}, y \in \boldsymbol{R}, f(\chi, y) = \chi^2 - \chi y\}$ を描く．また関数 z のグラフ $\{(\chi, y, z) \mid \chi \in \boldsymbol{R}, y \in \boldsymbol{R}, z = 6\chi - 4y - 8\}$ も表

図 A － 21　関数 *f*(*x*, *y*) と *z* のグラフの概形（真上から見た場合）

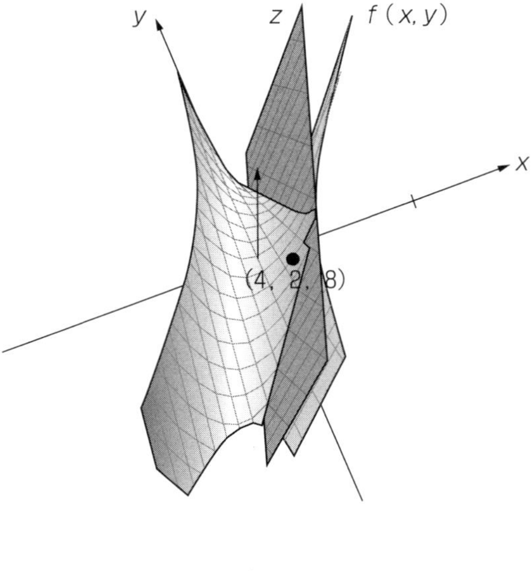

示する．これらのグラフは，3次元平面上に描かれる．**図 *A*.21** は，z 軸（縦軸）方向から（x, y）平面を眺めた形で描かれている．z の概形は，幾何学的には，平坦な平面で表され，$f(x, y)$ に接していることが分かる．この接点は，(4, 2, 8) である．

この付録1では，解析学の初歩的な内容を説明した．ただし，対数関数・指数関数・合成関数・逆関数の微分，テーラー展開，および二変数関数の極値判定条件など，本書で直接扱わない内容は省略した．これらを正確に理解し，中・上級のミクロ経済学やゲーム理論を学ぶために難波（1996）および田島（1978）を一読されることおすすめする．また，ミクロ経済学の理論を十分に理解するためには，本巻末で説明したように集合や数列の証明に慣れる必要がある．そこで，和久井（2013）を一読されたい．また，数学と経済学のいずれにも馴染みのない読者には，それらのつながりについて丁寧に解説している，水野他（2017）を推薦する．さらに，今後のステップとして，解析学に加え，**線形代数**（線形空間論）を学ぶ必要もある．線形空間論は，証明に慣れるためにも有効なツールであり，三宅（1991）などにあたっていただきたい．

A.19　総合問題

（解答は，巻末付録2に用意している）

A.1　3つの命題 p，q，r に対し，

結合法則：$(p \vee q) \vee r = p \vee (q \vee r)$，$(p \wedge q) \wedge r = p \wedge (q \wedge r)$

分配法則：$p \vee (q \wedge r) = (p \vee q) \wedge (p \vee r)$，$p \wedge (q \vee r) = (p \wedge q) \vee (p \wedge r)$ が成立することを，真偽表を書くことによって示せ．

A.2　2つの実数 $a > 0$ と $b > 0$ に対し，$a^2 > b^2$ ならば $a > b$ であることを背理法を用いて証明せよ．

A.3　全体集合を $U = \{a, b, c, d, e\}$ とし，3つの部分集合を $A = \{a, b, c, d\}$, $B = \{a, c\}, C = \{b, c, d, e\}$ とする．ベン図を描き，次の集合を求めよ．

(1). $A \cup B - C$, (2). $B \cap C - A$, (3). $A \cap B \cap C$

A.4　本文で紹介した，定理 A.1（ド・モルガンの定理）の 2 を証明せよ．

A.5　全体集合を U と書く．また空集合を集合 $A, B \subseteq U$ に対し，以下の関係が成立することを証明せよ．

(1). $A \subseteq A \cup B$，および $B \subseteq A \cup B$　(2). $A \cap B \subseteq A$，および $A \cap B \subseteq B$

(3). $A \cup A^c = U$　(4). $A \cap A^c = \Phi$

A.6　任意の $\chi \in \boldsymbol{R}$ と $y \in \boldsymbol{R}$ に対し，以下の**三角不等式**が成立することを証明せよ．

$$|\chi + y| \leq |\chi| + |y| \tag{A.35}$$

A.7　アルキメデスの公理を用いて，$\chi \in (0, 1)$ と $n \in \boldsymbol{N}$ に対して，$\lim_{n \to \infty} \chi^n \to 0$ を示せ．また，この事実より，数列 $\{\chi, \chi^2, \cdots, \chi^n\}$ の和 $S_n = \chi + \chi^2 + \cdots + \chi^n$ の極限値が

$$\lim_{n \to \infty} S_n = \frac{\chi}{1 - \chi} \tag{A.36}$$

であることを示せ．（ヒント：$a = \frac{1}{r} - 1$ とおき，二項定理 $(1 + a)^n = 1 + na + \frac{(n-1)^2}{2} a^2 + \cdots + a^n$ を用いる）

A.8　式（A.37）で与えられている**ベルヌーイの不等式**を数学的帰納法により示せ．$\chi \geq 0$ とすべての $n \in \boldsymbol{N}$ に対して次の不等式が成り立つ．

$$(1 + \chi)^n \geq 1 + n\chi \tag{A.37}$$

（ヒント：帰納法の仮定を用いること．また，$\chi \geq 0$ であることを有効利用せよ）

A.9　以下の関数 $f(\chi)$ を χ で微分せよ．

(1). $f(x) = (x^2 + x)\sqrt{x}$, (2). $f(x) = \dfrac{x^2 + 1}{x^3}$, (3). $f(x) = \dfrac{\sqrt{x} - x}{\sqrt{x} + x}$

A.10　関数$f(x) = 1/(1 + x^2)$の増減表を書き，グラフ$\{(x, f(x)) \mid x \in \boldsymbol{R}\}$を描け．なお二階導関数の符号の分類もせよ．

A.11　以下の二変数関数$f(x, y)$の偏導関数$\partial f(x, y)/\partial x$，$\partial f(x, y)/\partial y$をそれぞれ求めよ．

(1). $f(x, y) = x^2y + y^3 - x$, (2). $f(x, y) = \dfrac{y}{x + y}$, (3). $f(x, y) = \dfrac{y\sqrt{x}}{\sqrt{x} + y}$

A.12　関数$f(x, y) = y\sqrt{x}$の点（4, 2）における接平面の方程式を求めよ．

付録 2

練習問題の解答

A2.1　練習問題１－１の解答

余剰分析をするには，まず需要曲線と供給曲線を描き，市場均衡点を導出することが必要である．需要曲線と供給曲線を**図 A.2－1**に示す．市場均衡では $D = S$ が満たされているため，$D = S = \chi$ とおけば

$$220 - 2P = -20 + 2P$$

である．よって $P^* = 60$．$P^* = 60$ を需要関数（供給関数でもよい）の P に代入すれば，$D = \chi^* = 100$ が求まる．**図 A.2－1**内で，需要量が 0 の場合の価格は

図 A.2－1　練習問題１－１の市場均衡

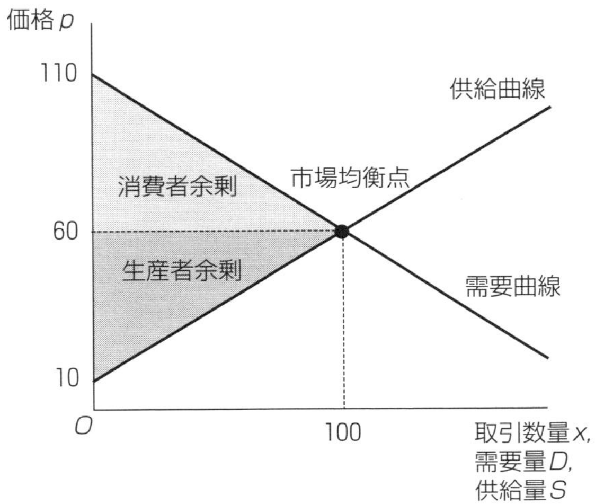

$$0 = 220 - 2P$$

より，$P = 110$ である．同様に，供給量が 0 の場合の価格は

$$0 = -20 + 2P$$

より，$P = 10$ である．

図 *A*.2 − 1 を参照しながら消費者余剰，生産者余剰と総余剰を計算する．

消費者余剰 $= (110 - 60) \times 100 \div 2 = 2{,}500$,

生産者余剰 $= (60 - 10) \times 100 \div 2 = 2{,}500$,

総余剰 $= (110 - 10) \times 100 \div 2 = 5{,}000$

練習問題を解く場合にはグラフを描き，消費者余剰と生産者余剰，死荷重の部分を塗りつぶした後に計算することを推奨する．

A2.2　練習問題 1 − 2 の解答

数量規制がある場合の取引数量は $100 - 20 = 80$ である．そこで $\chi = 80$ を需要関数 $\chi = 220 - 2P$ の χ に代入し，$P = 70$ を得る．同様に $\chi = 80$ を供給関数 $\chi = -20 + 2P$ の χ に代入し，$P = 50$ を得る．**図 *A*.2 − 2** を参照しつつ，それぞれの余剰と死荷重を求めてみよう．すると

消費者余剰 $= (110 - 70) \times 80 \div 2 = 1{,}600$,

生産者余剰 $= \{(70 - 50) + (70 - 10)\} \times 80 \div 2 = 3{,}200$（台形の面積），

総余剰 $= 3{,}200 + 1{,}600 = 4{,}800$,

死荷重 $= \{(110 - 10) \times 100 \div 2\} - 4{,}800$

$= 5{,}000 - 4{,}800 = 200$

と求まる．

完全競争市場均衡で実現する生産者余剰（2,500）と取引数量が制限されている場合の生産者余剰（3,200）を比較すると，供給量が制限されている方が大きい．一方，消費者余剰は完全競争市場均衡の場合，2,500 であるのに対し，取引量が制限されている場合には 1,600 まで減少する．また完全競争市場下での総余剰が 5,000 であるのに対し，取引量が制限された場合は 4,800 に減少する．この 200 の減少分が死荷重である．

図 A.2－2　練習問題１－２の市場均衡

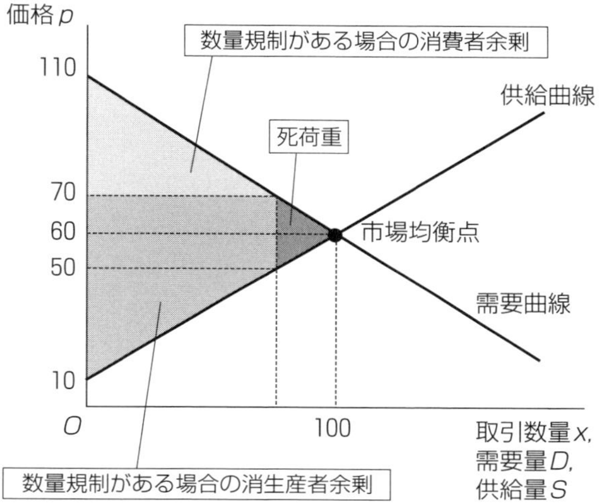

A2.3　練習問題２－１の解答

以下では上付き文字 b は前（before），a は後（after）を表すとする．$S = D = \chi$ とおく．このとき，需要関数は $\chi = 200 - P$，供給関数は $\chi = P - 100$ として与えられる．したがって，それらの関数は以下のように書き換えられる．

$$P = 200 - \chi,$$

$$P = 100 + \chi$$

また従量税が課された場合の供給関数は

$$P = S + 100 + t,$$

ここで $t = 20$ であるから次式となる．

$$P = S + 100 + 20 = S + 120$$

次に完全競争市場における均衡取引数量と，課税後の均衡取引数量を求める．完全競争市場における均衡取引数量は

$$\chi + 100 = 200 - \chi$$

であるから，$\chi^b = 50$. 一方，課税後の均衡取引数量は

$$\chi + 120 = 200 - \chi$$

より，$\chi^a = 40$. したがって，従量税導入前においては次のようになる.

消費者余剰 ＝ (200 − 150) × 50 ÷ 2 ＝ 1,250,

生産者余剰 ＝ (150 − 100) × 50 ÷ 2 ＝ 1,250,

総　余　剰 ＝ (200 − 100) × 50 ÷ 2 ＝ 2,500

総余剰は，生産者余剰 ＋ 消費者余剰を計算することで求めてもよい. 従量税が導入された場合，次のようになる.

消費者余剰 ＝ (200 − 160) × 40 ÷ 2 ＝ 800,

生産者余剰 ＝ (140 − 100) × 40 ÷ 2 ＝ 800,

政府の税収 ＝ (160 − 140) × 40 ＝ 800,

総　余　剰 ＝ {(200 − 100) ＋ (160 − 140)} × 40 ÷ 2 ＝ 2,400

総余剰は生産者余剰 ＋ 消費者余剰 ＋ 政府の税収を計算することで求めてもよい.

死荷重 ＝ (160 − 140) × (50 − 40) ÷ 2 ＝ 100

死荷重は完全競争市場下での総余剰 − 従量税導入後の総余剰によって求めてもよい.

図 A.2 − 3　練習問題 2 − 1 の余剰分析

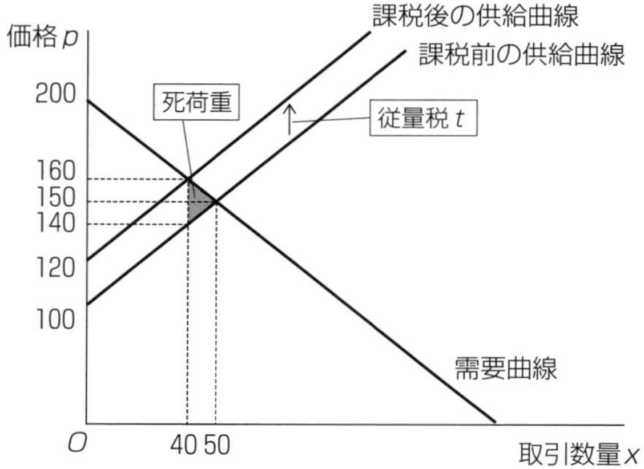

政府は課税によって800の税収を得る．課税導入前の消費者余剰と生産者余剰はそれぞれ1,250である．従量税が課された場合の消費者余剰と生産者余剰は800に減少する．総余剰で見た場合，政府の課税によって100の死荷重が生じる．

A2.4　練習問題２－２の解答

$S = D = \chi$とおく．需要関数は$\chi = 120 - 3P$，供給関数は$\chi = -40 + 2P$と表すことができる．したがって，これらの関数は以下のように書き換えられる．

$$P = 40 - \frac{1}{3}\chi,$$

$$P = 20 + \frac{1}{2}\chi$$

また従量税は$t = 10$であるから，供給関数は次式となる．

$$P = 20 + \frac{1}{2}\chi + 10 = 30 + \frac{1}{2}\chi$$

次に完全競争市場における均衡取引数量と，課税後の均衡取引数量は

$$40 - \frac{1}{3}\chi = 30 + \frac{1}{2}\chi$$

より，$\chi^a = 12$であり，$P^a = 36$．**図*A*.2－4**を参照しながら政府の税収を計算する．

$$\text{政府の税収} = (36 - 26) \times 12 = 120 \tag{A2.1}$$

ここで需要と供給の価格弾力性を計算しよう．

$$\frac{\Delta \chi_D}{\Delta P} = -3,\ \text{および}\frac{\Delta \chi_S}{\Delta P} = 2 \tag{A2.2}$$

であるから，需要の価格弾力性e_Dは

$$e_D = -\frac{P}{\chi}\cdot\frac{\Delta \chi_D}{\Delta P} = -\frac{36}{12}\cdot(-3) = 9 \tag{A2.3}$$

図 A.2 − 4　税負担は，生産者に帰着する（練習問題 2 − 2）

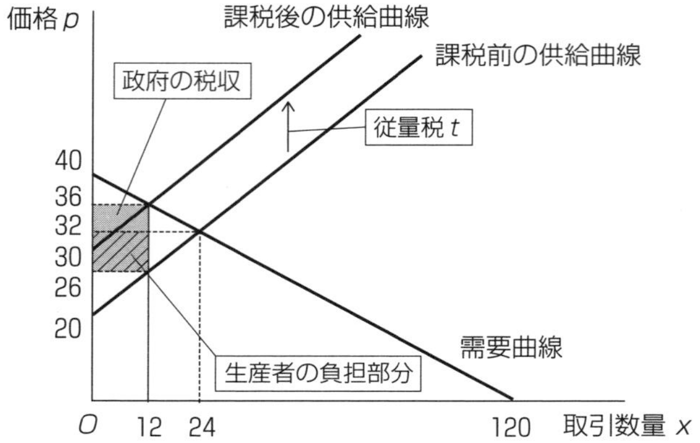

一方，供給の価格弾力性 e_S は次式で求まる．

$$e_S = \frac{P}{x} \cdot \frac{\Delta x_S}{\Delta P} = \frac{36}{12} \cdot 2 = 6 \tag{A2.4}$$

式（A2.4）より，$e_D > e_S$ より，税負担は生産者に帰着される．式（A2.3）と式（A2.4）を式（2.28）へ適用すれば，

$$\text{生産者の負担金額} = \frac{e_D}{e_D + e_S} \times 120 = \frac{9}{9+6} \times 120$$

$$= \frac{3}{5} \times 120 = 72 \tag{A2.5}$$

であることが示される．100×72 ／ 120 ＝ 60 であるから，生産者の負担金額は，全税収のうち，60％である．

練習問題 3 − 2 の解答：5

A2.5　練習問題 3 − 1 の解答

労働者が直面する効用最大化問題は以下のように書ける．

$$\max_{L_e, C} u(L_e, C) = L_e C + 16 L_e$$

$$s.t.\quad C = \frac{w}{P}(24 - L_e)$$

$\partial u(L_e, C) / \partial L_e = C + 16$ および $\partial u(L_e, C) / \partial C = L_e$ より，効用最大化条件式（3.6）を適用し，

$$\frac{C + 16}{L_e} = \frac{w}{P}$$

両辺に $L_e P / w$ を掛け合わせる．

$$L_e = \frac{P}{w}(C + 16)$$

L_e を予算制約式に代入することにより，効用を最大化する消費と余暇の組み合せ

$$(L_e^*, C^*) = \left(\frac{w}{P}\left(12\frac{w}{P} + 8\right), 12\frac{w}{P} - 8\right)$$

が導出される．また $C = wL_S / P$ であるため

$$12\frac{w}{P} - 8 = \frac{w}{P}L_S$$

を得る．w / P について解くことにより，労働供給関数が求められる．

$$\frac{w}{P}(L_S) = \frac{8}{12 - L_S}$$

A2.6　練習問題３－２の解答

労働需要関数を $w / P = 8 + L_D / 2$，労働供給関数を $w / P = 12 - L_S / 2$ に書き換え，労働需要量 L_D と労働供給量 L_S を $L_D = L_S = L$（労働時間）とする．まず政策実施前の労働市場均衡（L_b, w^b / P）を求める．均衡労働需要（供給）量は

$$8 + \frac{1}{2}L = 12 - \frac{1}{2}L$$

を解くことにより，$L_b = 4$．これを労働需要関数 D の L，あるいは労働供給

図 A.2 − 5　練習問題 3 − 2 における労働市場均衡

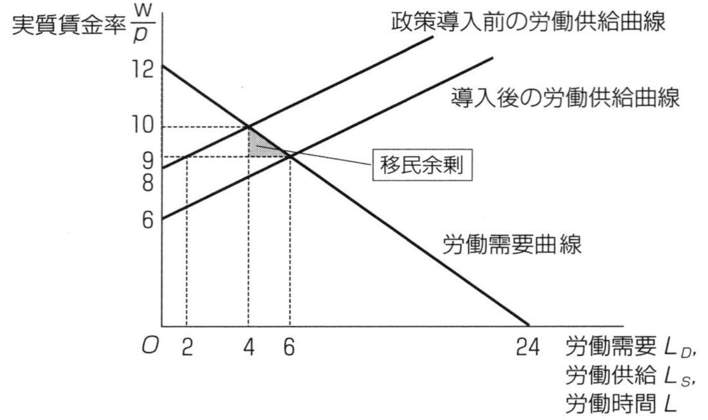

関数 S の L に代入することで $w^b / P = 10$ を得る．まず，**図 *A*.2 − 5** を参照し，政策実施前の総余剰を求める．

労働者余剰 ＝ (10 − 8) × 4 ÷ 2 ＝ 4,

生産者余剰 ＝ (12 − 10) × 4 ÷ 2 ＝ 4,

総　余　剰 ＝ 4 ＋ 4 ＝ 8

外国人労働者の受け入れ政策が実施されると，労働供給関数は $w / P = 8 + L_S / 2 - 2 = 6 + L_S / 2$ に書き換えられる．外国人労働者の流入により，労働供給曲線は 2 単位だけ右側へシフトする．政策実施後の均衡点を導出すると

$$6 + \frac{1}{2}L = 12 - \frac{1}{2}L$$

より $L_a = 6$．L_a を労働需要関数 D，あるいは労働供給関数 S に代入することで $w^a / P = 9$ を得る．この w^a / P を政策実施前の労働供給関数に代入することにより，政策導入後の国内供給量が導出される．

$$9 = 8 + \frac{1}{2}L$$

より，

政策導入後の国内供給量 ＝ 2

である．政策によって，外国人労働者が 6 － 4 ＝ 2 単位だけ雇用される．

図 *A*.2 － 5 を基に，移民政策によって生じる移民余剰の大きさを求める．

移民余剰 ＝ (10 － 9) × (6 － 4) ÷ 2 ＝ 1

次に政策実施後の総余剰を求める．

労働者余剰 ＝ (9 － 6) × 6 ÷ 2 ＝ 9,

生産者余剰 ＝ (12 － 9) × 6 ÷ 2 ＝ 9,

総余剰　　＝ 労働者余剰 ＋ 生産者余剰

　　　　　＝ 9 ＋ 9 ＝ 18

外国人労働者の受け入れにより，総余剰が増加する．

イギリスやアメリカにおける経済成長のけん引力の１つとして，外国人労働者の受け入れが挙げられる．しかし，彼らがそれらの国家内の労働者と同質的な労働サービスを供給する場合，国内労働者の労働供給量は低下する．そこで政府は，外国人労働者を受け入れるにあたり，彼らの経済的能力に応じて選択的に受け入れる措置を取ることがある．

A2.7　練習問題 3 － 3 の解答

政策実施後の労働需要関数は $w / P = 12 - L_D / 2 + 2 = 14 - L_D / 2$ に書き換えられる．また労働市場均衡を求めれば

$$14 - \frac{1}{2}L = 8 + \frac{1}{2}L$$

より $L^a = 6$．均衡実質賃金率は $w^a / P = 11$ である．**図 *A*.2 － 6** をもとに政策実施後の総余剰を求める．

労働者余剰 ＝ (11 － 8) × 6 ÷ 2 ＝ 9,

生産者余剰 ＝ (14 － 11) × 6 ÷ 2 ＝ 9,

総余剰　　＝ 9 ＋ 9 ＝ 18

外国人労働者の受け入れ政策により，国内労働者と企業のいずれの経済厚生も高まる．総余剰は最大化されており，パレート効率な資源配分が実現する．

図 A.2－6　練習問題 3－3 における労働市場均衡

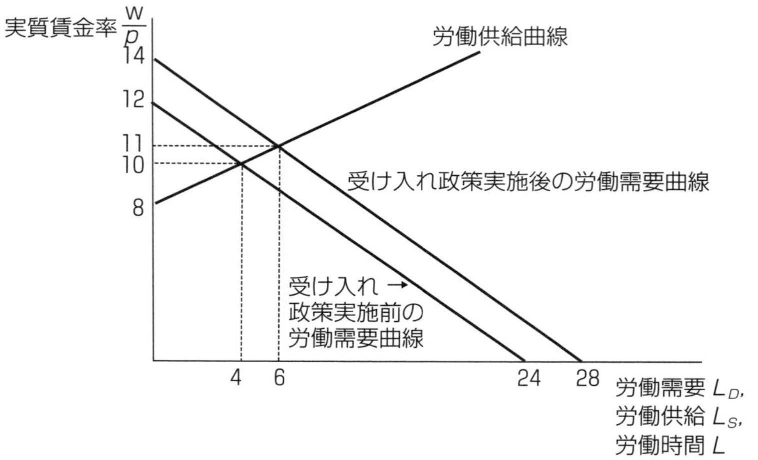

A2.8　練習問題 3－4 の解答

(1) $u(\lambda \chi_1, \lambda \chi_2) = 2(\lambda \chi_1)^{0.5}(\lambda \chi_2)^{0.5} = 2\lambda^{0.5}\chi_1^{0.5}\lambda^{0.5}\chi_2^{0.5}$

$= 2\lambda^{(0.5+0.5)}\chi_1^{0.5}\chi_2^{0.5} = \lambda 2\chi_1^{0.5}\chi_2^{0.5} = \lambda u(\chi_1, \chi_2)$

一次同次な関数は，マクロ経済学や計量経済学でもよく用いられる．

(2) 消費者の効用最大化問題を表示する．

$$\max_{\chi_1, \chi_2} u(\chi_1, \chi_2) = 2\chi_1^{0.5}\chi_2^{0.5}$$

$$s.t.\quad 100\chi_1 + 400\chi_2 = 2400 \tag{A2.6}$$

$\partial u(\chi_1, \chi_2)/\partial \chi_1 = \chi_1^{-0.5}\chi_2^{0.5}$ および $\partial u(\chi_1, \chi_2)/\partial \chi_2 = \chi_1^{0.5}\chi_2^{-0.5}$ より，

$$MRS = -\frac{\chi_1^{-0.5}\chi_2^{0.5}}{\chi_1^{0.5}\chi_2^{-0.5}} = -\frac{\chi_2}{\chi_1}$$

となる．また式（A2.6）の予算制約式を書き換えれば

$$\chi_2 = 6 - \frac{1}{4}\chi_1 \tag{A2.7}$$

であるから，

$$価格比 = -\frac{1}{4}$$

となる．効用最大化条件式（3.6）を適用すれば

$$-\frac{x_2}{x_1} = -\frac{1}{4}$$

より

$$x_2 = \frac{1}{4}x_1 \qquad \text{(A2.8)}$$

を得る．式（$A2.8$）を式（$A2.7$）のx_2に代入し，（x^*_1，x^*_2）=（12, 3）．これを式（$A2.6$）の効用関数へ代入し，答えを得る．

$$u(4, 4) = 2(1, 2)^{0.5}(3)^{0.5} = 2\sqrt{36} = 12 = 4$$

練習問題３－４の解答：３

A2.9　練習問題４－１の解答

限界費用関数 = 供給関数であることから，$MC = 2Y + 40$ より，供給関数は $P = 2Y + 40$ である．以下では，独占市場における均衡取引数量を Y^M，独占価格を P^M で表す．ただし，上付き文字 M は独占（monopoly）の頭文字である．

【完全競争市場】

完全競争市場における均衡取引数量と取引価格を求める．需要関数 $Y = 25 - 0.25P$ は $P = 100 - 4Y$ に書き換えられる．完全競争市場均衡は $MC = P$ によって導出されるため，

$$2Y + 40 = 100 - 4Y$$

となる．したがって，$Y^* = 10$．$Y^* = 10$ を $P = 100 - 4Y$ の Y に代入し，$P^* = 60$．完全競争市場の均衡取引量は 10，均衡価格は 60 である．

図 A.2－7　練習問題 4－1 の独占市場

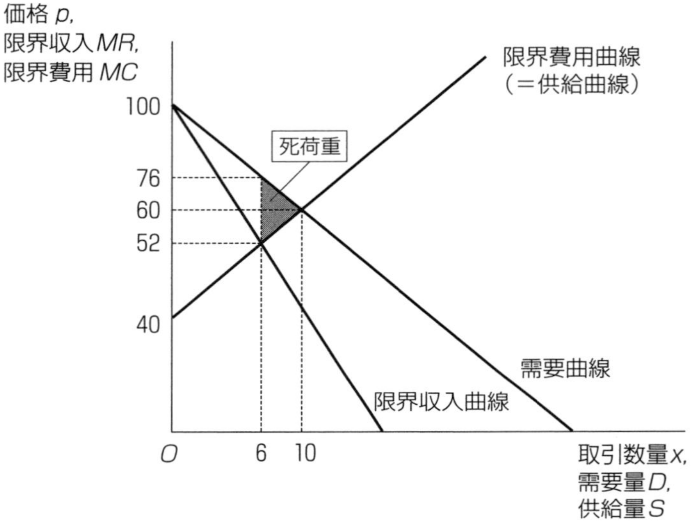

【独占市場】

独占企業は $MR = MC$ を満たすように生産量 Y^M を決定する．収入関数は $R(Y) = P \times Y$ で与えられ，需要関数 $P = 100 - 4Y$ であることから，次式を得る．

$$R(Y) = (100 - 4Y) \times Y = 100Y - 4Y^2$$

次に収入関数 $R(Y)$ を生産量 Y で微分し，限界収入 MR を求める：

$$MR = R'(Y) = 100 - 8Y$$

ここで，利潤最大化条件 $MR = MC$ を用いる：

$$100 - 8Y = 2Y + 40$$

よって，$Y^M = 6$．$Y^M = 6$ を需要関数 $P = 100 - 4Y$ の Y に代入し，$P^M = 100 - 24 = 76$ を得る．したがって，独占市場での均衡取引量は 6，均衡価格は 76 である．

次に消費者余剰と生産者余剰を計算する．限界費用曲線，限界収入曲線と需要曲線が縦軸と交わる点（切片）は，それぞれ $Y = 0$ を代入することによって求められる（**図 *A.*2 − 7** を参照）：

[完全競争市場]

消費者余剰 ＝（100 − 60）× 10 ÷ 2 ＝ 200,

生産者余剰 ＝（60 − 40）× 10 ÷ 2 ＝ 100,

総　余　剰 ＝ 100 ＋ 200 ＝ 300

[独占市場]

消費者余剰 ＝（100 − 76）× 6 ÷ 2 ＝ 72,

生産者余剰 ＝ {（76 − 52）＋（76 − 40）}

× 6 ÷ 2 ＝ 180,

総　余　剰 ＝ 180 ＋ 72 ＝ 252

死　荷　重 ＝ 300 − 252 ＝ 48

ただし，生産者余剰は台形の面積の公式を用いて求めている．また死荷重は三角形の面積の公式を使って求めてもよい．

完全競争市場では，生産者余剰が 100 であるのに対し，独占市場では 180 に増加している．一方，消費者余剰は 200 から 72 に減少している．総余剰で比較すると，独占市場における総余剰は死荷重によって 300 から 252 に減少しており，効率的な資源配分が達成されない．

A2.10　練習問題 4 − 2 の解答

あ．1　い．$x^3 - 2x^2 + x$　う．限界費用（MC）　え．$MC = MR$　お．2

A2.11　練習問題 4 − 3 の解答

最初に独占価格 P^M を求める．需要関数は $P = 30 - x$ に書き換えられることから，この独占企業の収入関数は，

$$R(x) = (30 - x) \times x = 30x - x^2$$

図 A.2－8　練習問題 4－3 の独占市場

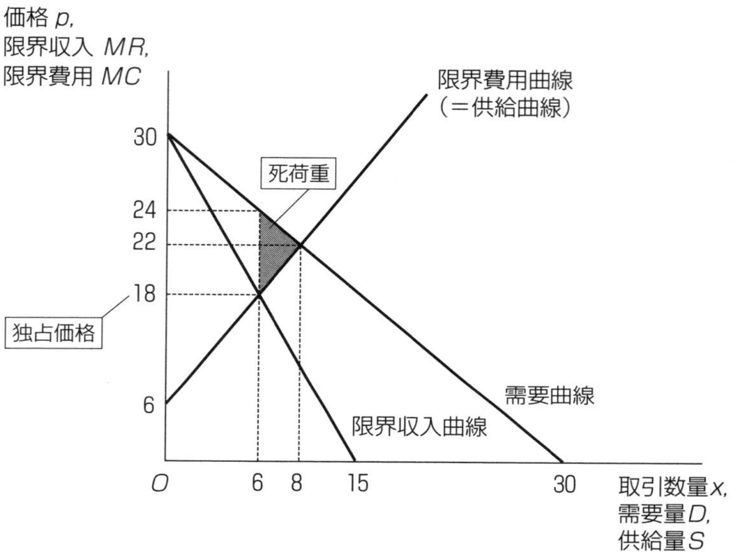

であり，限界収入 MR は

$$MR = R'(\chi) = 30 - 2\chi$$

である．一方，総費用関数を微分することにより，限界費用関数 MC を導出する．

$$MC = TC'(\chi) = 6 + 2\chi$$

ここで，利潤最大化条件 $MR = MC$ を用いる：

$$30 - 2\chi = 6 + 2\chi$$

よって，均衡生産量は $\chi^* = 6$．χ^* を需要関数の χ に代入し，$P^M = 30 - 6 = 24$ を得る．**図 A.2－8** を参照しつつ，死荷重の大きさを求める．

$$\text{死荷重} = (24 - 18) \times (8 - 6) \div 2 = 6$$

であるから，正解は 2 である．

練習問題 4－3 の解答：2

A2.12　練習問題 5 − 1 の解答

まず総費用関数 $TC(Y) = 25 + 5Y$ から限界費用関数 $MC(Y)$ と平均費用関数 $AC(Y)$ を導出する．

$$MC(Y) = 5,\ \text{および}\ AC(Y) = \frac{25}{Y} + 5$$

【MC 形成原理の場合】

需要関数 $P(Y) = 15 - Y$ と限界費用関数 $MC(Y) = 5$ から，需要曲線と限界費用曲線との交点に対応する生産量 Y_{MC} を求める．

$$15 - Y = 5$$

より $Y_{MC} = 10$．次に $Y_{MC} = 10$ を需要関数の Y に代入すると，限界費用価格は $P_{MC} = 5$ である．MC 形成原理に基づく価格規制が実施された場合の生産量は 10，価格は 5 である．

図 A.2 − 9　練習問題 5 − 1 の平均費用，限界費用曲線と需要曲線

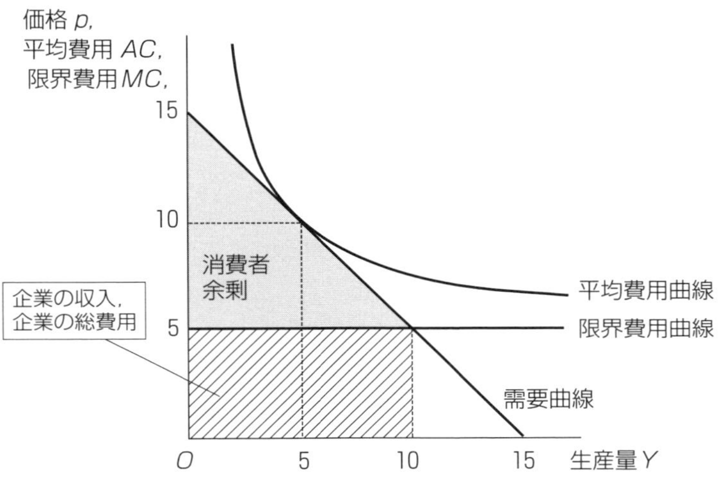

【AC 形成原理の場合】

需要関数 $P(Y) = 15 - Y$ と平均費用関数 $AC(Y) = 25 / Y + 5$ から，需要曲線と平均費用曲線との交点に対応する生産量 Y_{AC} を求める．

$$15 - Y = \frac{25}{Y} + 5$$

整理すれば

$$Y2 - 10Y + 25 = 0$$

となる．したがって，$Y_{AC} = 5$．$Y_{AC} = 5$ を需要関数に代入すると，平均費用価格は $P_{AC} = 10$ である．企業が AC 形成原理による価格規制に基づいて生産する場合の生産量は 5，価格は 10 である．

さて，後に総余剰の大きさを計算するために限界費用曲線，平均費用曲線と需要曲線を**図 *A*.2 － 9** に表示する．**図 *A*.2 － 9** において，需要曲線の縦軸切片は $P(0) = 15$ である．

【MC 形成原理の余剰計算】

本問題では，限界費用が一定であり，企業の可変費用は総費用に一致する．したがって，限界費用曲線，$Y = 0$ と $Y = 10$ に囲まれた長方形の面積が企業の収入と総費用を表すことに注意したい．

消費者余剰 $= (15 - 5) \times 10 \div 2 = 50$,

生産者余剰 $= 5 \times 10 - 5 \times 10 = 0$,

総　余　剰 $= 0 + 50 = 50$

【AC 形成原理の余剰計算】

消費者余剰 $= (15 - 10) \times 5 \div 2 = 12.5$,

生産者余剰 $= (10 - 5) \times 5 = 25$,

総余剰 $= 25 + 12.5 = 37.5$,

死荷重 $= (10 - 5) \times (10 - 5) \div 2 = 12.5$

MC 形成原理の場合，生産者余剰は 0 であるものの，死荷重は発生せず，総余剰が 50 に最大化されている．それに対し，AC 形成原理の場合，生産者余剰が25だけ生じ，消費者余剰は12.5まで減少する．その結果，死荷重が12.5だけ生じる．AC形成原理による価格規制政策は死荷重を発生させ，資源配分を非効率化する．しかし，生産者余剰を高めることから，セカンド・ベストな政策である．

A2.13　練習問題5－2の解答

需要関数を書き換える．

$$P = 120 - 2\chi \tag{A2.9}$$

限界費用関数$MC(\chi)$と平均費用関数$AC(\chi)$はそれぞれ

$$MC(\chi) = TC'(\chi) = 90 - \chi, \tag{A2.10}$$

$$AC(\chi) = \frac{TC(\chi)}{\chi} = 90 - \frac{1}{2}\chi \tag{A2.11}$$

となる．式（A2.9），式（A2.10）および式（A2.11）より，需要関数と限界費用関数$MC(\chi)$の交点に対応する生産量χ_{MC}は，$\chi_{MC} = 30$であり，限界費用価格P_{MC}は$P_{MC} = 90 - 30 = 60$である．一方，需要関数と平均費用関数$AC(\chi)$の交点に対応する生産量χ_{AC}は$\chi_{AC} = 20$である．したがって，平均費用価格P_{AC}は，$P_{AC} = 90 - 20 \cdot 1/2 = 90 - 10 = 80$である．

図A.2－10に，需要曲線，平均費用曲線と限界費用曲線を描く．(*a*) パレート最適な資源配分を実現する価格設定とは，MC形成原理に基づく価格規制を指す．なぜなら，政府がMC形成原理に基づく価格規制を導入すると，土木建設産業には赤字が生じるものの，死荷重が発生せず，総余剰は最大化されるからである．それに対し，(*b*) 土木建設産業が独立採算をとることのできるような価格設定とは，AC形成原理に基づく価格規制に他ならない．なぜなら，土木建設産業の赤字が埋め合わされるためである．しかし死荷重が発生するため，総余剰は最大化されない．**図A.2－10**を参照しつつ，死荷重の大きさを計算すれば，

$$死荷重 = (80 - 60) \times (30 - 20) \div 2 = 100$$

を得る．したがって，正解は1である．本問題においては，赤字と死荷重が異

図 A.2 － 10　*MC* 形成原理と *AC* 形成原理による価格規制

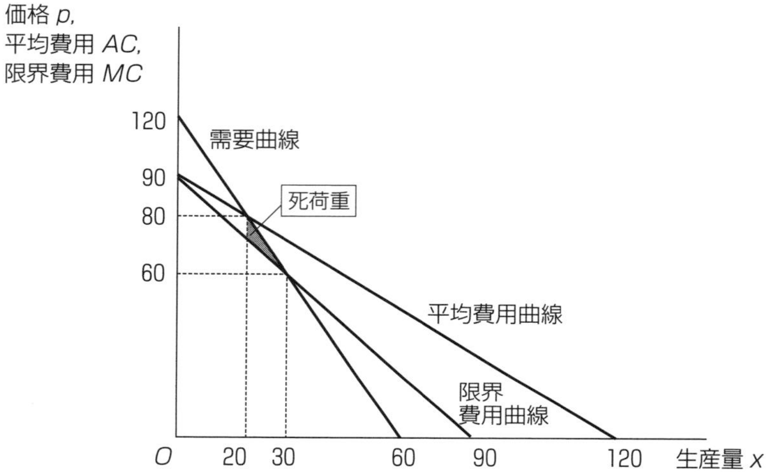

なる概念であることに十分注意したい.

練習問題 5 － 2 の解答：1

A2.14　練習問題 6 － 1 の解答

社会的限界費用曲線と需要曲線の交点を（χ^{SMC}, P^{SMC}）と書くことにする. まず, 最適な課税額 t^* を導出する. 私的限界費用と社会的限界費用が等しくなるように t^* を設定すれば, 外部費用が内部化される. つまり, t^* を限界損失の大きさと等しくすればよい. したがって, $t^* = 6$.

社会的限界損失関数を導出しよう. 社会的限界費用 *SMC* ＝ 私的限界費用 *PMC* ＋ 限界損失より

$$SMC(\chi) = 5 + \chi + 6 = 11 + \chi$$

次に限界費用曲線と需要曲線の交点における均衡取引数量と価格を求める. 限界費用関数 $PMC(\chi)$ ＝ 財の価格 $P(\chi)$ であり, 需要関数は $P(\chi) = 20 - 2\chi$ であるから

$$5 + \chi = 20 - 2\chi$$

図 A.2 − 11　課税により，外部費用を内部化する（練習問題 6 − 1）

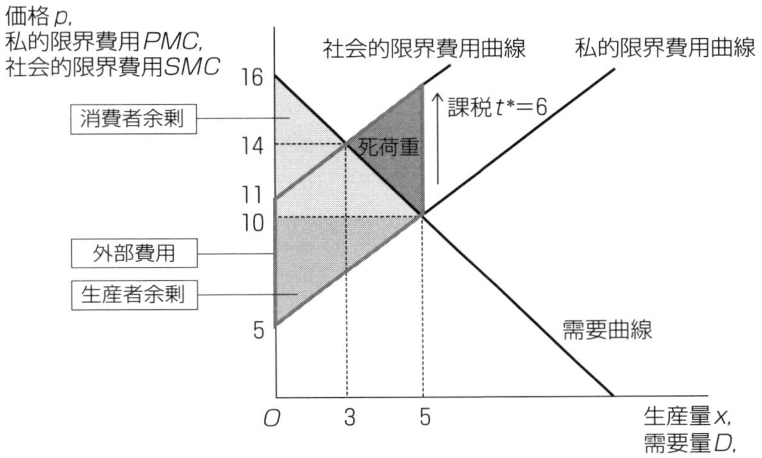

となる．したがって$\chi = 5$．よって，限界費用曲線と需要曲線の交点における均衡価格は$P^*(5) = 20 - 2 \cdot 5 = 10$．同様にして（$\chi^{SMC}$, P^{SMC}）を求める．$SMC(\chi) = P(\chi)$より次のようになる．

$$11 + \chi = 20 - 2\chi$$

χについて解くことにより，$\chi^{SMC} = 3$．$P^{SMC}(3) = 20 - 2 \cdot 3 = 14$．

以上の計算を基に，**図 A.2 − 11** に私的限界費用曲線，社会的限界費用曲線と需要曲線を示す．なお各曲線と価格軸との交点（切片）は，各関数に$P = 0$を代入して求める．

［企業が外部費用を考慮せずに生産を行う場合］

消費者余剰 $= (16 - 10) \times 5 \div 2 = 15$,

生産者余剰 $= (10 - 5) \times 5 \div 2 = 12.5$

外部費用はSMC，PMC，$\chi = 5$と$\chi = 0$に囲まれた，ひし形の面積である．

外部費用 $= (11 - 5) \times 5 = 30$

総 余 剰 ＝ 消費者余剰 ＋ 生産者余剰 − 外部費用

$= 15 + 12.5 - 30 = -2.5$

消費者余剰と生産者余剰に相殺されずに残る死荷重の大きさを求める．

$$死荷重 = (16 - 10) \times (5 - 3) \div 2 = 6$$

［企業が外部費用を考慮して生産する場合］

企業が社会的費用を考慮するケースでは，*SMC* 曲線と需要曲線の交点を基準に考えて，余剰を導出すればよい．

$$消費者余剰 = (16 - 14) \times 3 \div 2 = 3,$$

$$生産者余剰 = (14 - 11) \times 3 \div 2 = 4.5,$$

外部不経済の大きさは *SMC*，*PMC*，$\chi = 3$ と $\chi = 0$ に囲まれた，ひし形の面積である．

$$外部費用 = (11 - 5) \times 3 = 18$$

政府の税収は，外部不経済の大きさと同じだけ得られる．

$$税\quad収 = (11 - 5) \times 3 = 18$$

総余剰 ＝ 消費者余剰 ＋ 生産者余剰 ＋ 税収 － 外部費用より

$$総余剰 = 3 + 4.5 + 18 - 18 = 7.5$$

となる．政府は外部費用と同じ大きさの税収を得る．その税収はすべて消費者と生産者に還元されるため，死荷重は発生しない．また，課税後の総余剰の大きさは，死荷重が取り除かれたため，増加している．このように適切な課税により，外部不経済が内部化される．

A2.15　練習問題 6 − 2 の解答

需要関数を書き換えれば

$$P = 15 - \frac{1}{2}\chi$$

となる．私的限界費用関数 $PMC(\chi)$ は，

$$PMC(\chi) = 5$$

であり，いかなる生産量に対しても定数値をとる．財の生産 1 単位につき，3 単位の社会的限界損失が生じるため，社会的限界費用関数 $SMC(\chi)$ は，

図 A.2 − 12　外部費用を伴う市場（練習問題 6 − 2）

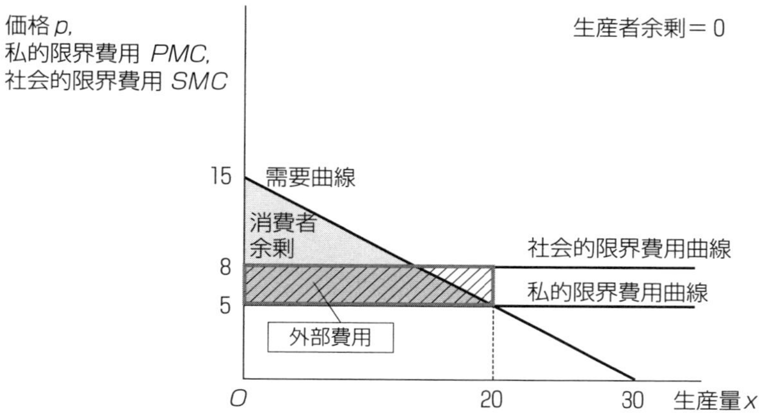

$SMC(x) = 5 + 3 = 8$

であり，こちらも定数値をとる．限界費用は定数であり，私的限界費用（供給）曲線は傾きをもたないため，生産者余剰は0である．**図 A.2 − 12** を参照されたい．消費者余剰は，需要曲線と私的限界便益曲線とに囲まれた三角形の面積であるから，次式となる．

消費者余剰 ＝（15 − 5）× 20 ÷ 2 ＝ 100

市場では大気汚染により，外部費用が発生している．この外部費用の大きさは，私的限界費用曲線，社会的限界費用曲線および完全競争市場の均衡生産量 $x = 20$ に囲まれた長方形の面積に相当する．

外部費用 ＝（8 − 5）× 20 ＝ 60

総余剰の大きさは，消費者余剰 ＋ 生産者余剰 − 外部費用である．

総余剰 ＝ 100 ＋ 0 − 60 ＝ 40

練習問題 6 − 2 の解答：2

A2.16　練習問題 7 − 1 の解答

消費者1と2の公共財の負担金額を P^g_i $(i = 1, 2)$，$P^g_1 + P^g_2 = 1$ とする．

すると，各消費の便益最大化問題は，次のように表される．

[消費者 A]

$$\max_{\chi_A, g_A} \chi_A + 5(g_A + g_B) - \frac{1}{2}(g_A + g_B)^2$$

$$s.t. \quad \chi_A + 3p^g_A G = 10$$

[消費者 B]

$$\max_{\chi_B, g_B} \chi_B + 10(g_A + g_B) - (g_B + g_B)^2$$

$$s.t. \quad \chi_B + 3p^g_B G = 10 \tag{A2.12}$$

式（3.6）を用いれば消費者にとって最適な組み合わせ（$\chi^*{}_A, g^*{}_A$）は

$$\frac{1}{(5 - G)} = \frac{1}{(3p^g_A)}$$

を満たす．同様に，消費者 B にとって最適な組み合わせ（χ^*_B, g^*_B）は以下の関係式を満たす．

$$\frac{1}{(10 - 2G)} = \frac{1}{(3p^g_B)}$$

これらを整理すれば，

$$p^g_A = \frac{1}{3}(5 - G),$$

$$p^g_B = \frac{1}{3}(10 - 2G) \tag{A2.13}$$

であるから，式（A.23）の p^g_A と p^g_B を $p^g_A + p^g_B = 1$ に代入し，$5 - G = 1$．したがって，$G^* = 4$ であり，p^g_A と p^g_B の右辺の G へ代入することにより，($p^g_A{}^*$, $p^g_B{}^*$) = (1／3, 2／3)．これらを予算制約式の G, p^g_A および p^g_B へ代入し，($\chi^*{}_A$, $\chi^*{}_B$) = (6, 2)．したがって，リンダール均衡は R = ((1／3, 2／3)，(6, 2, 4)）である．

また $PMB_A = 5 - G$ および $PMB_B = 10 - 2G$ より，$G^* = 4$ に対し，$SMB = (5 - 4) + (10 - 2 \times 4) = 3$ であり，$MC = C'(G) = 3$ であるから，R はサミュエルソン条件を満たす．

さて，式（A2.13）より，$G = 5 - 3p^g_A$ であるから，これを消費者 A の便益

関数のGへ代入すると，

$$u_A(\chi_A, p^g_A) = \chi_A + \frac{(25 - 15p^g_A - {p^g_A}^2\ )}{2}$$

に置き換えられる．右辺第２項を$g(p^g_A)$とおくと，$g'(p^g_A) < 0$であるから，p^g_Aが大きいほど（1に近づくにつれ）$g(p^g_A)$は低下する．また$g(p^g_A)$は$p^g_A \in [0, 1]$で，最大値$g(0) = 25/2$をとる．したがって，p^g_Aが0に近づくほど，消費者Aの便益は高まる．よって，消費者Aは公共財の負担金額を過少申告するインセンティブをもつ．消費者Bに関しても同じようにして示す．

A2.17　練習問題７－２の解答

(1) あ．(例)特定の個人の消費によって,他の個人の消費量が減少しない．い．地方公共財　う．共同プール財　え．フリーライダー　お．リンダールメカニズム

(2) い．地方公共財の例：市営プール，市営図書館など　う．共同プール財の例：石油，テレビ放送など．

A2.18　練習問題７－３の解答

本問題を解くに当たり，各プレイヤーの戦略に対し，利得の大きさが同一である戦略は，それぞれ最適反応戦略であることに注意したい．

(1)．**表*A*.2－1**に利得行列を表示する．各プレイヤーの最適反応戦略の印(下線および破線）を各セルの中に描く．２つの印が含まれているセルに注目すると，制裁が有効なケースにおけるナッシュ均衡は，(*CP*, *CP*）と（*D*, *D*）である．つまり，両プレイヤーが制裁をとる状態と非協力をとる状態が安定性をもつ．

(2)．各プレイヤーの最適反応戦略を**表*A*.2－2**に示すと,ナッシュ均衡は(*D*, *D*）のみであることが分かる．被制裁コストが低い場合，各プレイヤーの最適反応戦略は*D*のみである．この場合，*D*を**支配戦略**といい，（*D*, *D*）を**支配戦**

表 A.2－1　練習問題7－3（1）の利得行列

		プレイヤー2の戦略		
		CN	*CP*	*D*
プレイヤー1の戦略	*CN*	2, 2	2, 2	$\frac{1}{2}$, 3
	CP	2, 2	2, 2	$\frac{1}{2}-c$, $3-d$
	D	3, $\frac{1}{2}$	$3-d$, $\frac{1}{2}-c$	1, 1

---- プレイヤー1の最適反応戦略　── プレイヤー2の最適反応戦略

表 A.2－2　練習問題7－3（2）の利得行列

		プレイヤー2の戦略		
		CN	*CP*	*D*
プレイヤー1の戦略	*CN*	2, 2	2, 2	$\frac{1}{2}$, 3
	CP	2, 2	2, 2	$\frac{1}{2}-c$, $3-d$
	D	3, $\frac{1}{2}$	$3-d$, $\frac{1}{2}-c$	1, 1

---- プレイヤー1の最適反応戦略　── プレイヤー2の最適反応戦略

略均衡という．被制裁コストが低ければ，各プレイヤーのフリーライドするインセンティブは損なわれない．

A2.19　練習問題8－1

【関税賦課前】

まず，国際価格$P_F^* = 12$に対応する需要量$\chi_F{}^b$と供給量$\chi_S{}^b$を導出する．第8章では，関税賦課前の供給量を$\chi_D{}^b$と表記したが，ここでは需要Dと区別するため，供給（suplly）の頭文字を用いる．需要関数は

$$P = 32 - \chi$$

であるため

$$12 = 32 - \chi$$

より，需要量（＝均衡取引数量）は$\chi_F{}^b = 20$である．次に国内供給量を求める．供給関数は

$$P = 8 + 2\chi$$

であるため，次のようになる．

$$12 = 8 + 2\chi$$

したがって，国内供給量は$\chi_S{}^b = 2$．消費者は財を20単位需要し，生産者は2単位供給する．また輸入数量を計算すれば次のようになる．

$$\text{輸入数量} = \chi_F{}^b - \chi_S{}^b = 20 - 2 = 18$$

図A.2－13を参照して，関税賦課前の消費者余剰，生産者余剰と総余剰を計算すれば次のようになる．

$$\text{消費者余剰} = (32 - 12) \times 20 \div 2 = 200,$$

$$\text{生産者余剰} = (12 - 8) \times 2 \div 2 = 4,$$

$$\text{総　余　剰} = 4 + 200 = 204$$

なお総余剰は台形の面積公式を用いて求めてもよい．

【関税賦課後】

関税賦課後の需要量と供給量を導出する．政府が8単位の輸入関税を課すことにより，消費者と生産者は国内価格$P_F{}^a = P_F{}^b + 8 = 20$の下で行動する．$P_F{}^a = 20$を需要関数の$P$に代入すれば

図 A.2 − 13　関税賦課前の国内市場均衡（練習問題 8 − 1）

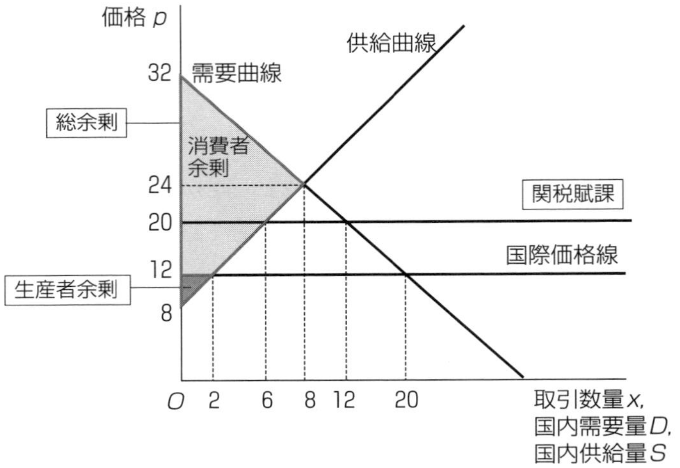

$P = 32 - \chi$

より

$20 = 32 - \chi$

を得る．したがって需要量（＝均衡取引数量）は$\chi_F{}^a = 12$.

次に関税賦課後の国内供給量$\chi_S{}^a$を求める．供給関数は

$P = 8 + 2\chi$

であるため，$P_F{}^a = 20$をPへ代入すれば

$20 = 8 + 2\chi$

となる．したがって，$\chi_S{}^a = 6$．また輸入数量を求める．

輸入数量 $= \chi_F{}^a - \chi_S{}^a = 12 - 6 = 6$

政府の関税収入は輸入数量×税額で与えられるため

政府の関税収入 $= (10 - 12) \times 6 = 48$

である．**図 A.2 − 14** を参照しながら，関税賦課前の消費者余剰，生産者余剰，総余剰と死荷重を計算する．

消費者余剰 $= (32 - 20) \times 12 \div 2 = 72,$

生産者余剰 $= (20 - 8) \times 6 \div 2 = 36,$

図 A.2 − 14　関税賦課後の国内市場均衡（練習問題 8 − 1）

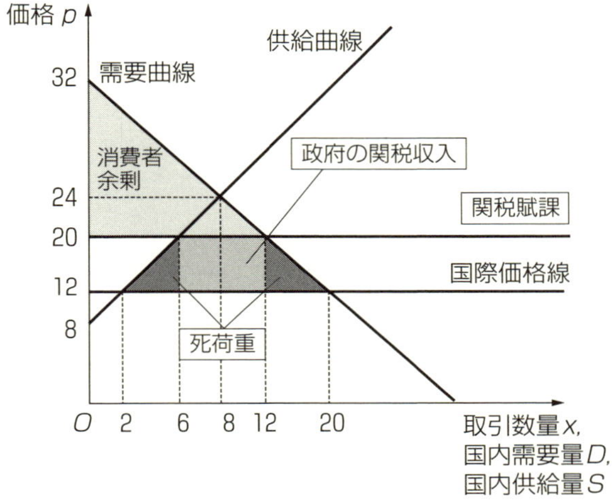

総余剰　　= 消費者余剰 + 生産者余剰 + 政府の関税収入
　　　　　= 36 + 72 + 48 = 156,
死荷重　　= 関税賦課前の総余剰 − 関税賦課後の総余剰
　　　　　= 204 − 156 = 48

関税賦課前の総余剰は 204 であり，パレート最適な資源配分が実現している．一方，関税賦課後の総余剰は 156 に減少するため，死荷重の大きさは 48 である．関税賦課前の生産者余剰は 4 であるのに対し，賦課後は 36 に増加するため，輸入関税政策は生産者にとって望ましい．視点 1 に立ち，資源配分の効率性を第一に考えれば，輸入関税は望ましい政策であるとは言えないが，視点 2 に立ち，消費者余剰と生産者余剰のバランスを考慮した場合，望ましい政策であると言える．

A2.20　練習問題 8 − 2 の解答

図 *A*.2 − 15 に見られるように，輸入関税導入後の国際価格を明示化すれば，

図 A.2 − 15　輸入関税の余剰分析（練習問題 8 − 2）

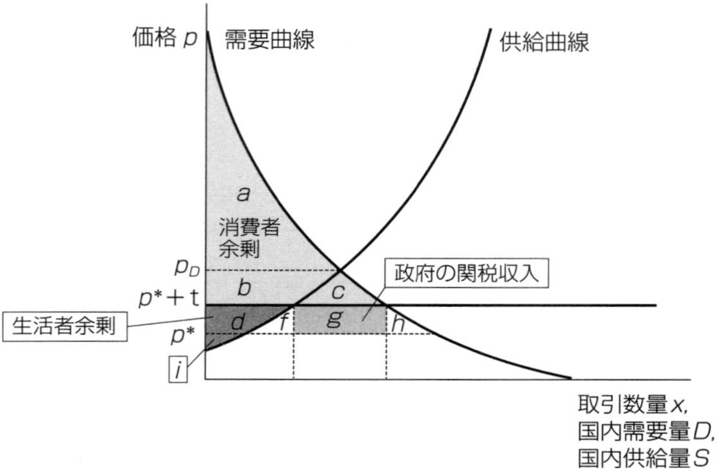

問題が解きやすくなる．本文で説明したように，関税導入後の消費者余剰は需要曲線と関税導入後の国際価格線に囲まれた図形の面積（$a + b + c$）に等しい．一方，生産者余剰は，供給曲線と国際価格線とに囲まれた図形の面積（$d + i$）に相当する．また，政府の関税収入は長方形 g の部分である．これらを加えることにより，解答は 5 であると分かる．

練習問題 8 − 2 の解答：5

A2.21　付録 1 の総合問題の解答

A.1 以下の**表** A.2 **− 3** と**図** ***A*.2 − 4** の真偽値を参照.

A.2（証明）$a > 0$ かつ $b > 0$ に対し，$a^2 > b^2$ であり，$a < b$ であるとする．$a > 0$ より，$a < b$ の両辺に a を掛け合わせると

$$a^2 < ab \tag{A2.14}$$

が成立する．同様に，$b > 0$ であるから，$a < b$ の両辺に b を掛け合わせると

$$ab < b^2 \tag{A2.15}$$

表 A.2 － 3　総合問題 A.1 の真偽表（結合法則）

$(p \vee q) \vee r$ の真偽表

p	q	r	$(p \vee q)$	$(p \vee q) \vee r$
T	T	T	T	T
T	T	F	T	T
T	F	T	T	T
T	F	F	T	T
F	T	T	T	T
F	T	F	T	T
F	F	T	F	T
F	F	F	F	F

$p \vee (q \vee r)$ の真偽表

p	q	r	$(p \vee r)$	$p \vee (q \vee r)$
T	T	T	T	T
T	T	F	T	T
T	F	T	T	T
T	F	F	T	T
F	T	T	T	T
F	T	F	T	T
F	F	T	F	T
F	F	F	F	F

$(p \wedge q) \wedge r$ の真偽表

p	q	r	$(p \wedge q)$	$(p \wedge q) \wedge r$
T	T	T	T	T
T	T	F	T	F
T	F	T	F	F
T	F	F	F	F
F	T	T	F	F
F	T	F	F	F
F	F	T	F	F
F	F	F	F	F

$p \wedge (q \wedge r)$ の真偽表

p	q	r	$(p \wedge r)$	$p \wedge (q \wedge r)$
T	T	T	T	T
T	T	F	F	F
T	F	T	F	F
T	F	F	F	F
F	T	T	T	F
F	T	F	F	F
F	F	T	F	F
F	F	F	F	F

が成立する．式（A2.14）と式（A2.15）を合わせることにより，

$$a^2 < ab < b^2 \qquad \text{(A2.16)}$$

となる．これは，$a^2 > b^2$ であることに矛盾する．したがって，$a > 0$ かつ $b > 0$ に対し，$a^2 > b^2$ ならば，$a > b$ である．

A.3 図 **A.2 － 16** のベン図を参照すると分かりやすい．

(1)．$A \cup B - C = \{a, b, c, d\} \cup \{a, c\} - \{b, c, d, e\} = \{a, b, c, d\} - \{b, c, d, e\} = \{a\}$

(2)．$B \cap C - A = \{a, c\} \cap \{b, c, d, e\} - \{a, b, c, d\} = \{c\} - \{a, b, c,$

表 A.2 － 4　総合問題 A.1 の真偽表（分配法則）

$p \vee (p \wedge q)$ の真偽表

p	q	r	$(p \wedge r)$	$p \vee (q \wedge r)$
T	T	T	T	T
T	T	F	F	T
T	F	T	F	T
T	F	F	F	T
F	T	T	T	T
F	T	F	F	F
F	F	T	F	F
F	F	F	F	F

$(p \vee q) \wedge (p \vee r)$ の真偽表

p	q	r	$(p \vee q)$	$(p \vee r)$	$(p \vee q) \wedge (p \vee r)$
T	T	T	T	T	T
T	T	F	T	T	T
T	F	T	T	T	T
T	F	F	T	T	T
F	T	T	T	T	T
F	T	F	T	F	F
F	F	T	F	F	F
F	F	F	F	F	F

$p \wedge (p \vee q)$ の真偽表

p	q	r	$(q \vee r)$	$p \wedge (p \vee r)$
T	T	T	T	T
T	T	F	T	T
T	F	T	T	T
T	F	F	F	F
F	T	T	T	F
F	T	F	T	F
F	F	T	T	F
F	F	F	F	F

$(p \wedge q) \vee (p \wedge r)$ の真偽表

p	q	r	$(p \wedge q)$	$(p \wedge r)$	$(p \wedge q) \vee (p \wedge r)$
T	T	T	T	T	T
T	T	F	T	T	T
T	F	T	T	T	T
T	F	F	T	T	F
F	T	T	T	T	F
F	T	F	T	F	F
F	F	T	F	F	F
F	F	F	F	F	F

$d\} = \Phi$

(3). $A \cap B \cap C = \{a, b, c, d\} \cap \{a, c\} \cap \{b, c, d, e\} = \{a, c\} \cap \{b, c, d, e\} = \{c\}$

A.4（証明）$(A \cap B)^c \subseteq A^c \cup B^c$ を示す．任意に $\chi \in (A \cap B)^c$ をとる．これは「$\chi \notin A$ かつ B」と同値であり，定理 A.3 － 1 から，「$\chi \notin A$ かつ B」は「$\chi \in A^c$ または $\chi \in B^c$」と同値である．したがって，$\chi \in A^c \cup B^c$ であり，$(A \cap B)^c \subseteq A^c \cup B^c$.

次に $A^c \cup B^c \subseteq (A \cap B)^c$ を示す．任意に $\chi \in A^c \cup B^c$ をとる．これは「χ

図 A.2 − 16　総合問題 A.3 のベン図

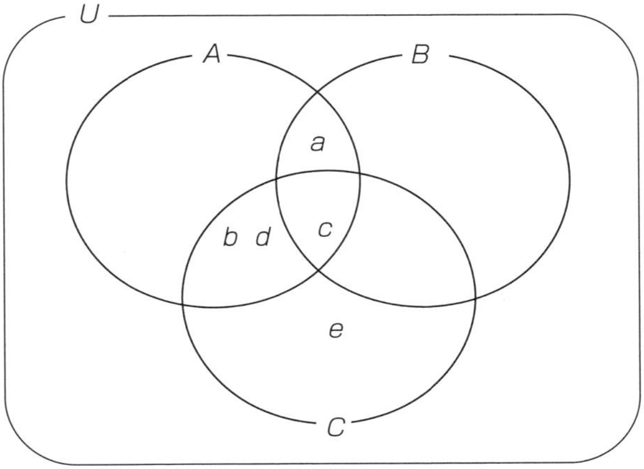

$\notin A$ または $\chi \notin B$」と同値であり，定理 A.3 − 1 より，「$\chi \notin A$ または $\chi \notin B$」は，「$\chi \in A^c$ かつ $\chi \in B^c$」と論理的に同値である．したがって，$\chi \in (A \cap B)^c$ であり，$A^c \cup B^c \subseteq (A \cap B)^c$．なお $(A \cap B)^c \subseteq A^c \cup B^c$ および $A^c \cup B^c \subseteq (A \cap B)^c$ であるから，$(A \cap B)^c = A^c \cup B^c$ が成立する．

A.5(1). $A \subseteq A \cup B$，および $B \subseteq A \cup B$

（証明）

任意に $\chi \in A$ をとる．すると，χ は条件「$\chi \in A$ であるか，または $\chi \in B$」を満たす．つまり，「$\chi \in A$ または B」を満たすため，$\chi \in A \cup B$．したがって，$\chi \in A$ ならば，$\chi \in A \cup B$ であるから，$A \subseteq A \cup B$．(2). $B \subseteq A \cup B$ も同じようにして示す．

(2). $A \cap B \subseteq A$，および $A \cap B \subseteq B$

（証明）

任意に $\chi \in A \cap B$ をとる．すると，χ は条件「$\chi \in A$ であり，かつ $\chi \in B$」を満たす．このことから，$\chi \in A$ であるため，$\chi \in A \cap B$ ならば $\chi \in A$．したがって，$A \cap B \subseteq A$．(4). $A \cap B \subseteq B$ も同じようにして示す．

(3). $A \cup A^c = U$

（証明）

背理法により，$A \cup A^c \subseteq U$ を示す．$A \cup A^c \nsubseteq U$ を仮定する．すると，$\chi \in A \cup A^c$ であり，集合 $A \cup A^c$ の中に $\chi \notin U$ を満たす要素 χ が存在する．$\chi \in A \cup A^c$ より，χ は $\chi \in A$ であるか，$\chi \in A^c$ である．$A \subseteq U$ かつ，$A^c \subseteq U$ であるから，$\chi \in A \subseteq U$ かつ $\chi \in A^c \subseteq U$ が成立する．つまり，$\chi \in U$．これは $\chi \notin U$ と矛盾するため，$A \cup A^c \subseteq U$．

次に $U \subseteq A \cup A^c$ を示す．任意に $\chi \in U$ をとる．$U \subseteq A$ であるか，もしくは $U \subseteq A^c$ であるから，χ は A か A^c のいずれかに含まれる．つまり，「$\chi \in A$ または $\chi \in A^c$」が成立する．したがって，$\chi \in A \cup A^c$ であるから，$\chi \in U$ ならば $\chi \in A \cup A^c$ である．よって $U \subseteq A \cup A^c$．以上より，$A \cup A^c = U$．

(6). $A \cap A^c = \Phi$

（証明）

背理法による．$A \cap A^c \neq \Phi$ であるとする．すると，要素 $\chi \in A \cap A^c$ をとることができる．これは「$\chi \in A$ かつ $\chi \in A^c$」と同値であり，さらに整理すれば「$\chi \in A$ かつ $\chi \notin A$」．この条件を満たす要素は存在せず，$A \cap A^c$ は元をもたない集合である．つまり $A \cap A^c = \Phi$ であるから，$A \cap A^c \neq \Phi$ に矛盾する．したがって，$A \cap A^c = \Phi$．

□

A.6 （証明）

$|\chi + y|^2 = |\chi|^2 + 2\chi y + |y|^2$ および，$(|\chi| + |y|)^2 = |\chi|^2 + 2|\chi||y| + |y|^2 = |\chi|^2 + 2|\chi y| + |y|^2$ であることを用いる．2つの等式を以下の場合分けによって比較する．

ケース（1）．$\chi y \geq 0$ の場合：常に $\chi y = |\chi y|$ だから，

$$|\chi + y|^2 = |\chi|^2 + 2\chi y + |y|^2$$
$$= |\chi|^2 + 2|\chi y| + |y|^2 = (|\chi| + |y|)^2 \quad \text{(A2.17)}$$

ケース（2）．$\chi y < 0$ の場合：常に $\chi y < |\chi y|$ だから，

$$|x+y|^2 = |x|^2 + 2xy + |y|^2$$
$$< |x|^2 + 2|xy| + |y|^2 = (|x| + |y|)^2 \quad \text{(A2.18)}$$

式（A2.17）と（A2.18）を合わせることにより，

$$|x+y|^2 \leq (|x| + |y|)^2$$

となる．したがって，本練習問題 A.2 で示した命題と合わせることにより，

$$|x+y| \leq |x| + |y|$$

が成立する．

□

A.7　(1). $f(x) = (x^2 + x)\sqrt{x}$：定理 A.15 − 1 の積関数の微分公式を応用する．$(\sqrt{x})' = 1/2\sqrt{x}$であることに注意すると，次のようになる．

$$f'(x) = (x^2 + x)'\sqrt{x} + (\sqrt{x})'(x^2 + x)$$
$$= (2x+1)\sqrt{x} + \frac{1}{2\sqrt{x}}(x^2 + x)$$
$$= \frac{\sqrt{x}}{2}(5x+3)$$

(2). $f(x) = (x^2 + 1)/x^3$：定理 A.15 − 1 の商関数の微分公式を応用する．

$$f'(x) = \frac{2x \cdot x^3 - 3x^2 \cdot (x^2 + 1)}{(x^3)^2} = -\frac{x^2(x^2+3)}{x^6}$$
$$= -\frac{x^2+3}{x^4}$$

(3). $f(x) = (\sqrt{x} - x)/(\sqrt{x} + x)$：定理 A.15 − 1 の商関数の微分公式を応用する．$(\sqrt{x})' = 1/2\sqrt{x}$であることに注意すると，次のようになる．

$$f'(x) = \frac{\left(\frac{1}{2\sqrt{x}} - 1\right)\cdot(\sqrt{x} + x) - \left(\frac{1}{2\sqrt{x}} + 1\right)\cdot(\sqrt{x} - x)}{(\sqrt{x} + x)^2}$$
$$= -\frac{\sqrt{x}}{(\sqrt{x} + x)^2}$$

A.8[33] $r=1/\chi-1$つまり，$\chi=1/(1+r)$とおく．アルキメデスの公理より，任意の$\varepsilon>0$に対し，ある$n\in\boldsymbol{N}$が存在して$Nr\varepsilon>1$，つまり$\varepsilon>1/Nr$が成立する．二項定理より，次式が成立する．

$$\chi^n=\frac{1}{(1+r)^n}=\frac{1}{1+nr+\dfrac{n(n-1)^2r^2}{2}+\cdots+r^n} \tag{A2.19}$$

を得る．式（A2.19）の右辺は$1/nr$より小さく，さらに$r\in(0,1)$と$n\geq N$に対し，$1/nr\leq 1/Nr$が成立する．したがって，

$$\chi^n=\frac{1}{(1+r)^n}=\frac{1}{1+nr+\dfrac{n(n-1)^2r^2}{2}+\cdots+r^n}<\frac{1}{nr}\leq\frac{1}{Nr}<\varepsilon$$

が成立する．したがって，$\chi^n-0<\varepsilon$であるから，次式を得る．

$$\chi^n\to 0(n\to\infty) \tag{A2.20}$$

□

次に，$S_n=\chi+\chi^2+\cdots+\chi^n$の両辺を$\chi$倍し，$\chi S_n=\chi^2+\chi^3+\cdots+\chi^n+\chi^{n+1}$を得る．$S_n$と$\chi S_n$の辺々を差し引き，$(1-\chi)S_n=(\chi-\chi^{n+1})$．両辺を$(1-\chi)$倍すれば，$S_n=(\chi-\chi^{n+1})/(1-\chi)$となる．式（A2.20）より，

$$\lim_{n\to\infty}S_n=\frac{\chi}{(1-\chi)}$$

A.9 （証明）

$n=1$のとき，

$$(1+\chi)^1=1+\chi=1+1\cdot\chi$$

であるから，式（A.37）は成立する．

$n=k$に対しても式（A.37）が成立すると仮定すれば，

$$(1+\chi)^k\geq 1+k\chi \tag{A2.21}$$

33 証明は難波（1996）pp.8-9を参考にした．

であり，$n = k + 1$ のとき，数学的帰納法の仮定（式（A2.21））を用いれば，

$$(1 + x)^{k+1} = (1 + x)^k(1 + x)$$
$$= (1 + x)^k + x(1 + x)^k \geq 1 + kx + x(1 + x)^k \qquad \text{(A2.22)}$$

である．さらに，$x \geq 0$ かつ $n \in N$ であるから，

$$x(1 + x)^k \geq x$$

が成立する．そこで式（A2.22）をさらに変形する．

$$(1 + x)^{k+1} = (1 + x)^k + x(1 + x)^k$$
$$\geq 1 + kx + x(1 + x)^k \geq 1 + kx + x$$
$$= 1 + (k + 1)x \qquad \text{(A2.23)}$$

よって $n = k + 1$ の場合にも不等式は成立し，すべての $n \in N$ に対して式（A.37）が成立する．

□

A.10　一階導関数を計算すると，$f'(x) = -2x / (1 + x^2)^2$ であるから，$f'(x) = 0$ を計算すれば，$x = 0$．したがって，$x = 0$ を基準にして符号判定をする：

$$\begin{cases} f'(x) > 0 : x < 0 \\ f'(x) = 1 : x = 0 \\ f'(x) < 0 : x > 0 \end{cases}$$

$f(x)$ は $x = 0$ で極大値１をとることが分かる．二階導関数を計算すると，$f''(x) = (6x^4 + 4x^2 - 2) / (1 + x^2)^4$ であるから，$f'(x) = 0$ を計算できる．

$$6x^4 + 4x^2 - 2 = 0 \qquad \text{(A2.24)}$$

$x^2 = X$ とおき，式（A2.24）を整理する．

$$3X^2 + 2X - 1 = 0 \qquad \text{(A2.25)}$$

$X > 0$ であることに注意して，式（A2.25）を解けば，$X = 1/3$ であるから，$x = \pm 1/\sqrt{3}$．そこで $x = \pm 1/\sqrt{3}$ を基準に $f''(x)$ の符号を判定する．

$$f''(x) > 0 : x < -\frac{1}{\sqrt{3}}, \frac{1}{\sqrt{3}} < x$$

図 A.2 − 17　関数 $f(\chi)$ のグラフ（総合問題 A.10）

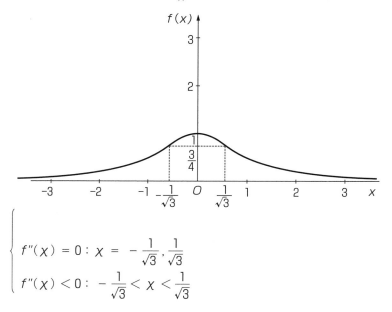

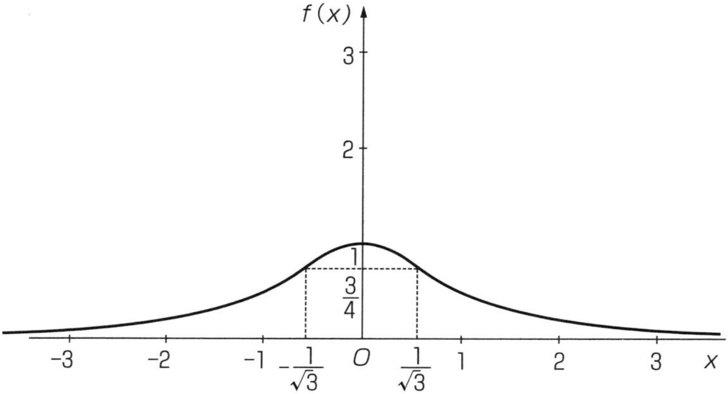

$$
\begin{cases}
\\
f''(\chi) = 0 : \chi = -\frac{1}{\sqrt{3}}, \frac{1}{\sqrt{3}} \\
f''(\chi) < 0 : -\frac{1}{\sqrt{3}} < \chi < \frac{1}{\sqrt{3}}
\end{cases}
$$

以上の計算により，**表 *A*.2 − 5** を得る．

表 A.2 − 5　$f(\chi) = 1/(1+\chi^2)$ の増減表

χ	…	$\frac{1}{\sqrt{3}}$	…	0	…	$\frac{1}{\sqrt{3}}$	…
$f'(\chi)$	増			0	減		
$f''(\chi)$	↑	0	↓	0	↓	0	↑
$f(\chi)$	↗	$\frac{3}{4}$	↗	1	↘	$\frac{3}{4}$	↘

表 *A*.2 − 5 の情報もとに，**図 *A*.2 − 17** に $f(\chi)$ のグラフを図示する．$f(\chi)$ は，$\chi = 0$ において極大値 1 をとる．また $f(\chi)$ は $\chi = 0$ をピークに増加から減少に転じ，$\chi = -1/\sqrt{3}$ と $\chi = 1/\sqrt{3}$ において増加のスピードが切り替わる[34]．

34　余談であるが，この関数 $f(\chi)$ のグラフは，統計学で用いられるガウシアン関数 $f(\chi) = e^{-\frac{1}{2}\chi^2}/\sqrt{2}$ のグラフに類似している．日本の山で例えるならば，讃岐富士（正式名は飯野山：香川県丸亀市および坂出市）の形状にもっとも近いであろう．

A.11　$f(x, y)$ を x で偏微分する場合，y を定数と見なし，x だけで微分すればよい．

(1). $f(x, y) = x^2y + y^3 - x$：整関数の微分公式（A.14）を応用する．

$$\frac{\partial f(x, y)}{\partial x} = 2xy - 1, \quad \frac{\partial f(x, y)}{\partial y} = x^2 + 3y^2.$$

(2). $f(x, y) = y / (x + y)$：定理 A.15 − 1 の商関数の微分公式を応用する．

$$\frac{\partial f(x, y)}{\partial x} = \frac{0 \cdot (x + y) - 1 \cdot y}{(x + y)^2} = -\frac{y}{(x + y)^2},$$

$$\frac{\partial f(x, y)}{\partial y} = \frac{1 \cdot (x + y) - 1 \cdot y}{(x + y)^2} = \frac{x}{(x + y)^2}.$$

(3). $f(x, y) = y\sqrt{x} / (\sqrt{x} + y)$：定理 A.15 − 1 の商関数の微分公式を応用する．また $(\sqrt{x})' = 1 / 2\sqrt{x}$ であることに注意すると，次のようになる．

$$\frac{\partial f(x, y)}{\partial x} = \frac{\frac{y}{2\sqrt{x}} \cdot (\sqrt{x} + x) - \frac{1}{2\sqrt{x}} \cdot y\sqrt{x}}{(\sqrt{x} + y)^2} = \frac{y\sqrt{x}}{2(\sqrt{x} + y)^2}$$

$$\frac{\partial f(x, y)}{\partial y} = \frac{\sqrt{x} \cdot (\sqrt{x} + y) - 1 \cdot y\sqrt{x}}{(\sqrt{x} + y)^2} = \frac{x}{(\sqrt{x} + y)^2}$$

A.12

$f(4, 2) = 4$ である．また $\partial f(x, y) / \partial x = y / 2\sqrt{x}$ および $\partial f(x, y) / \partial y = \sqrt{x}$ だから，$\partial f(4, 2) / \partial x = 1 / 2$ であり，$\partial f(4, 2) / \partial y = 2$．式（A.34）を適用する．

$$z = 4 + \frac{1}{2}(x - 4) + 2(y - 2) = \frac{1}{2}x + 2y - 2$$

《参考文献》

・Varian, HR, *Intermediate microeconomics: A modern approach, ninth edition*, W.W. Norton & Company, Inc, 1987.（邦訳：大住栄治・酒井泰弘・松下正弘他『入門ミクロ経済学原著第9版』（2015）勁草書房.

・Weibull, J.W. and Salomonsson, M. "Natural selection and social preference." *Journal of Theoretical Biology*, 239: 79-92, 2006.

・Sandholm, W.H. "Pigouvian pricing and stochastic evolutionary implementation." *Journal of Economic Theory*.132(1): 367-382, 2007.

・天野明弘『環境との共生をめざす総合政策入門』有斐閣，1997年.

・井堀利宏『入門ミクロ経済学第二版』新世社，2004年.

・内田伏一・仲田正躬『微分積分通論』裳華房，1996年.

・大竹文雄『労働経済学入門』日本経済新聞社，1998年.

・大森義明『労働経済学』日本評論社，2008年.

・小塩隆士『コア・テキスト財政学第2版』サイエンス社，2016年.

・梶井厚志『故事成語でわかる経済学のキーワード』中公新書，2006年.

・金谷貞男・吉田真理子『グラフィックミクロ経済学』新世社，2008年.

・神取道弘『ミクロ経済学の力』日本評論社，2014年.

・神戸伸輔・濱田弘潤・寶多康弘『ミクロ経済学をつかむ』有斐閣，2006年.

・資格試験研究会『公務員試験 合格の500シリーズ 国家総合職〈専門試験〉過去問500（2017年度版）』実務教育出版，2015年.

・中村勝之『大学院へのミクロ経済学』現代数学社，2009年.

・難波誠『数学シリーズ・微分積分学』裳華房，1996年.

・西村和雄『現代経済学入門ミクロ経済学第3版』岩波書店，2011年.

・西村和雄『まんがDE入門経済数学』日本評論社，2003年.

・田島一郎『数学ワンポイント双書イプシロン・デルタ』共立出版，1978年.

・多和田眞『コアテキストミクロ経済学』新世社，2005年.

・千田亮吉・友野典男・増沢俊彦・黒木龍三・小林和司・水野勝之『経済学の世界―基礎から学ぶ経済理論のエッセンス』八千代出版，2004年.

・日引聡・有村俊秀『入門環境経済学―環境問題解決へのアプローチ』中公新書，

2003 年.
・水野勝之『入門編テキスト経済数学』中央経済社，2000 年.
・水野勝之他『新テキスト経済数学』中央経済社，2017 年.
・水野勝之『エコノミクス―経済学』泉文堂，2006 年.
・水野勝之『経済指数の理論と適用―消費分析への経済指数の適用』創成社，1998 年.
・水野勝之『どうなってるの！？日本の経済』中央経済社，2001 年.
・水野勝之『ディビジア指数』創成社，1991 年.
・水野勝之『システム - ワイド・アプローチの理論と応用―計量経済モデルの新展開』梓出版社，1992 年.
・八田達夫『ミクロ経済学 I 市場の失敗と政府の失敗への対策プログレッシブ経済学シリーズ』東洋経済新報社，2008 年.
・柳川隆・町野和夫・吉野一郎『ミクロ経済学・入門ビジネスと政策を読み解く』有斐閣，2015 年.
・和久井道久『大学数学ベーシックトレーニング』日本評論社，2013 年.
・CoreeconEconomicsforchangingworldunit4:
http://www.core-econ.org/the-economy/book/text/0-3-contents.html　2017 年 12 月 20 日閲覧.
・Functionview:http://hp.vector.co.jp/authors/VA017172/　2017 年 7 月 26 日閲覧.
・BIZKARTE:https://biz.moneyforward.com/blog/houjin-kaikei/houjinzei/2017 年 7 月 20 日閲覧.
・厚生労働省ホームページ「外国人雇用状況」の届出状況まとめ（平成 27 年 10 月末現在）：http://www.mhlw.go.jp/stf/houdou/0000110224.html　2017 年 12 月 20 日閲覧.
・水産庁ホームページ：http://www.jfa.maff.go.jp/j/suisin/　2017 年 7 月 23 日閲覧.
・税理士相談カフェ　2017 年 6 月の酒税法改正でビール等の値上げ https://www.happy-souzoku.jp/souzoku-14816.html2017 年 9 月 12 日閲覧.
・日本学術会議，「地球環境・人間生活にかかわる農業及び森林の多面的な機能の評価について（答申）」：http://www.scj.go.jp/ja/info/kohyo/division-5.html2011 年 11 月閲覧.
・緑の goo「森林環境税」Q ＆ A 解説：http://www.goo.ne.jp/green/business/word/Nature/S00231_ga.html2017 年 8 月 2 日閲覧.

索　　引

──欧文──

n 次元ベクトル……………………… 184
X 非効率性………………………… 112
ε 近傍……………………………… 193
ε − δ 論法………………………… 199

──あ──

アルキメデスの公理………………… 194
一次同次……………………………84
一物一価の法則…………………… 157
一変数関数………………………… 189
───条件………………………………23
一階条件……………………………23
一階導関数………………………… 217
一般均衡分析………………………64
移民余剰……………………………81
インセンティブ…………………… 1
応益的課税…………………………35
応能的課税……………………… 35, 36

──か──

開区間……………………………… 183
買い手独占…………………………88
外部,
───性………………………………… 115
───不経済………………………… 115
───便益……………………………… 130
価格の調整メカニズム…………… 3
価格弾力性…………………………29
課税の基本三原則…………………35
寡占,
───企業………………………………88
───市場………………………………88
可変費用…………………………… 7
完全競争市場……………………… 1
簡素性の原則…………………… 35, 36
機会費用…………………………… 115
技術的外部性……………………… 115
規模の経済性………………………99
供給………………………………… 1
───関数……………………………… 3
───曲線……………………………… 3
───の価格弾力性……………… 19, 32
共通部分　………………………… 184
共同プール財……………………… 135
極限値……………………………… 193
極小値……………………………… 208
極大値……………………………… 208
極値………………………………… 204
均衡,
───価格……………………………… 3
───取引数量………………………… 3
金銭的外部性……………………… 116
グラフ……………………………… 191
経済,
───厚生………………………………10
───主体……………………………… 1
形式的平等…………………………35
ゲーム,
───的状況………………………… 148
───理論…………………………… 147
結論………………………………… 176
限界効用逓減の法則………………53
限界,

―――収入……89
―――損失…… 125
―――代替率……57
―――費用……23
―――費用価格形成原理…… 103
―――便益…… 117
―――変形率…… 141
公共財…… 135
公益的機能…… 133
公平性の原則……35
効用…… 2
―――関数……54
―――最大化条件……59
―――最大化問題……58
―――水準……55
効率的……10
コースの定理…… 116
コモンズの悲劇……17
国際価格…… 158
固定費用…… 7
コミットメント……88
混合戦略…… 152

さ

最小値…… 208
最大値…… 208
最適反応戦略…… 150
差集合…… 184
サミュエルソン条件…… 141
三角不等式…… 224
死荷重……15
自給自足,
―――均衡…… 158
―――市場…… 158
市場,
―――均衡…… 3
―――全体における需要関数……62
―――の失敗……87
指数法則…… 178
自然数…… 181
自然独占……99
実現可能フロンティア……67
実質,
―――賃金率……71
―――的平等……35
実数…… 182
私的,
―――限界費用…… 125
―――限界便益…… 140
―――財…… 135
支配,
―――戦略…… 249
―――戦略均衡…… 249
支払意思額…… 2
資本ストック……19
社会的,
―――限界費用…… 125
―――限界便益…… 142
―――総費用…… 125
写像…… 186
終域…… 186
集合…… 181
囚人のジレンマゲーム…… 152
収束…… 193
収入関数……22
十分条件…… 176
自由貿易均衡…… 160
需要…… 1
―――関数…… 2
―――曲線…… 2
―――の価格弾力性……19
初項…… 191
準公共財…… 136
純社会的便益…… 143
条件…… 176

消費者……………………………… 1
———保護……………………… 165
———余剰……………………… 5
———理論……………………53
情報の非対称性……………………… 1
所有権と利用権の分離……………… 137
真偽,
———値……………………… 174
———表……………………… 174
シングルトン……………………… 185
推移律……………………………… 186
数学的帰納法……………………… 196
数列………………………………… 191
生産者……………………………… 1
———保護……………………… 165
———余剰……………………… 7
整数………………………………… 181
正の外部経済……………………… 115
税,
———負担の帰着問題……………19
———負担の帰着…………………48
———負担の転嫁…………………48
セー法則……………………………34
セカンド・ベスト…………………16
接線の方程式……………………… 204
絶対値記号………………………… 179
接平面の方程式…………………… 222
線形代数…………………………… 224
選好…………………………………65
全称命題…………………………… 178
全体集合…………………………… 181
戦略………………………………… 148
———集合……………………… 148
———プロファイル…………… 149
像…………………………………… 186
増加関数……………………………20
増減表……………………………… 216
総費用……………………………… 7
———関数…………………………20
総余剰………………………………10
損益分岐点…………………………26
存在,
———定理……………………… 211
———命題……………………… 178

——た——

多変数関数………………………… 189
短期…………………………………19
地方公共財………………………… 136
中立性の原則………………………35
超過,
———供給……………………… 3
———需要……………………… 3
長期…………………………………19
直積集合…………………………… 183
賃金率………………………………64
定義域……………………………… 186
ド・モルガンの定理……………… 185
導関数……………………………… 201
同値………………………………… 177
独占,
———価格…………………………91
———企業…………………………88
———市場…………………………88
トレードオフ………………………69

——な——

内部化……………………………… 130
ナッシュ均衡……………………… 150
滑らか……………………………… 197
二階,
———導関数…………………… 216
———微分可能………………… 217
二部料金制………………………… 109

二変数関数…………………………… 189

──は──

背理法…………………………………… 180
パレート最適……………………………16
非競合的………………………………… 135
ピークロード・プライシング…………95
ピグー課税政策……………………… 116
左極限…………………………………… 195
左微分係数…………………………… 202
必要,
———十分条件……………………… 177
———条件…………………………… 177
否定……………………………………… 175
非排除的………………………………… 135
微分……………………………………… 196
———可能…………………………… 197
———係数…………………………… 202
費用,
———関数……………………………20
———逓減産業……………………… 100
———逓減の法則……………………99
———逓増の法則……………………99
ファースト・ベスト……………………16
不完全競争市場…………………………87
部分
———均衡分析………………………64
———集合…………………………… 182
———区間…………………………… 183
プライス,
———テイカー………………………… 1
———メイカー………………………87
フリーライダー……………………… 137
フル・コスト原理…………………… 107
プレイヤー…………………………… 148
平均,
———可変費用………………………25
———値定理………………………… 211
平均費用…………………………………23
———価格形成原理………………… 107
———曲線……………………………25
閉区間…………………………………… 183
ベルヌーイの不等式………………… 225
偏導関数………………………………… 219
貿易利益………………………………… 161
補集合…………………………………… 184

──ま──

右極限…………………………………… 195
右微分係数…………………………… 202
無限集合………………………………… 181
無差別曲線………………………………56
無理数の集合………………………… 180
命題……………………………………… 174
モデル化…………………………………… 1

──や──

有界……………………………………… 192
有限集合………………………………… 181
予算制約式………………………………58
余剰………………………………………… 4
———分析……………………………… 4

──ら──

利潤………………………………………… 2
———関数……………………………22
———最大化条件……………………23
利得……………………………………… 148
———表……………………………… 149
利用権取引…………………………… 137
リンダール,
———・メカニズム………………… 138

———均衡……………………………… 139
連続性……………………………… 197
労働,
———市場均衡………………………79
———の予算制約式…………………66
労働供給……………………………72
———曲線……………………………75
———曲線の反転……………………75
労働者………………………………64
———余剰……………………………79
ロルの定理………………………… 209

―わ―

和集合　………………………………… 184

[著者紹介]

水野勝之（みずの　かつし）
1985年，早稲田大学大学院経済学研究科博士後期課程単位取得退学．
北九州大学商学部講師，同助教授，明治大学商学部助教授を経て，現在，明治大学商学部教授．
博士（商学）．専門分野は計量経済学．
主な著書：『新テキスト経済数学』（共著）中央経済社（2017年）他多数．

土居拓務（どい　たくむ）
2009年明治大学商学部卒業．現在明治大学商学研究所特任研究員．林野庁北海道森林管理局森林官．
主な論文：Takumu Doi, Katsushi Mizuno, Go Igusa, Eiji Takeda. "Comparative Study of Forestry in New Zealand and Japan" 日本ニュージーランド学会誌 第25巻 pp45-54（2018年8月）日本ニュージーランド学会（査読あり）他．

宮下春樹（みやした　はるき）
2013年愛媛大学法文学部卒業．2015年筑波大学大学院人文社会科学研究科修了（修士・経済学）．現在筑波大学大学院人文社会科学研究科博士後期課程在籍中．専門分野は進化ゲーム理論．
主な論文：Miyashita, Haruki. "On a trade-off in the evolution of ownership." *Economics Bulletin*, **38**（3）：1257-1260, 2018.（査読あり）他．

余剰分析の経済学

2018年11月20日　第1版第1刷発行

著　者　水野勝之
　　　　土居拓務
　　　　宮下春樹
発行者　山本　継
発行所　㈱中央経済社
発売元　㈱中央経済グループパブリッシング

〒101-0051　東京都千代田区神田神保町1-31-2
電話　03（3293）3371（編集代表）
　　　03（3293）3381（営業代表）
http://www.chuokeizai.co.jp/
印刷／文唱堂印刷㈱
製本／㈲井上製本所

＊頁の「欠落」や「順序違い」などがありましたらお取り替えいたしますので発売元までご送付ください．（送料小社負担）

ISBN978-4-502-27311-7　C3033